Egmont R. Koch
Oliver Schröm

Das Geheimnis
der Ritter vom
Heiligen Grabe

Die fünfte Kolonne
des Vatikans

Hoffmann und Campe

Die Deutsche Bibliothek – CIP-Einheitsaufnahme
Koch, Egmont R.:
Das Geheimnis der Ritter vom Heiligen Grabe: die fünfte
Kolonne des Vatikans / Egmont R. Koch; Oliver Schröm. – 2. Aufl. –
Hamburg; Hoffmann und Campe, 1995
ISBN 3-455-11064-9
NE: Schröm, Oliver

Copyright © 1995 by Hoffmann und Campe Verlag
Schutzumschlaggestaltung: Jens Schlockermann
unter Verwendung eines Fotos von Karl-Bernd Karwasz
Satz: Utesch Satztechnik GmbH, Hamburg
Druck und Bindung: Ebner Ulm
Printed in Germany

Inhalt

Vorwort 7

Neue Soldaten für die »Miliz Christi« 15
Szenen einer Investitur des Ritterordens
vom Heiligen Grabe

Glaubenskrieger unterm Hakenkreuz 41
Zur Rolle des Ordensbruders
Franz von Papen im Dritten Reich

Mit Gottes Hilfe für alte Kameraden 65
Wie Grabesritter sich als Fluchthelfer für
NS-Verbrecher betätigten

Ein klerikaler Amokläufer 91
Die rechten Umtriebe des Großkreuzritters
Friedrich August von der Heydte

Mächtige Männer braucht das Land 125
Die Ära Hermann Josef Abs und die
Connections seiner Wirtschaftsritter

Geistige Avantgarde fürs deutsche Volk 145
Rechte Kaderschmieden der Konfratres
Hans Filbinger und Lothar Bossle

Keine Quittung von Seiner Eminenz   173
Dubiose Geschäfte des Ordens-Großmeisters
Kardinal Eugène Tisserant

»Zu viele Leichen im Keller, Eure Heiligkeit!«   207
Von der Verstrickung der Grabesritter in die
Skandale der Vatikanbank

Die Ehrenmänner der Bruderschaft   229
Wie sizilianische Grabesritter mit der Mafia
konspirierten

Stille Hilfe im Heiligen Land   251
Das einseitige Engagement des Ordens
für palästinensische Interessen

Nachwort   273

Anhang

Deutsche Ordensritter in der Berufswelt   280
Satzung des Ritterordens vom
  Heiligen Grab zu Jerusalem (Auszüge)   285
Dokumente   303
Bibliographie   310
Register   329

Vorwort

»Meine Rechte führt das Schwert der Wahrhaftigkeit gegen das Unrecht in dieser Welt. Ich erwarte dafür im Irdischen keinen Lohn und keine Anerkennung, weil ein Ritter nur belohnt werden kann von seinem Lehnsherrn, dem König der Ewigkeit.«

Aus dem Gebetbuch *Miles Christi*
der Ritter vom Heiligen Grabe

Die Konfratres waren aufgebracht: »Schlimm, beleidigend, herabwürdigend«, urteilte Dr. Gottfried Wolff, Großkreuzritter vom Heiligen Grabe. Wer in ähnlicher Form über den Islam berichte, dem würde »die Todesstrafe angedroht«. Komtur Dr. Ewald Thul, Präsident des Landgerichts Koblenz, sah es ähnlich: Es handle sich um ein »Machwerk, ... voller Haß kommentiert«; da seien offenbar »Seilschaften am Werk« gewesen, nämlich solche, wie Ordensbruder Ludwig Martin, vormals Generalbundesanwalt, ergänzte, die »das Verleumdungsgeschäft der ehemaligen Stasi« beherrschten.

Gleich mehrere Kritiker fühlten sich »auf fatale Weise an propagandistische Machwerke ... in der Nazizeit« erinnert und fanden, daß die »Berufsdenunzianten« ... »auch bei Dr. Josef Goebbels ihr Brot hätten verdienen können«. Einer sah sogar den Teufel am Werk: Den Autoren sei es »in einer geradezu diabolischen Weise« gelungen, die katholische Gemeinschaft zu diffamieren.

Was war geschehen? War den Rittern vom Heiligen Grabe Unrecht widerfahren? Ging es gar um Gotteslästerung? Die Kritik der katholischen Ordensbrüder galt unserer Fernsehdokumentation »Das Geheimnis der Grabesritter«, die am 24. März 1994 in der ARD ausgestrahlt wurde, sowie unserem am selben Tage

9

erschienenen *Zeit*-Dossier »Dunkle Ritter im weißen Gewand«. In dem Porträt des bis dahin weithin unbekannten Ritterordens hatten wir die Frage gestellt, was erwachsene Männer bewegt, sich einen wallenden, weißen Mantel überzuziehen und sich in mystischen, mittelalterlichen Zeremonien zum Ritter schlagen zu lassen.

Nur elitärer Dünkel? Oder handelt es sich bei dem Ordenszeremoniell lediglich um eine fromme Staffage für dunkle Machenschaften?

Bei unseren Recherchen waren wir auf eine Reihe von dubiosen Gestalten und antidemokratischen Gesinnungsträgern im Ritterorden gestoßen. Darüber hinaus waren wir zu der Überzeugung gelangt, daß die in Aufsichtsgremien und Vorstandsetagen bei Industrie und Banken sitzenden Glaubensritter eine Art katholisches Machtkartell darstellen. Das war von Bischof Dr. Anton Schlembach, dem höchsten geistlichen Grabesritter der deutschen Statthalterei, auch freimütig eingeräumt worden: »Wir wollen … Mitglieder haben, die auch in ihrem beruflichen Bereich und in den Möglichkeiten der öffentlichen Einflußnahme … ihren Dienst leisten.«

Neben den Beschwerden der Grabesritter erhielten wir allerdings auch eine Vielzahl von positiven Zuschriften, sogar von katholischer Seite: Einer, der »selbst Jahrzehnte in der katholischen Kirche tätig« war, lobte unsere »echte und nützliche Informationsarbeit«, denn »die Katholiken erfahren sehr wenig darüber«, weil »Kritik … sofort als Bösartigkeit abgetan wird«; ein anderer erinnerte sich »an Erzählungen eines Freundes und Grabesritters«, der »entrüstet von finanziellen ›römischen Merkwürdigkeiten‹ zu berichten wußte«. Und stellvertretend für zehn katholische Pfarrer, Religionslehrer und Theologiedozenten meldete sich Diözesankaplan Hermann Münzel aus Trier zu Wort: In ARD-Film und *Zeit*-Dossier seien die »politischen, sozialen und historischen Hintergründe der Grabesritter aufschlußreich dargestellt« worden, sie hätten deshalb zur Aufklärung der »reaktionären Umtriebe« des Ordens »einen wichtigen Beitrag geleistet«.

Diese Beurteilung brachte den Statthalter zur Weißglut. Was ihm einfalle, zu »einer solchen aburteilenden Stellungnahme« zu kommen, versuchte Professor Peter Heidinger den Kaplan unter Druck zu setzen. »Offenbar ... sind Sie und Ihre Mitunterzeichner Opfer dieser ... manipulierenden Desinformation« geworden. Münzel ließ sich davon nicht beirren.

Unter den vielen Zuschriften waren auch wertvolle Hinweise, denen wir nachgingen. Spuren führten zu rechtsextremen Kreisen, Geheimbünden und Logen sowie Polit- und Psychosekten. Personelle Überschneidungen, so stellte sich heraus, gibt es auch zu anderen fundamentalistischen Bewegungen wie dem »Opus Dei«, der »heiligen Mafia«.

Demnach kennen die Grabesritter keine Berührungsängste, wenn es darum geht, die Welt nach ihrer Vorstellung zu verändern, weil sie, die Vertreter einer selbsternannten Elite, meinen, ihre Ideologie sei die einzig wahre.

Und daß in solchen ultrakonservativen und rechtskatholischen Kreisen nicht nur gebetet wird, versteht sich beinahe von selbst. Vielmehr werden Strategien erarbeitet und in die Tat umgesetzt. Die Vorgehensweise ist dabei immer dieselbe: Meinungen werden produziert, dann von den diversen Zirkeln übernommen und gezielt der Öffentlichkeit präsentiert. So sichern sich politische und wirtschaftliche Eliten ihren Einfluß, selbstredend nur zum Nutzen des Ganzen – aus ihrer Sicht.

Aber die »Streiter Christi«, wie sie sich nennen, kämpfen nicht nur auf geistigem Gebiet, indem sie als intellektuelle Brandstifter reaktionäre Untergrundarbeit leisten. Einige von ihnen sind in handfeste Affären verwickelt. Sogar Verbindungen zur Mafia sind nachweisbar. Meist geht es dabei um viel Geld – nicht selten zum Wohle der katholischen Kirche. Die Skandale der Vatikanbank zum Beispiel erscheinen in einem völlig anderen Licht, wenn man weiß, daß die entscheidenden Hintermänner allesamt Grabesritter waren.

Offensichtlich werden bevorzugt die papsttreuen Glaubenskrieger von der Kurie zu solchen Geschäften herangezogen, die jenseits der Legalität abgewickelt werden. Sind die Ritter vom Heiligen Grabe also die fünfte Kolonne des Vatikans?

Auf jeden Fall stellen sie eine schwarze Eliteeinheit dar, die es sich auf ihre Fahnen geschrieben hat, mit allen Mitteln die »Rechte der katholischen Kirche im Heiligen Land« zu verteidigen. Nicht umsonst lautet ihr Leitspruch: »Deus lo vult« – »Gott will es!«

Auf viele Zusammenhänge, die uns letztendlich veranlaßten, dieses Buch zu schreiben, sind wir nicht zuletzt dank der Mithilfe von Angela Klose, Andrea Röpke, Maria Teresa Galluzzo, Michael Meier, Meinrad Heck und Toni Menninger gestoßen, die in Archiven und Bibliotheken fündig wurden. Und Uta Wagner, Andrea Beekmann und Udo Liebscher von der

Zeit-Dokumentation versorgten uns stets mit wertvollen Hintergrundmaterialien. Ihnen und den sehr engagierten Mitarbeitern des Hoffmann und Campe Verlages, vor allem unserer Lektorin, Frau Anneliese Schumacher, möchten wir an dieser Stelle herzlich danken.

Bremen/Hamburg, im Januar 1995

Egmont R. Koch, Oliver Schröm

Neue Soldaten
für die »Miliz Christi«

*Szenen einer Investitur
des Ritterordens
vom Heiligen Grabe*

Am Vorabend der Investitur ziehen Ritter und Kandidaten in die Kirche ein. Nur das Presbyterium ist erleuchtet. Am Altar brennen Kerzen. Die Kandidaten stellen sich vor dem Altar auf, die Ritter umgeben sie im Halbkreis. Nach dem Gebet (Psalm 121) sagt der Statthalter:

»Die Streiter Christi haben früher die Nacht vor dem Ritterschlag am Altar und im Gebet verbracht. Nach ihrem erhabenen Beispiel haben auch wir uns hier zur nächtlichen Stunde mit jenen versammelt, die morgen in die Gemeinschaft des Ehrwürdigen Ordens der Ritter vom Heiligen Grabe zu Jerusalem Aufnahme finden sollen. Wir sind gekommen, um Gott mit ihnen zu bitten, Er möge ihnen alle Schuld verzeihen, auf daß sie die Ritterweihe empfangen mit reinem Herzen und voll guten Willens, dem Herrn Jesus Christus tapfer und getreu, wie es wahren Rittern geziemt, alle Tage ihres Lebens zu dienen ... «

Aus dem Gebetbuch *Miles Christi*
der Ritter vom Heiligen Grabe

2. Oktober 1993, verkaufsoffener Samstag. In der Kölner Innenstadt herrscht trotz stürmischen Herbstwetters geschäftiges Treiben. Auf der dem Trubel abgewandten Seite des Domes, am Hintereingang des Wallraf-Richartz-Museums, versammeln sich am frühen Nachmittag Hunderte von Männern im Frack oder schwarzen Anzug. Die meisten sind schon etwas reifer, alle tragen einen Koffer in der Hand und einen weißen Mantel über dem Arm. Sie gehen in einen Museumsraum im ersten Stock, vorbei an einer Mauer von 180 Fernsehmonitoren, auf denen abwechselnd eine nackte Frau mit Geige, mädchenhafte Turnerinnen, waghalsige Skifahrer und das Brandenburger Tor zu sehen sind – ein Werk des koreanischen Künstlers Nam June Park. Die Männer mit den weißen Mänteln lassen sich davon nicht ablenken. Sie haben anderes im Sinn. Während sie einander geradezu emphatisch begrüßen, legen sie ihre Gewänder an und bereiten sich auf den Einzug in den Dom vor.

Unterdessen haben sich auch Damen zu ihnen gesellt, ganz in Schwarz, in, je nach Geschmack, mit Seide, Samt oder Spitze verzierter Haute Couture; ihre Frisuren sind mit kunstvollen schwarzen Schleiern bedeckt.

Auf den Gewändern der Damen und Herren, die sich inzwischen auf der Treppe unter einem riesigen

Pop-art-Porträt des Kinohelden James Dean drängeln, prangen fünf blutrote Kreuze, jeweils ein kleines in den vier Ecken eines großen. Es ist das Zeichen des Kreuzritters und Eroberers von Jerusalem, Gottfried von Bouillon, das später zum Symbol der fünf Wunden Jesu umgedeutet wurde: den ans Kreuz geschlagenen Händen und Füßen und dem Lanzenstich ins Herz. Die Damen und Herren sind Mitglieder des Ritterordens vom Heiligen Grabe zu Jerusalem, einer elitären Vereinigung strenggläubiger Katholiken, die sich auf die mittelalterlichen Wurzeln und Ideale der Kreuzritter beruft und unter dem Schutz des Papstes steht. Ihr Leitspruch ist Gottfrieds Schlachtruf, mit dem er im Jahre 1099 die Heilige Stadt einnahm und unter den Muslimen ein Blutbad anrichtete: »Deus lo vult« – »Gott will es!«

Die rund 500 Grabesritter und Ordensdamen sind nach Köln gekommen, um den 60. Gründungstag der deutschen Statthalterei zu feiern, unter anderem mit einer Investitur, einer jahrhundertealten Zeremonie, bei der neue Brüder und Schwestern mit dem Ritterschlag des Kardinal-Großmeisters in den Orden aufgenommen werden. Der hat sich zwar kurzfristig wegen einer herbstlichen Grippe entschuldigen lassen, aber der feierlichen Stunde im Dom, beim Klang der mächtigen Orgel und der Stimmen des renommierten Männergesangvereins, wird dies keinen Abbruch tun. Statt des Kardinals aus Rom nimmt der Bischof von Speyer und zugleich Großprior der deutschen Grabesritter die Investitur vor.

Unter den erstaunten Blicken einiger Passanten stellt sich der Troß vor dem Museum auf: hinten die Statthalter und Komture, davor die Ordensdamen und die gemeine Ritterschaft, ganz vorne die Novizen. Die Männer tragen schwarze Barette, an denen rechts Kokarden kleben, die ihren Rang erkennen lassen. Einige Ritter halten unter ihren weiten Umhängen, die fast bis auf den Boden reichen und sich wie Pfauenräder aufplustern, wenn eine Böe über die Domplatte fegt, faltbare Regenschirme bereit. Gerade erst ist wieder ein Schauer niedergegangen, und die weißen Mäntel sind empfindlich: Dunkle Flecken seien auf dem elfenbeinfarbenen Tuch sofort zu erkennen, hat »Herr Augustinus« vor etwa einer Stunde in seinem Festvortrag zum 60. Jahrestag der deutschen Statthalterei gesagt, wobei nicht klar war, ob er die Tragweite der Metapher erkannte.

Nach einem kurzen Gebet, das der Sturm weitgehend verweht, setzt sich der 100 bis 200 Meter lange Ritterzug in Bewegung. Als der Zwei-Meter-Mann an der Spitze, der schon seit Jahren das Ordensbanner trägt, schließlich von der Bahnhofsseite her in den Dom einzieht, braust die Orgel auf: »Nun saget Dank und lobt den Herrn«. Die Schlange windet sich durch das Hauptschiff, das heute für die Ordensmitglieder und ihre Angehörigen sowie Gäste aus dem In- und Ausland reserviert ist, zieht dann vom Hauptportal zurück in Richtung Altar und verteilt sich auf die Bänke. Andächtig knien einige der Glaubenskrieger nieder. Dann erklingt die Messe in B-Dur Opus 172 von Joseph Rheinberger.

※

»Herr Augustinus« ist immer für einen flotten Spruch gut: Orden könne man auf vier Arten erwerben,

19

scherzt er: »sie verdienen, sie erdienen, sie erdienern und sie erdinieren«. Dabei klemmt er den Daumen der einen Hand hinter seine bunten Hosenträger, die bei seiner barocken Figur beileibe nicht nur Accessoire sind, und richtet mit dem Zeigefinger der anderen seinen ergrauten Richelieu-Bart aus, der jeden der drei Musketiere vor Neid erblassen ließe.

»Herr Augustinus«, der eigentlich Heinrich Graf Henckel von Donnersmarck heißt, Sproß eines alten und sehr reichen schlesischen Adelsgeschlechts, ist seit fast 30 Jahren nicht nur Ritter vom Heiligen Grabe, sondern auch, ungewöhnlich genug, Ritter der Souveränen Malteser, des anderen bedeutenden päpstlichen Ordens.

Man kann in »Herrn Augustinus« so etwas wie die »graue Eminenz« der katholischen Ritterschaft in Deutschland sehen. Viele Jahre hat er zum Beispiel die Kandidaten auf die Investiturfeier eingestimmt, wenn sie, nicht selten nach über einjähriger Prüfung, in den elitären Kreis »der Besten« aufgenommen wurden, weil sich bestätigt hatte, daß sie ganz auf deren fundamentalistischer Linie lagen. Denn selbstverständlich kann man sich nicht um die Aufnahme in den Ritterorden bewerben oder gar die Mitgliedschaft erwerben, und sei es durch wohlfälliges Verhalten, wie »Herr Augustinus« zu betonen nicht müde wird, man wird als Ritter oder Dame vom Heiligen Grabe erwählt, um dann als »Krieger Christi«, wie sie sich auch nennen, verwegen für die Sache des Heiligen Stuhls zu kämpfen.

✳

Monsignore Giacomo Maria Ugolini in Rom ist für die anderen Orden des Heiligen Stuhls zuständig. Unter anderem vergibt der kleine, unscheinbare Pater Adelstitel des Vatikans – gegen Spendenquittung. Das heißt, eigentlich entscheidet natürlich Seine Heiligkeit über die Vergabe von Titeln, und der polnische Papst ist da eher zurückhaltend. Aber wegen der meist prekären Kassenlage, die nach manch zwielichtiger oder sogar krimineller Finanzaktion der Vatikanbank, über die noch zu berichten sein wird, zeitweise sogar als äußerst angespannt galt, kommt natürlich auch Johannes Paul II. nicht umhin, diese Einnahmequelle zu nutzen.

In Monsignore Ugolinis Preisskala rangiert ein Barontitel bei 300 000 DM, ein vatikanischer Graf oder Fürst ist nicht unter einer Million DM zu haben; der berühmte St.-Sylvester-Orden (»San Silvestro Papa«) schlägt mit 120 000 DM zu Buche, ebenso der Orden St. Gregorius des Großen (»San Gregorio Magno«), der von Papst Gregor XVI. gestiftet wurde. Wer nicht soviel anlegen will, muß sich mit dem Orden »Speron d'Oro« oder dem Orden »Supremo del Christo« bescheiden.

Keine konkreten Zahlen nennt Monsignore Ugolini, der vatikanische Titelhändler, für Verdienstorden, die von den Souveränen Malteserrittern und den Grabesrittern verliehen werden. Eine Aufnahme in diese beiden elitären Ordensgemeinschaften ist ohnehin nicht käuflich, obwohl sich 1985 der Krupp-Erbe Arndt von Bohlen und Halbach, nachdem er vergeblich um eine Privataudienz beim Heiligen Vater ersucht hatte, um ihm seinen Lebensgefährten, einen philippinischen Tänzer, vorzustellen, mit dem Orden vom Heiligen Grab zu Jerusalem tröstete. Aus Anlaß der Verleihung sollen die Herrschaften damals auf Schloß Blühnbach bei Salzburg tage- und nächtelang mit ihren Gästen aus der erlauchten Hocharistrokatie gefeiert haben – der Baron heftete sich allerdings nicht nur den erdinierten Verdienstorden mit Gottfrieds fünf blutroten Kreuzen an die Brust, sondern nannte sich auch Generalstatthalter und legte überdies, wohl unlegitimiert, den weißen Mantel an, weil er ihm so hübsch stand.

Sicher scheint, daß Arndt von Bohlen und Halbach niemals zum Ritter geschlagen wurde, also dem Orden zeitlebens nicht angehörte, worauf die meisten Mitglieder verständlicherweise großen Wert legen. Auch der dubiose Licio Gelli, Chef der später verbotenen geheimen Freimaurerloge P2, erhielt den Verdienstorden vom Heiligen Grabe, wurde aber nicht investiert, schon weil er nicht katholisch war. Über Gelli und seine Vatikan-Konsorten wird allerdings in diesem Zusammenhang noch zu berichten sein.

Auch der Papst hat, so ist zu hören, an zahlungskräftigen, aber nicht eben gut beleumundeten katholischen Streitern in seinen beiden Elitetruppen, die seinem persönlichen Befehl und Schutz unterstehen, kein Interesse. Die weltweit 18 000 Grabesritter stellen für ihn vielmehr ein beträchtliches Heer verläßlicher Glaubenskrieger in verantwortungsvoller Position dar, die über Macht und Einfluß verfügen, wirtschaftlich und politisch.

Tatsächlich ist der Malteserorden der berühmtere der beiden Ritterorden. Die Johanniter, wie sie ursprünglich hießen (und wie der evangelische Zweig noch heute heißt), widmeten sich der Pflege kranker

Jerusalem-Pilger und zogen sich Anfang des 16. Jahrhunderts nach Malta zurück, wo sie 1834 durch Napoleon vertrieben wurden; seitdem residieren sie, wie die Grabesritter, in Rom.

Die Residenz des Großmeisteramtes der Grabesritter befindet sich ganz in der Nähe des Vatikanstaates, im Gebäudekomplex des Hotel Columbus in der Via della Conciliazione, einer noblen Herberge, die dem Orden gehört. An deren Eingangstür prangt das Schiff »Santa Maria«, geschmückt mit den fünf Kreuzen Gottfrieds von Bouillon auf den prall gefüllten Segeln, als hätte sich Columbus seinerzeit im Auftrag der Ritterschaft auf den Weg gemacht.

Innen dominiert mittelalterlicher Prunk. Bevor der Besucher in jenen Saal des Großmeisteramtes vorgelassen wird, in dem zur Zeit Kurienkardinal Giuseppe Caprio unter den Ölgemälden seiner Vorgänger das Regiment der Grabesritter führt, muß er zahlreiche Räume mit üppigen Fresken und Deckenbemalungen durchschreiten. Nebenan arbeitet der Generalsekretär in einem nicht minder pompösen Zimmer.

*

Anton Schlembach, Bischof von Speyer und Großprior der deutschen Grabesritter, läßt sich behutsam auf einem mächtigen Stuhl vor dem Altar des Kölner Doms nieder. Eben hat er das Schwert und die Sporen mit Weihwasser besprengt, jetzt ruft auf seinen Wink hin der Zeremonienmeister des Ordens den Namen des ersten von zwölf Kandidaten, dem die Ergriffenheit im Gesicht geschrieben steht. Langsam schreitet Professor Friedrich Strauch, Geologieprofessor aus

Münster, nach vorne und geht auf den Stufen vor Schlembach in die Knie.

Köln und der Dom haben für die Grabesritter große Bedeutung. Später wird der deutsche Statthalter, Professor Peter Heidinger, Kernenergie-Manager im Ruhestand, von der Rheinmetropole sogar als »dem deutschen Rom« sprechen.

Am 8. Dezember 1933 wurde just an diesem Ort die deutsche Statthalterei gegründet, »im Morgengrauen des schrecklichen tausendjährigen Reiches«, wie es »Herr Augustinus« in seiner Festansprache formuliert hat, nicht ohne hinzuzufügen, daß die Grabesritter damals »wider den Zeitgeist« handelten. Da freilich ist der adlige Gottesmann schlecht informiert oder schlichtweg unredlich: Trotz strengen Verbots konnten rund vierzig Grabesritter in ihren Mänteln zur Gründungssitzung marschieren – schließlich war Franz von Papen, Hitlers Vizekanzler, einer der Ihren, Großkreuzritter. Und der handelte durchaus im Zeitgeist.

Von Papen hatte Nazi-Deutschland fünf Monate zuvor das Reichskonkordat beschert, und der Vertrag mit dem Heiligen Stuhl wertete Hitler in den Augen der Katholiken in aller Welt deutlich auf. Dafür war dem adligen Grabesritter gewissermaßen gestattet worden, seine damals 149 versprengten Konfratres in Deutschland zu organisieren. »Deus lo vult« – und der Führer hatte nichts dagegen.

»Was wünschest du?« dröhnt die pfälzische Stimme Schlembachs durch den Dom.

»Ich bitte um die Investitur als Ritter des Heiligen Grabes«, entgegnet Strauch, der seinen Part an diesem Dialog auswendig gelernt hat, während der Bi-

24

schof aus einem riesigen Buch abliest. Von den neuen Grabesrittern und Ordensdamen erwartet Schlembach, der Großprior, vor allem Tapferkeit. Sie gehöre schließlich zu den vier Kardinaltugenden, neben Klugheit, Maß und Gerechtigkeit.

»Bedenke«, sagt die Stimme aus Speyer, »ein Streiter Christi muß bedacht sein, nie seinen Namen zu beflecken!« Und: »Ritter oder Dame des Heiligen Grabes zu werden, besagt auch heute noch, für das Reich Christi und für die Ausbreitung der Kirche einzustehen, sich der Nächstenliebe zu widmen und mit dem gleichen tiefen Geist des Glaubens und der Liebe tätig zu sein ... Versprichst du also aufrichtig, die Satzung dieser heiligen Streiterschar zu beachten?«

»Mit aufrichtigem Herzen erkläre ich und verspreche ich«, sagt daraufhin Herr Strauch, »alles zu halten, was mir als Streiter Christi aufgetragen wird.«

Der Bischof legt nunmehr seine rechte Hand auf das Haupt des Geologieprofessors und spricht: »Sei also ein treuer Streiter unseres Herrn Jesus Christus, ein Ritter seines Heiligen Grabes!« Dann reicht ihm der Zeremonienmeister das gezückte Schwert, mit dem er Friedrich Strauch auf die Schulter schlägt: »Kraft des mir gegebenen Auftrages erhebe und proklamiere ich dich zum Ritter des Heiligen Grabes unseres Herrn Jesus Christus.«

Herr Strauch ist jetzt Ritter. Er will aber nicht etwa, wie er später bekennt, »wehrhaft, mit Feuer und Schwert, aggressiv etwas zerstören, sondern an vorderster Front für meine Sache eintreten«. Dafür, meint Strauch, brauche es mehr denn je »geistige und geistliche Eliten. Welche Chance haben wir denn heute überhaupt in unserem Lande, unser Volk am Leben zu erhalten?«

Der Bischof legt ihm das Ordenskreuz um den Hals.

Dann erhält der Ordinarius aus dem Westfälischen auf der anderen Seite des Altars, wo der Statthalter unter dem Ordensbanner mit der Aufschrift »Deus lo vult« steht, den weißen Mantel umgehängt. Und zuletzt empfängt er vom Statthalter den Bruderkuß. Herr Strauch ist damit Konfrater, Mitbruder.

*

»Was will Gott von uns?« hat »Herr Augustinus« in der Feierstunde gefragt und die Antwort gleich selbst gegeben: Die Ritterschaft müsse Vorbild sein und die Fahne des Evangeliums weitertragen. Aber über die Nähe zu den Machthabern des Dritten Reiches hat er geschwiegen.

Der Adelsmann im Priesterrock, der so gern mit seinem Humor und seiner Bildung brilliert, war 1953 in den Prämonstratenserorden eingetreten, der sich als eine Art Genossenschaft von Priestern versteht, die relativ bescheiden leben. Nach seinem Theologiestudium, unter anderem an der Päpstlichen Universität Gregoriana in Rom, wurde »Herr Augustinus«, wie er sich seitdem schlicht nennt, 1961 von dem damals mächtigen Kurienkardinal Eugène Tisserant, einem Freund seines Vaters, zum Priester geweiht. Fortan wirkte er gemäß dem Selbstverständnis der Prämonstratenser, überall zu dienen, wo es die Kirche verlangt und wo ihre Talente und ihr Wissen am besten eingebracht werden können, zuerst als Seelsorger und Gymnasiallehrer, dann als Dozent und

Domprediger und schließlich als Leiter des Katholischen Büros der nordrhein-westfälischen Bischöfe in Düsseldorf. Doch das lastete den Prämonstratenser nicht aus.

So ist »Herr Augustinus« auch Freund und Berater bedeutender Wirtschaftsführer und Vortragsreisender in Sachen »Moral unter Managern« geworden. »Wenn ich wollte«, sagt er bar jeder Uneitelkeit, »könnte ich an 365 Tagen im Jahr irgendwo in der Republik einen Vortrag über ethische Fragen halten.« Das Thema gehe geradezu »wie jeck«.

Das entdeckten bald auch angesehene Fachblätter wie das *manager magazin* und die *Wirtschaftswoche*. Ein Priester, der Klartext redet und sich auch noch mit bunten Hosenträgern für den Titel ablichten läßt, kommt gut an.

Seine Referate beginnt Henckel von Donnersmarck gern mit der Floskel, er komme vom »ältesten Unternehmen der Welt«, schließlich sei in der Kirche im Grunde alles ähnlich geregelt wie in der Wirtschaft. Auch hier gebe es eine strenge Hierarchie. »Und entschieden wird grundsätzlich kraft Amtes und nicht kraft Wissens.« An dieser Stelle geht oft ein Raunen durch die Zuhörerschaft, manchmal auch ein befreiendes Lachen.

Im übrigen wettert »Herr Augustinus«, der Grabesritter in Diensten des Papstes, gegen die Unmoral der Manager. Sie fange dort an, »wo sie sich der sozialen Verpflichtung gegenüber den Mitgliedern unserer Gesellschaft entziehen«, schimpfte er in einem Interview mit der *Wirtschaftswoche* über den Basken Ignacio Lopez; dessen Methoden nannte er eine moralische »Katastrophe«. Daß er dafür von dem Jesuitenschüler und strenggläubigen Katholiken in VW-Diensten heftigst kritisiert wurde, ließ »Herrn Augustinus« kalt.

*

Für die neuen Ritter und Ordensdamen gibt es Champagner, für den Herrn Großprior Orangensaft. Empfang im weitläufigen Foyer des Kölner Hotels Maritim. Wenige Stunden nach der feierlichen Investitur lädt die deutsche Statthalterei zu einem Festabend. Die weißen Mäntel sind abgelegt, zum obligatorischen Frack trägt man Schärpe und Halsorden, ergänzt durch diesen oder jenen staatlichen Ehrenerweis, Großes Bundesverdienstkreuz beispielsweise. Die Damen haben ihr Schwarzes gegen aufwendige Abendgarderobe vertauscht und, nach eher spartanischer »Beschmückung« im Dom, nun auch das Kollier und die schweren Ringe angelegt.

Auch Ritter ausländischer Statthaltereien sind anwesend, in phantasievollen »Rüstungen« bisweilen, die eher an den »Zigeunerbaron« oder, noch näherliegend, an den Kölner Karneval erinnern als an einen päpstlichen Eliteorden. Viele der prominenteren Mitbrüder erkennt man erst jetzt, im vertrauteren Outfit, denn »der Mantel macht alle gleich«, uniform sozusagen, wie »Herr Augustinus« auf seinem Festvortrag betont hat, wobei er geflissentlich übersah, daß die Ordenshierarchie durchaus am Äußeren erkennbar ist und sein soll.

Allerdings spiegeln sich Prominenz und Wichtigkeit einzelner Mitglieder nicht notwendigerweise in ihrem Ritterrang wider. An diesem Abend im Mari-

28

tim lassen sich unter anderen sehen: Konfrater Max-Josef Frotz (Ritter), ehemals Vorstand im Gerling-Konzern, Konfrater Helmut Geiger (Komtur), früherer Präsident des mächtigen Sparkassen- und Giroverbandes, Konfrater Hans-Peter Linss (Komtur), Vorstandsvorsitzender der Bayerischen Landesbank a.D. und just in den Verwaltungsrat der (wegen ihrer Verwicklung in fragwürdige Transaktionen mit der Vatikanbank) ins Zwielicht geratenen Rothschild Europe BV, Paris, berufen, Konfrater Kurt Alberts (Komtur), Karstadt-Vorstand, Konfrater August Brenninkmeyer aus der ultrakatholischen C&A-Dynastie (Großkreuzritter). Nach Honneurs und Small talk nimmt die Ritterschaft im großen Saal Platz. Es ist Zeit für das Menü.

✳

Der Benutzerhinweis auf der ersten Seite des Mitgliederhandbuchs macht stutzig: »Diese Lieferung ist ein vollständiger Nachdruck des Verzeichnisses. Bitte vernichten Sie alle früheren Lieferungen, ohne sie Dritten zugänglich zu machen.« Was steckt hinter der unmißverständlichen Aufforderung? Datenschutz? Oder Geheimniskrämerei, weil die Machtfülle des Ordens nicht bekannt werden soll?

Die deutsche Statthalterei hat rund tausend Mitglieder, verteilt auf fünf regionale Provinzen, die wiederum in 35 Komtureien, in der Regel den Diözesen entsprechend, aufgegliedert sind. Die Elitetruppe des Papstes setzt sich hierzulande, statistisch gesehen, zusammen aus Industriellen, Managern, Unternehmern, Bankern (20 Prozent), Architekten, Apothekern und Rechtsanwälten (19 Prozent), Wissenschaftlern und Medizinern (16 Prozent), Politikern, Militärs, hochgestellten Beamten (13 Prozent), kirchlichen Würdenträgern (11 Prozent), Richtern, Staatsanwälten (3 Prozent), Zeitungsverlegern, Journalisten und Fernsehintendanten (3 Prozent), Landwirten (2 Prozent) sowie sonstigen Berufen (3 Prozent); die Ordensdamen, in der Regel ohne Berufsangaben, machen 10 Prozent aus.

Kein Zweifel: Im Ritterorden vom Heiligen Grabe zu Jerusalem versichert sich der Heilige Vater der Dienste machtvoller Leute. Selbst wenn viele von ihnen inzwischen »außer Diensten« sind, ihren Einfluß haben sie deshalb nicht verloren.

Der frühere Bundeskanzler Konrad Adenauer war Ordensritter, heute zählen die ehemaligen Ministerpräsidenten Max Streibl und Hans Filbinger dazu; viele Banker, Industrievorstände, Unternehmer sind ebenso Mitbrüder wie die ehemaligen Intendanten Karl Holzamer (ZDF) und Hubert Rohde (Saarländischer Rundfunk); auch bekannte Medizinprofessoren wie Edgar Ungeheuer, Lutwin Beck und Hubert Poliwoda nennen sich Konfrates. Es gibt keinen wichtigen Entscheidungsbereich, in dem nicht ein Glaubenskrieger säße (siehe S. 280 ff.).

Natürlich zählen auch jede Menge katholische Bischöfe zum illustren Reigen, darunter Johannes Dyba aus Fulda, der seinem Bistum nicht nur durch das Glockengeläut gegen Abtreibung zu fragwürdigem Ruhm verhalf, oder Johannes Degenhardt aus Paderborn, der sich als Verfolger des Kirchenkritikers Eugen Drewermann einen Namen gemacht hat, oder Joachim Meisner aus Köln, der erzkonservative Kardinal, der zwar unter den Gläubigen seines Erzbistums noch immer ziemlich unbeliebt ist, aber als enger Vertrauter des Papstes gilt.

✳

Die Prozession schlängelt sich durch die engen Gassen der Kölner Altstadt, die Männer vorneweg, vorbei an Benetton, Burger King und Beate Uhse. Es ist noch sehr früh am Sonntagmorgen, wenige Stunden nach dem Ausklang des Festabends. Die Straßen sind menschenleer, und es stürmt und regnet weiter. Die Grabesritter, jetzt wieder im weißen, wallenden Ordensmantel, scheinen sich mit den Spuren des Schmuddelwetters auf ihren Gewändern inzwischen abzufinden, ebenso wie die schwarz gekleideten Ordensdamen mit dem Umstand, daß ihre Frisuren unter diesen Bedingungen nicht zu retten sind. Trotzig ziehen sie, diesmal unbeschirmt, Richtung Minoritenkirche, wo nach dem Gottesdienst eine Kapitelsitzung, gewissermaßen eine Mitgliederversammlung der deutschen Ordens-Statthalterei, stattfinden soll.

Für die Damen und Herren des Ritterordens scheint dieser frühmorgendliche Demonstrationszug, nach kurzer Nacht und womöglich Nachwirkungen abendlicher Weinseligkeit, so etwas wie innere Verpflichtung. Sie wollen der Welt offenbar zeigen: Seht her, wir sind die Elite, wir stehen zu Evangelium, Kirche und Papst, selbst wenn diese Welt noch in ihren Betten schlummert. Mögen die Ungläubigen ihre Witze über den »katholischen Trachtenverein« reißen, die Grabesritter stehen zu ihren mittelalterlichen Traditionen und Aufgaben, so wie Konfrater Friedrich

Strauch nach der Investitur bekundete, er halte es für seine »Pflicht, in Ritterlichkeit Tugenden zum Tragen zu bringen«. Über Fragen, ob da nicht Macht gebündelt werde und wie die Ritterschaft mit dieser unkontrollierten Macht umgehe, hatte er sich noch keine Gedanken gemacht.

Das katholische Kartell ist vielen der Ordensmitglieder, den Mitläufern im Zug sozusagen, gar nicht bewußt, so wie viele Mitglieder der ominösen italienischen P2-Loge nicht ahnten, was sich hinter ihrer Freimaurer-Bruderschaft tatsächlich verbarg: kriminelle Energie nämlich. Viele Grabesritter sind gutgläubig, fühlen sich geehrt, in einen so auserwählten Kreis berufen zu werden, wollen offensiv für die Sache der katholischen Kirche fundamentalistischer Prägung eintreten und haben dem Papst die Treue geschworen. Und dann ist da sicherlich auch noch die Sehnsucht nach hierarchischen Strukturen und eindeutigen Verhältnissen: Befehl und Gehorsam. In der Truppe gibt es keine Zweifel, wer das Sagen hat. Es mag also durchaus zutreffen, wenn die Ordensleitung behauptet, sie habe keine ernsthaften Nachwuchsprobleme, selbst wenn die jüngsten Ritter schon in der Lebensmitte stehen.

Den Vorwurf, der Ritterorden sei ein katholischer »Klüngel«, wie man in Köln sagt, also eine Interessensgruppe, die sich selbst Posten zuschiebe und ihren rechten Einfluß auf Politik und Wirtschaft nehme, weist »Herr Augustinus« schroff von sich: Natürlich gebe es im Orden »verhältnismäßig viele, die großen Einfluß haben oder auch Macht«. Aber von »gezielten Aktivitäten, Absprachen« und derlei mehr habe er »nie irgend etwas bemerkt«. Andererseits räumt er ein, daß »über internationale Grenzen hinweg unter Umständen manches auf einem Weg läuft, der sonst vielleicht so nicht beschritten würde«. Aber das, fügt er hinzu und setzt dabei seine ganze Figur als Überzeugungskraft ein, sei ja bei den Rotariern auch nicht anders.

✳

In der Kölner Minoritenkirche hat sich der Weihrauch inzwischen verflüchtigt. Das Hochamt ist vorbei. Behende bauen die Ritter aus den ersten zwei, drei Bankreihen Tische und Stühle vor dem Altar auf, bereiten die Kapitelsitzung vor, mit der jede Investiturfeier endet. Auf dem improvisierten Podium, das rasch noch mit den fünf blutroten Kreuzen geschmückt wird, nehmen sodann Platz: der deutsche Statthalter Professor Peter Heidinger, ehemals Vorstandsvorsitzender des Stromkonzerns Energieversorgung Schwaben AG, der Kanzler, Professor Hubert Rohde, ehemals Intendant des Saarländischen Rundfunks, Großkreuzritter Ludovico Graf Carducci Artenisio, Generalgouverneur des Großmeisteramtes in Rom, und dessen Stellvertreter, Kollarritter Peter Reichsgraf Wolff-Metternich zur Gracht, das mit goldener Kordel gezierte ranghöchste deutsche Ordensmitglied; neben die illustre Führungsriege des Ritterordens vom Heiligen Grabe setzen sich dann noch ein Steuerberater aus Stuttgart als Schatzmeister und eine Industriellenwitwe aus Düsseldorf als Vertreterin der Ordensdamen.

Als erstes stehen Promotionen auf dem Programm: Natürlich werden die Ritter, wie in jedem Heer die Soldaten, von Zeit zu Zeit befördert, einerseits um ihren Einsatz oder ihre Kriegslist zu würdigen, anderseits um die hierarchische Struktur der Truppe zu festigen.

Einzeln, wie nach dem letzten Examen, das für die meisten inzwischen drei oder mehr Jahrzehnte zurückliegt, treten die Grabesritter nach vorne und nehmen ihre Ernennungsurkunde und den Handschlag von Generalgouverneur, Vize-Generalgouverneur und Statthalter entgegen. Daheim dürfen dann neue Kokarden an die Uniformen, an Barette und Mäntel genäht werden.

Und die Hierarchie funktioniert: Wenn sich Karl-Heinz Fink, leitender Komtur, also durchaus Ritter von Rang und einer der eifrigsten Organisatoren der Investiturfeierlichkeiten, an seinem Arbeitsplatz, im Direktorenzimmer der Deutschen Bank in Köln, kaum noch etwas sagen lassen muß – im weißen Mantel, befolgt er gehorsam und widerspruchslos die Anweisungen seines Statthalters.

Nach den Beförderungen und dem Bericht des Kassenwarts, demzufolge die deutsche Ritterschaft 1992 rund 1,7 Millionen DM, mehr als alle anderen Statthaltereien, gesammelt hat, um damit Projekte zugunsten der römisch-katholischen Christen im Heiligen Land zu fördern, schildert Elisabeth Verreet, resolute Komturdame, die konkrete Hilfe vor Ort, in jenem Land, das Israel zu nennen den Katholiken noch immer schwerfällt.

Die finanzielle Unterstützung der katholischen Christen in der Region ist nicht nur soziales Engagement, so wie es Frau Verreet und ihr Orden gerne darstellen, es geht auch um die Wahrung von Besitzansprüchen. Glaubenskriege werden heute nicht mehr mit Feuer und Schwert geführt wie zu Zeiten Gottfrieds von Bouillon, sondern mit Kollekten und guten Worten an richtiger Stelle. Insgesamt 8,5 Millionen DM kamen 1992 aus allen 40 Statthaltereien des Ritterordens vom Heiligen Grabe zusammen. Zieht man jene 2,6 Millionen DM ab, die, als Oboli und Spenden deklariert, in der römischen Kurie auf der Strecke blieben, sowie die sogenannten »institutionellen Auslagen«, also die Gehälter des Großmeisteramtes und des Patriarchats in Jerusalem, noch einmal rund eine Million DM, ist der Rest doch eher bescheiden. Und der kommt nicht einmal nur jenen Palästinensern zugute, die den rechten katholischen Glauben haben, sondern, als Zuschuß zu Schulen, Kindergärten und Krankenhäusern, auch muslimischen Brüdern und Schwestern, weil sie eben auch Palästinenser sind. Das wäre gewiß höchst ehrenwert, ginge die Solidarität mit den Muslimen nicht weit darüber hinaus.

✳

Michel Sabbah, ein schmächtiger Mann mit brauner Hornbrille, ist Palästinenser und der Lateinische Patriarch von Jerusalem sowie der nach dem Kardinal-Großmeister ranghöchste Ritter im Orden – in dieser Reihenfolge. Die radikalen Hamas-Leute, die den Judenstaat am liebsten in Schutt und Asche legen würden und den Versöhnungskurs Arafats mit Terroranschlägen torpedieren, nennt er »unsere Brüder«, und mit den Ordensgeldern, die über seine Konten laufen, sollen sogar Anwälte für deren inhaftierte Vertreter bezahlt werden. Auch darüber wird zu berichten sein (siehe S. 251).

35

Bischof Anton Schlembach, Großprior der deutschen Statthalterei, findet das keineswegs anrüchig. Schließlich bezahle die katholische Kirche bei uns ja auch Anwälte für katholische Asylsuchende, wenn ihnen Abschiebung drohe. »Ich kann mir durchaus vorstellen, daß die Israelis nicht immer alles gerne sehen, was wir dort tun und möchten«, räumt der Pfälzer ein und lacht dabei mit lauter Stimme, aber als Ritter vom Heiligen Grabe müsse man »unter Umständen auch mal etwas durchfechten.«

Zum Abschluß der Kapitelsitzung ergreift Prälat Richard Matthes das Wort, ein Monsignore aus dem Ruhrpott, den es nach Jerusalem verschlagen hat; er leitet dort das Notre Dame Jerusalem Center. Im Augenblick gebe es keine ernsthaften Konflikte, weder mit den Juden noch mit den Arabern, berichtet Grabesritter Matthes, doch das könne sich schnell wieder ändern. Er fordert deshalb seine deutschen Mitkämpfer in der »Miliz Christi« auf, »politischen Einfluß zu nehmen«, wo immer dazu die Möglichkeit bestehe. Sein Credo: »Wir müssen alles tun, um christliche Eliten zu einer Rückwanderung ins Heilige Land zu bewegen.«

Die Ritter haben verstanden. Sie zücken ihre Geldbörsen. Spendenkörbe werden herumgereicht.

✳

Die angesehene italienische Wirtschaftszeitschrift *Il Mondo* untersuchte im März 1993 den Einfluß von Orden, Logen und Geheimbünden auf die politische Situation im Lande und spürte verborgenen Machtstrukturen zwischen P2, Mafia, Korruption und Vatikan nach. »Sprecht mit ihnen«, beginnt das Mailänder Magazin seine Analyse über den Einfluß von Maltesern, Opus-Dei-Mitgliedern, Freimaurern, Templern und Grabesrittern in Italien, »sie werden sagen, von edlen Idealen geführt zu werden, um Kranke zu heilen und Schulen zu bauen, ohne dabei ein persönliches Interesse zu vertreten.« Doch »sprecht auch mit Richtern und Ermittlungsbeamten, und sie werden ein völlig anderes Bild beschreiben« – von geheimen Zirkeln, in denen man hofft, zu den Mächtigsten aufzusteigen und letztendlich zu einer Organisation zu gehören, »die nicht mehr kontrolliert werden kann«.

In den italienischen Hochburgen der organisierten Kriminalität, Mailand im Norden und Palermo im Süden, hat der Ritterorden vom Heiligen Grabe offenbar eine beträchtliche Anziehungskraft für Personen, die in kriminelle Aktivitäten verstrickt sind oder als Helfer der Mafia gelten. Sogar der Großprior der sizilianischen Ritterschaft, Erzbischof Salvatore Cassisa aus Monrèale, steht unter schwerwiegenden Beschuldigungen, nicht zuletzt weil von seinem Mobiltelefon aus der seit Jahren steckbrieflich gesuchte Mafiaboß Leoluca Bagarella seinen Geschäften nachging; nur sein Purpur bewahrte den Handlanger der Cosa Nostra vor der Untersuchungshaft. Darüber werden wir berichten (siehe S. 229).

Die Liste der ins Zwielicht geratenen, weil der Korruption verdächtigten oder enger Mafiakontakte bezichtigten italienischen Politiker, die den weißen Mantel mit den fünf blutroten Kreuzen tragen, ist lang und seit Erscheinen des Beitrags in *Il Mondo* noch länger geworden: Dazu gehören Giulio Andreotti, Arnaldo Forlani, Ferdinando Russo, um nur die Prominentesten zu nennen, allesamt Mitglieder der früheren Christdemokraten. Es sei für ihn keine Frage, sagt Gianfranco Turano, Autor des Beitrags, daß »Macht und Exklusivität bei den Grabesrittern einen besonders hohen Stellenwert« genießen. Und überdies sei der Orden sehr stark nach rechts ausgerichtet, was schon die Mitgliedschaft der Mussolini-Tochter Edda Ciano belege.

Man kann nach den Erkenntnissen von *Il Mondo* davon ausgehen, daß die katholischen Orden in Italien, die auf Vertraulichkeit so großen Wert legen, in gewisser Weise die Funktion der P2-Loge übernommen haben, nachdem dieser freimaurerische Geheimbund aufgeflogen war. Es entstanden neue, verdeckt operierende Machtkartelle, bei denen die Fäden aus der diesseitigen, öffentlichen Gesellschaft Italiens zusammenlaufen. Daß dem Ritterorden vom Heiligen Grabe dabei eine spezielle Bedeutung zukomme, ergebe sich nicht nur aus der Tatsache, daß P2-Chef Licio Gelli mit dem Verdienstorden des Ritterordens ausgezeichnet wurde, sondern sein Stellvertreter, Umberto Ortolani, sogar investiertes Mitglied war, meint Turano.

Wie denkt man darüber in Deutschland?

»Italien ist Italien«, sagt »Herr Augustinus«, Heinrich Graf Henckel von Donnersmarck, Komtur mit Stern der deutschen Grabesritter, und es klingt wie »Papperlapapp«. Doch dann scheint er einen Moment lang seiner humorvollen Souveränität beraubt, rückt unruhig auf dem Stuhl herum, spielt etwas verlegen mit seinen Fingern und ringt erstaunlich lange um eine treffende Replik. Es sei »zwar betrüblich«, entgegnet er dann, »daß es ausgerechnet bei einem geistlichen Ritterorden Mitglieder gibt, die offenbar ins Zwielicht geraten oder gar rechtskräftig verurteilt worden sind, aber auf der anderen Seite wäre es blind, zu glauben, der Ritterorden vom Heiligen Grabe sei eine Versammlung von Heiligen«.

*

Sonntag, 3. Oktober 1993, mittags. Nach drei Tagen ist die Jubiläums-Investitur zu Ende. Vor der Minoritenkirche warten große Limousinen und Taxis. Auf den paar Schritten zu ihnen verschwindet mancher weiße Mantel in bereitgestellten Koffern, mehr hineingestopft als -gelegt. Für die nächste Veranstaltung muß das Gewand ohnehin in die Reinigung. Der Übergang vom Mittelalter in die Neuzeit vollzieht sich für viele Ritter in Windeseile, obwohl kein Regen mehr drängt, sondern nach Tagen zum erstenmal wieder die Sonne zwischen den Wolken hervorblickt.

Der Anachronismus dieser elitären, erzkatholischen Bruderschaft, die immerhin fortschrittlich genug ist, Schwestern zu dulden, wenn auch im Hintergrund, war während der Feierlichkeiten offensichtlich. Na und? Wem schadet's? Wenn Sportclubs, Trachtengruppen, Männergesangvereine, Burschenschaften, Karnevalsorden sich uniformieren, warum nicht die Traditionalisten des Heiligen Stuhls?

Aber darum geht es in erster Linie nicht. Auch nicht um die Caritas fürs Heilige Land. Es geht um die demokratisch nicht legitimierte Machtfülle der in dieser exklusiven Vereinigung zusammengeschlossenen Politiker, Unternehmer, Banker und Personen des öffentlichen Lebens.

Es geht um eine fünfte Kolonne des Heiligen Stuhls – wie Opus Dei –, um eine Elitetruppe im besonderen Einsatz: im Namen der fünf Kreuze. Zwar nennt sich der Orden »unpolitisch«, doch das ist allenfalls im Sinne parteipolitischer Neutralität zu verstehen und auch dort wohl nicht ganz ernst gemeint. Denn natürlich betreiben die Grabesritter Politik – im päpstlichen Auftrag, und das heißt mit reaktionärer Zielsetzung. Sie tun dies in aller Stille, fern der Öffentlichkeit. Und das macht ihre Umtriebe so gefährlich.

Glaubenskrieger unterm Hakenkreuz

Zur Rolle des Ordensbruders
Franz von Papen im Dritten Reich

»So lange wir leben, kämpfen wir; so lange wir kämpfen, ist es ein Zeichen, daß wir nicht unterlegen sind und der gute Geist in uns wohnt. Und wenn dich der Tod nicht als Sieger antrifft, soll er dich als Kämpfer finden.«

Aus dem Gebetbuch *Miles Christi*
der Ritter vom Heiligen Grabe

8. Dezember 1933, Köln. Das Tragen von Titeln, Orden und Ehrenabzeichen, die nicht die »der Bewegung« waren, hatte Hitler längst verboten. Trotzdem marschierten an diesem Dezembertag über 40 Ritter mit ihren Ordensinsignien durch Köln. Auf den Köpfen trugen sie schwarze Hüte mit weißen Federn. Um ihre Schultern hatten sie ihre elfenbeinweißen Mäntel gelegt. Von den nationalsozialistischen Machthabern hatten die Ordensmänner nichts zu befürchten. Schließlich waren Franz von Papen, Hitlers Vizekanzler, und weitere »führende Persönlichkeiten des Faschismus« Ritter vom Heiligen Grabe, wie Konfrater Valmar Cramer später in seiner Ordensmonographie vermerkte.

In Zweierreihen waren sie aus dem Kölner Dom ausgezogen, wo Weihbischof und Großprior des Ritterordens Josef Hammels zuvor in der Sakramentskapelle eine Pontifikalmesse zelebriert hatte. Angeführt wurde der Zug von Fürst Franz Salm-Reifferscheidt-Dyck, der im September 1932 beim Ordenskongreß in Jerusalem zum Statthalter der deutschen Provinz ernannt worden war. Hinter ihm marschierte der Standartenträger. Auf der Vorderseite des Banners war ein Band, drapiert mit der Inschrift in gotischen Buchstaben: »Deus lo vult.«

Papst Pius XI. hatte 1928 per Dekret den Orden unter den Schutz des Apostolischen Stuhls gestellt. In den

Jahren 1931 und 1932 erließ er zwei weitere Anordnungen. Zum einen wies er an, daß der Ritterorden vom Heiligen Grabe fortan für die »Glaubenserhaltung in Palästina« zuständig sei. Die andere Anordnung betraf die Neuorganisation des Ordens. Die 149 versprengten Ritter in Deutschland sollten sich unter Fürst Salm-Reifferscheidt-Dyck zu einer Statthalterei zusammenschließen. Deshalb hatten sie sich in Köln zur Gründungsversammlung getroffen. Die Domstadt war auch zum Ordenssitz bestimmt worden, weil fast zwei Drittel der deutschen Ordensmitglieder in Rheinland-Westfalen wohnten. Dazu kam, daß in der Kölner Stiftskirche St. Andreas die Gebeine des heiligen Albert lagen, der 1263/64 beim siebten und zugleich letzten Kreuzzug päpstlicher Gesandter für Deutschland gewesen war und später »der Große« genannt wurde.

Bei der konstituierenden Sitzung beschwor Fürst Franz Salm-Reifferscheidt-Dyck »den Urbeginn unseres Ordens«. Sie stünden schließlich in der Tradition des Kreuzritters Gottfried von Bouillon, des Eroberers von Jerusalem. »Unser weltlicher Ritterorden«, sagte der Fürst, blieb »das ganze Mittelalter hindurch bestehen als lose Vereinigung all derer, die sich dem persönlichen Schutze des Heiligen Grabes geweiht hatten. Auch später noch, wenn die einzelnen Ritter wieder in ihr Heimatland zurückkehrten, nannten sie sich mit Stolz Ritter des Grabesordens und trugen das fünffache Kreuz, das Symbol der fünf Wunden Christi.«

Die Gründungsversammlung der Grabesritter endete damit, daß dem Führer ein Grußtelegramm geschickt wurde.

✳

44

Hitler haßte den Klerus. »Sicher gibt es auch unter den Priestern selber solche«, schrieb er zwischen 1925 und 1927 in *Mein Kampf*, »denen ihr heiliges Amt nur ein Mittel zur Befriedigung ihres politischen Ehrgeizes ist, ja, die im politischen Kampfe in oft mehr als beklagenswerter Weise vergessen, daß sie denn doch die Hüter einer höheren Wahrheit sein sollten und nicht Vertreter von Lüge und Verleumdung.« Die Geistlichkeit wiederum hatte ihre Vorbehalte gegenüber der nationalsozialistischen Bewegung. Am 7. August 1932 verbat die Fuldaer Bischofskonferenz den Katholiken Deutschlands, der NSDAP beizutreten. Die Bischöfe fürchteten, daß,»wenn diese Partei, die heiß erstrebte Alleinherrschaft in Deutschland erlangt, für die kirchlichen Interessen der Katholiken die dunkelsten Aussichten sich eröffnen«.

Aber nicht alle dachten so düster über die Nationalsozialisten. Kardinalstaatssekretär Eugenio Pacelli beispielsweise zeigte sich Hitlers Ideen gegenüber aufgeschlossen. Bevor er von Papst Pius XI. zum Kardinalstaatssekretär und damit zum zweitmächtigsten Mann des Vatikans gemacht worden war, hatte Pacelli von 1917 bis 1929 als Nuntius in München und Berlin gelebt. Und Pacelli liebte Deutschland. Als er dann nach Rom ins Staatssekretariat ging, nahm er mehrere Mitarbeiter und die ihm besonders nahestehende Nonne Pasqualina Lehnert aus Bayern mit. Seine Zuneigung zu Deutschland ging so weit, daß er später seine prächtigen Perserkatzen »Peter« und »Mieze« und seinen Kanarienvogel »Gretchen« nannte.

Nach den Reichstagswahlen vom Sommer 1932, bei denen die NSDAP erfolgreich abgeschnitten hatte, führte Pacelli mit dem Gesandten Bayerns im Vatikan ein vertrauliches Gespräch. »Es sei ... zu hoffen und zu wünschen«, sagte Pacelli, »daß wie das Zentrum und die Bayerische Volkspartei so auch die anderen auf christlicher Grundlage stehenden Parteien, zu denen sich gleichfalls die nunmehr stärkste Partei des Reichstages, die Nationalsozialistische Partei zählt, alles daransetzen werden, den hinter der Kommunistischen Partei marschierenden Kulturbolschewismus von Deutschland fernzuhalten.« Unter diesen Umständen dränge sich die Frage auf, ob Zentrum und Bayerische Volkspartei nicht gut daran täten, sich jetzt mehr nach rechts zu orientieren und dort eine für ihre Grundsätze tragbare Koalition zu suchen.

Pacelli, der mit dem Führer der Zentrumspartei, dem Prälaten Ludwig Kaas, befreundet war, wußte wohl auch, wer die christlichen Parteien an die Nazis heranführen sollte: der Grabesritter Franz von Papen.

*

Nach dem Ersten Weltkrieg, in dem Franz von Papen als Militärattaché eine Panne nach der anderen verursacht hatte, war er Hauptaktionär des antisemitischen Hetzblattes *Germania* geworden. Gleichzeitig war er der Zentrumspartei beigetreten, der er später wieder den Rücken kehrte. Am 1. Juni 1932 wurde Papen schließlich Reichskanzler und begann, ganz im Sinne des Kardinalstaatssekretärs Pacelli, Hitlers Weg an die Macht zu ebnen: Zuerst beseitigte er im Juni 1932 verfassungswidrig die sozialdemokratische Regierung Braun-Severing, dann hob er das Verbot der SA und SS auf und trommelte unermüdlich für Hitlers Ernennung.

Am 4. Januar 1933 trafen sich Hitler und Papen im Haus des Kölner Bankiers und Nationalsozialisten Freiherr von Schröder, eines Freundes der Großindustriellen Thyssen und Flick. Das Treffen war »streng geheim«. Über den Inhalt des Gesprächs wurde erst nach dem Zweiten Weltkrieg etwas bekannt. Bei den Nürnberger Prozessen sagte Freiherr von Schröder aus, Hitler habe Papen die »Entfernung aller Sozialdemokraten, Kommunisten und Juden« aus führenden Stellungen versprochen, und »Papen und Hitler einigten sich grundsätzlich, so daß viele Reibungspunkte überwunden wurden und sie gemeinsam vorgehen konnten«.

Nach dem Sturz der Regierung des Generals von Schleicher wurde auf Papens Vorschlag hin am 30. Januar 1933 Hitler Reichskanzler. Papen wurde sein Vize. Über Hitlers Machtergreifung verkündete Papen: »Der liebe Gott hat Deutschland gesegnet, daß er ihm in Zeiten tiefer Not einen Führer gab.«

Die meisten der deutschen Kirchenmänner sahen das anders. Sie hielten weiter an dem Verbot fest, wonach ein Katholik nicht der NSDAP angehören durfte. Vorsichtig intervenierte Papen beim Vorsitzenden der Fuldaer Bischofskonferenz, dem Breslauer Kardinal Adolf Bertram, ob die Kirche ihre Haltung zum Nationalsozialismus nicht revidieren wolle. Tags darauf, am 19. März 1933, setzte Bertram die Mitglieder der Bischofskonferenz von der Unterredung in Kenntnis: »Ich wies darauf hin: Wer revidieren muß, ist der Führer der Nationalsozialisten selbst ...«

Papen hatte verstanden, und Hitler wohl auch. Denn bereits am 23. März 1933, dem Tag, an dem das Ermächtigungsgesetz verabschiedet wurde, gab Hitler eine Erklärung ab: Er wolle die Rechte der Kirche respektieren und wünsche sich eine freundschaftliche Beziehung zum Vatikan. Damit waren die Bischöfe zufrieden. Fünf Tage später ließen sie wiederum verkünden: Der Episkopat glaube, »das Vertrauen hegen zu können, daß die vorbezeichneten allgemeinen Verbote und Warnungen nicht mehr als notwendig betrachtet werden brauchen«.

Mit der katholischen Kirche im Rücken konnte sich Hitler anderem zuwenden. Bereits am 1. April 1933 kam es zu ersten Aktionen gegen die Juden in Deutschland. Nur wenige Tage später wurden Franz von Papen und Hermann Göring in Rom von Papst Pius XI. empfangen, der sich glücklich darüber zeigte, daß Hitler kompromißlos gegen die Kommunisten vorgehe.

*

Aus Furcht vor den Kommunisten hatte Pius XI. schon Mussolini zur Macht verholfen. Die Lateranverträge, die am 11. Februar 1929 unterzeichnet worden waren, hatten Mussolinis Paladine, darunter viele Grabesritter, mit dem Heiligen Stuhl ausgehandelt. Die Verträge hatten das Ansehen der Faschisten gesteigert und den Bischöfen jede politische Betätigung verboten. Allerdings hatte es sich der Klerus nicht nehmen lassen, die Bomben und Kanonen der Faschisten zu segnen und deren Gewalttaten als »heiligen Krieg« oder als »Kreuzzug« zu feiern.

Aber auch der Kurie brachten die Lateranverträge ein paar Vorteile. Der Papst erhielt für seinen Verzicht auf den Kirchenstaat und die Anerkennung des Königreichs Italien mit der Hauptstadt Rom ein beträchtliches Startkapital: eine Milliarde in Staatspapieren und 750 Millionen Lire in bar sowie die Souveränität auf dem Gebiet der Città del Vaticano. Außerdem verpflichtete sich Mussolini gegenüber dem Papst, den Katholizismus als Staatsreligion anzuerkennen und sich künftig bei der Gesetzgebung mit dem kanonischen Recht abzustimmen. Die Kirche war mit dem Deal zufrieden. Es wurde gefeiert. Der Papst hatte am 13. Februar 1929 Mussolini als einen Mann gerühmt, »den uns die Vorsehung gesandt hat«. Im Ausland gewann Mussolini durch den Abschluß der Lateranverträge mit dem Vatikan an Renommee. Glückwünsche an den »Duce« kamen aus aller Welt, auch aus Köln von Oberbürgermeister Konrad Adenauer: »Ihr Name wird in goldenen Buchstaben in die Geschichte der katholischen Kirche eingetragen.«

*

Wie in Italien während der zwanziger Jahre sollte 1933 auch in Deutschland den Faschisten der Rücken gestärkt werden. Kardinalstaatssekretär Pacelli hatte ja bereits ein Jahr zuvor angeregt, daß die Zentrumspartei, immerhin das politische Instrument der Kirche, sich nach rechts öffnen sollte, um mit den Nationalsozialisten eine Koalition eingehen zu können. Daß dabei das Zentrum immer mehr an Bedeutung verlieren könnte, schien Pacelli billigend in Kauf zu nehmen. Für ihn waren die Nationalsozialisten das »kleinere Übel«, verglichen mit »der atheistischen Gefahr des Bolschewismus«.

Pacellis Pläne wurden von dem Grabesritter Franz von Papen und dem Kirchenrechtler Ludwig Kaas umgesetzt. Papen hatte Hitler zur Macht verholfen, und Prälat Kaas, Anführer des Zentrums, hatte seine Partei dazu gebracht, für Hitlers »Ermächtigungsgesetz« zu votieren. Am Karsamstag, dem 15. April 1933, trafen sich die drei in Pacellis Arbeitszimmer im Vatikan. Es ging um ein Konkordat mit Hitlers Deutschland.

Seit 1920 hatte die Berliner Regierung vergeblich ein Konkordat angestrebt. Papen wollte es nun verwirklichen. Schließlich würde ein Vertrag mit dem Vatikan eine erhebliche Aufwertung des Dritten Reiches bedeuten, insbesondere im Ausland. Doch Pacelli war beunruhigt. In der europäischen Presse war der Nazi-Terror gegen die Juden nicht unerwähnt geblieben. Papen konnte Pacelli jedoch davon überzeugen, daß die Angriffe der ausländischen Presse Teil eines Planes der feindlichen Mächte seien, den Vatikan vom Abschluß eines Vertrages mit Deutschland abzubringen.

Die Verhandlungen in Rom zogen sich hin. Am 2. Juli 1933 bekam Hitler einen Lagebericht. Endlich sei der Durchbruch geschafft, jubelte Papen, der Heilige Stuhl schließe »für alle Mitglieder und Ordensleute die Mitgliedschaft und die Tätigkeit in politischen Parteien aus«. Das bedeutete, daß sich die katholische Kirche künftig aus Hitlers Politik heraushielt. Papen konnte auch von einem geheimen Zusatzprotokoll berichten. Darin seien die Richtlinien »über die Behandlung von Geistlichen im Falle, daß Deutschland die allgemeine Wehrpflicht wieder einführt«, vereinbart worden. »Ich hoffe«, schrieb Papen an Hitler,»daß Ihnen diese Abmachung Freude bereitet.«

Hitler unterzeichnete am 8. Juli 1933 den Vertragsentwurf und erließ zugleich folgende Verfügung:»Durch den Abschluß des Konkordats zwischen dem Heiligen Stuhl und der deutschen Reichsregierung erscheint mir genügend Gewähr dafür gegeben, daß sich die Reichsangehörigen des römisch-katholischen Bekenntnisses von jetzt ab rückhaltlos in den Dienst des neuen nationalsozialistischen Staates stellen werden. Ich ordne daher an: Die Auflösung katholischer Organisationen ... sind sofort rückgängig zu machen. Zwangsmaßnahmen gegen Geistliche und Führer dieser katholischen Organisationen sind aufzuheben.« Damit hatte Hitler einen Großteil der Katholiken geködert.

Für den 14. Juli 1933 hatte Hitler eine Kabinettssitzung anberaumt. Es wurde das »Gesetz gegen die Neubildung von Parteien« erlassen und »Heil Hitler!« als Gruß im öffentlichen Leben eingeführt. Punkt 17 der Tagesordnung betraf das Konkordat.

Als endlich der betreffende Tagesordnungspunkt an der Reihe war, bekam Franz von Papen seinen Auftritt.»Der Stellvertreter des Reichskanzlers«, so steht es im Sitzungsprotokoll,»wies auf die besonders bemerkenswerten Stellen des Konkordats hin«,»die Entpolitisierung der Geistlichkeit«,»Einführung der Militärfürsorge« sowie die »etwaige allgemeine Wehrpflicht« und die Verhaltensvorschriften für die Kirche bei einer »Mobilmachung« des Reichs. Über Hitlers Reaktion heißt es im Protokoll:»Der Reichskanzler lehnte eine Debatte über Einzelheiten des Reichskonkordats ab. Er vertrat die Auffassung, daß man hierbei nur den großen Erfolg sehen dürfte. Im Reichskonkordat wäre Deutschland eine Chance gegeben und eine Vertrauenssphäre geschaffen, die bei dem vordringlichen Kampf gegen das internationale Judentum besonders bedeutungsvoll wäre. Etwaige Mängel des Konkordats könnten später bei besserer außenpolitischen Lage verbessert werden.«

Hitler sah im Abschluß des Reichskonkordats drei große Vorteile: Zum einen habe der Vatikan überhaupt verhandelt, »obwohl, besonders in Österreich, damit operiert würde, daß der deutsche Nationalsozialismus unchristlich und kirchenfeindlich wäre«; zum zweiten konnte »der Vatikan zur Herstellung eines guten Verhältnisses zu diesem einen nationalen deutschen Staat bewogen werden«. Der Reichskanzler hätte es noch vor kurzer Zeit nicht für möglich gehalten, daß die Kirche bereit sein würde, die Bischöfe auf diesen Staat zu verpflichten. Daß das nunmehr geschehen sei, wäre zweifellos einer rückhaltlosen Anerkennung des derzeitigen Regiments; zum dritten schließlich zöge sich »mit dem Konkordat ... die Kirche aus dem Vereins- und Parteileben« zurück, ließe zum Beispiel auch die christlichen Gewerkschaften fallen. »Auch das hätte er, der Reichskanzler, noch vor einigen Monaten nicht für möglich gehalten«, hieß es weiter im Protokoll. »Auch die Auflösung des Zentrums wäre erst mit Abschluß des Konkordats als endgültig zu bezeichnen, nachdem nunmehr der Vatikan die dauernde Entfernung der Priester aus der Parteipolitik angeordnet hätte.«

Franz von Papen war am Ziel. Die Katholiken in aller Welt hatten dem neuen Reich zuerst abwartend und mißtrauisch gegenübergestanden. Aber mit dem

Konkordat machte die katholische Kirche Hitler »hoffähig« und damit zum legitimen Staatsmann. Papen blieb es als federführendem Unterhändler Hitlers vorbehalten, den Vertrag zu unterzeichnen. Am 20. Juli 1933 wurde das Konkordat im Vatikan in einer feierlichen Zeremonie von Papen und Pacelli besiegelt. Man tauschte Geschenke aus und gab seiner gegenseitigen Freude und Anerkennung Ausdruck. Zum Schluß wurde die Aussöhnung zwischen dem nationalsozialistischen Deutschland und dem Heiligen Stuhl von einem Fotografen festgehalten: Eugenio Pacelli im Kardinalspurpur neben Franz von Papen im schwarzen Frack. Um den Hals trug der Vizekanzler das Ordenskreuz der Ritter vom Heiligen Grabe.

＊

Frack, schwarze Weste, schwarze Binde und Ordensinsignien waren Bedingung für die Teilnahme an einer Privataudienz beim Papst. Die deutschen Grabesritter hatten eine Einladung nach Rom erhalten. Sie wurden gebeten, an den Jubiläumsfeierlichkeiten zum Heiligen Jahr teilzunehmen. In einem Rundschreiben vom 10. Februar 1934 wurden die Grabesritter darüber informiert, daß neben der Papst-Audienz Empfänge beim König von Italien und bei Mussolini vorgesehen seien. Wie bei Hitler gab es auch in Mussolinis engster Umgebung Grabesritter, beispielsweise seinen Schwiegersohn, Graf Galeazzo Ciano, der später Italiens Außenminister wurde.

Während in Rom die Grabesritter noch mit ihren Ordensinsignien Mussolini ihre Aufwartung machten, wurde in Deutschland das Reichsgesetz, das verbot, Orden zu tragen, durch ein Ergänzungsgesetz verschärft. Statthalter Fürst Franz Salm-Reifferscheidt-Dyck schrieb deshalb am 18. März 1934 an das Reichsministerium des Innern und bat um eine Ausnahmegenehmigung. Der Statthalter ließ in seinem Brief nicht unerwähnt, daß der Ritterorden »als einziger päpstlicher Orden auch an souveräne Persönlichkeiten und Staatsoberhäupter verliehen wird«. Kurz darauf konnte Salm-Reifferscheidt-Dyck seinen Konfratres mitteilen, es bestehe »berechtigte Aussicht für die Anerkennung des Ritterordens vom Heiligen Grabe zu Jerusalem seitens der deutschen Reichsregierung«. Und bereits am 11. Februar 1935 marschierten die Grabesritter anläßlich der Papstkrönungsfeier wieder in voller Ordensmontur durch Köln.

Franz von Papen, der mittlerweile als Botschafter in Wien die Annexion Österreichs vorbereitete, wurde für seine Verdienste um den päpstlichen Laienorden zum Großkreuzritter befördert. Seine Verdienste für Hitler wußte Papen selbst einzuschätzen: Die »Vorsehung« habe ihn dazu bestimmt, »Wesentliches zur Geburt der Regierung der nationalen Erhebung beizutragen«, sagte er einmal vor der von ihm protegierten Arbeitsgemeinschaft katholischer Deutscher. »Denn die Strukturelemente des Nationalsozialismus sind nicht nur der katholischen Lebensauffassung nicht wesensfremd, sondern sie entsprechen ihr in fast allen Beziehungen.«

Mit seinem Arbeitskreis katholischer Deutscher wollte Papen die katholischen Jugendverbände geschlossen der Hitlerjugend zuführen. Hier sollte sie von katholischen Geistlichen religiös betreut werden, die man eigens für diesen Zweck ernennen wollte.

Die Zustimmung dazu gab der Erzbischof von Köln, Kardinal Karl Josef Schulte, wie Papen Ritter vom Heiligen Grabe.

＊

In den frühen Morgenstunden des 8. März 1936 überschritten deutsche Truppen die Rheinbrücken und besetzten die entmilitarisierte Zone. Die Bischöfe des Rheinlandes beeilten sich, ihre Freude kundzutun, allen voran Kardinal Schulte. Am selben Tag noch schickte er ein Telegramm an den Oberbefehlshaber der Wehrmacht, Generaloberst von Blomberg, und rühmte darin die »denkwürdige Stunde, da die Wehrmacht des Reiches wiederum als Hüterin des Friedens und der Ordnung in das deutsche Rheinland ihren Einzug hält, die berufenen Waffenträger unseres Volkes mit ergriffener Seele und eingedenk des erhebenden Beispiels opferbereiter Vaterlandsliebe, ernster Manneszucht und aufrechter Gottesfurcht, das unser Herr von jeher der Welt gegeben hat«.

Als Hitler am 20. April 1939 seinen 50. Geburtstag feierte, läuteten im Lande die Kirchenglocken, wurden Hakenkreuzfahnen gehißt und Gottesdienste gefeiert. Kardinal Schulte tat sich bei den Feierlichkeiten besonders hervor: »Unsere Treue zum Deutschen Reich und seinem Führer haben wir soeben an dessen 50. Geburtstag noch einmal feierlich bekundet. Diese Treue kann durch nichts erschüttert werden. Denn sie beruht auf den unveränderlichen Grundsätzen unseres heiligen Glaubens.«

Heute behauptet die katholische Kirche, deutsche Prälaten wären nur in den ersten Jahren Hitlers »dia-

55

bolischer Taktik« erlegen. Tatsächlich unterstützten viele ihn bis zum Schluß, allen voran die Geistlichen im Ritterorden vom Heiligen Grabe. Nach dem raschen Sieg über Frankreich, Ende Juni 1940, läuteten die Kirchenglocken eine Woche lang jeweils zur Mittagszeit, die Fahnen wurden auch an kirchlichen Gebäuden reichlich gehißt, und Kardinal Schulte gab eine Erklärung heraus, in der er »Gott für den großartigen Sieg dankte, den die deutsche Wehrmacht errungen hat«. Die bischöflichen Ordinariate informierten den Klerus, daß die Glocken von nun an bei patriotischen Anlässen ohne vorherige Genehmigung der kirchlichen Obrigkeit geläutet werden dürften. Und in Hirtenbriefe forderten Bischöfe die Soldaten auf, »jedes Opfer« zu bringen, fürs Vaterland zu kämpfen oder zu sterben. Den Rußlandfeldzug feierten sie als »Kreuzzug« und »heiligen Krieg«.

*

Kardinalstaatssekretär Eugenio Pacelli, der mit Grabesritter Franz von Papen das Konkordat besiegelt hatte, war am 2. März 1939 zum neuen Papst gewählt worden. Als erstem Staatsoberhaupt gab Pius XII., wie sich Pacelli nun nannte, seine Ernennung dem »Führer« bekannt. Der erste Vertreter des diplomatischen Korps im Vatikan, der von Pius XII. empfangen wurde, war der deutsche Botschafter. Und obwohl die ersten Judenpogrome bereits stattgefunden hatten und die Welt über die Reichskristallnacht diskutierte, versäumte es Pius XII. nicht, für Hitler die »besten Wünsche und den Schutz des Himmels« zu erbitten. Selbst Prälat Alberto Giovannetti, Sprachrohr des Papstes, räumte ein: »In seinem Umfang und den zum Ausdruck kommenden Empfindungen hat es nicht seinesgleichen unter den anderen damals vom Vatikan versandten amtlichen Schreiben« gegeben.

Die Nationalsozialisten konnten also mit der Papstwahl zufrieden sein. Eugenio Pacelli war ein Pontifex maximus nach ihrem Geschmack. Bereits am 30. April 1937, damals noch Kardinal, hatte Pacelli an Hitlers Botschafter beim Vatikan geschrieben, der Heilige Stuhl verkenne »nicht die große Bedeutung, welche die Bildung innerlich gesunder und lebensfähiger politischer Abwehrfronten gegen die Gefahr des atheistischen Bolschewismus besitzt«. Der Heilige Stuhl bekämpfe den Bolschewismus ebenfalls, nur mit anderen Mitteln. Er billige aber die Anwendung »äußerer Machtmittel gegen die bolschewistische Gefahr«.

Im Oktober und November 1939 wurden 214 polnische Priester hingerichtet, darunter das gesamte Domkapitel in Pelplin. Bis Ende des Jahres wurden über tausend polnische Welt- und Ordenspriester verhaftet und meist in Konzentrationslager verschleppt. Radio Vatikan und *L'Osservatore Romano*, die Hauspostille des Heiligen Stuhls, berichteten zwar zunächst darüber. Doch einige Wochen später beschwerte sich der deutsche Botschaftsrat Menshausen im Staatssekretariat Seiner Heiligkeit, bei Giovanni Battista Montini: Der Vatikansender habe über die Lage in Polen »übertriebene und ungenaue Nachrichten« verbreitet. Zuerst erwiderte Montini, der später als Papst Paul VI. zum Nachfolger Pius' XII. gewählt werden sollte, Radio Vatikan arbeite unabhängig vom Staatssekretariat. Zwei Tage danach teilte Montini

dem Deutschen jedoch mit, der Kardinalstaatssekretär habe die Radiodirektion »gebeten«, die Sendungen
über Polen einzustellen. Und so verstummte Radio
Vatikan.

Pius XII. wurde bald als »Papst der Deutschen«,
manchmal gar als »deutscher Papst« bezeichnet. Seine Schwäche fürs »deutsche Volk« kam auch durch
den Kreis seiner Vertrauten im Vatikan zum Ausdruck. Er ließ sich nach wie vor von Prälat Ludwig
Kaas, dem früheren Zentrumsvorsitzenden, beraten,
wie auch von den deutschen Jesuiten Hentrich, Gundlach und Hürth. Sein Privatsekretär, der Jesuit Leiber,
war ebenso Deutscher wie sein Beichtvater, der Jesuit
Bea. Und mit Pater Wüstenberg arbeitete ein weiterer
Deutscher in entscheidender Position im Staatssekretariat. Natürlich gehörte auch die Nonne Pasqualina
Lehnert, die ihm schon in Deutschland zu seiner Zeit
als Nuntius gedient hatte, immer noch zum engsten
Vertrautenkreis. Sie wurde spöttisch »La papessa«,
»die Päpstin«, genannt.

Weder Hitlers Antiklerikalismus noch die Beset-
zung der Tschechoslowakei vermochten die Sympathie des Papstes für Deutschland zu mindern, auch
nicht der Krieg gegen das katholische Polen. Und
nach dem Überfall auf Rußland sprach Pius XII. in
einer seiner Rundfunkbotschaften gar von »Lichtblik-
ken«, »die das Herz zu großen, heiligen Erwartungen
erheben«; er lobte die »großmütige Tapferkeit zur
Verteidigung der Grundlagen der christlichen Kultur«
und ließ niemanden im ungewissen über seine »zu-
versichtlichen Hoffnungen auf ihren Triumph«.

Am 3. September 1943 konnte Ernst von Weizsäk-
ker, damals deutscher Botschafter im Vatikan, über

den »deutschen Papst« wiederum nur Erfreuliches vermelden. In seinem Telegramm Nr. 395 zitierte Weizsäcker den Wortlaut eines Statements des Papstes über die Deutschen: »Es ist ein großes Volk, das in seinem Kampf gegen den Bolschewismus nicht nur für seine Freunde, sondern auch für seine derzeitigen Feinde blutet. Ich vermag nicht zu glauben, daß die Ostfront zusammenbrechen wird.«

Und während Hitlers Heere in Rußland standen, telegrafierte Weizsäcker nach Berlin: »Tatsächlich ist die Bolschewistenfeindschaft der sicherste Bestandteil der vatikanischen Außenpolitik. Was der Bekämpfung des Bolschewismus dient, ist der Kurie willkommen. Am liebsten sähe sie eine Koalition der Westmächte mit Deutschland; als Minimum wünscht sie ein kräftiges und geschlossenes Deutschland als Barriere gegen Sowjetrußland.«

Das Bollwerk gegen den Bolschewismus war Papst Pius XII. offenbar die Zerstörung von 1700 Städten und 70000 Dörfern und die Ausrottung der europäischen Juden wert. Die »Verteidigung der Grundlagen der christlichen Kultur«, wie er den Angriff auf Rußland bezeichnete, machte über 25 Millionen Menschen obdachlos und kostete Millionen von Menschen das Leben.

Zu Auschwitz, Treblinka und den anderen Vernichtungslagern schwieg der »Stellvertreter Christi«, sogar als die jüdische Gemeinde Roms gleichsam unter seinem Fenster zusammengetrieben wurde: Mehr als tausend römische Juden ließen die Faschisten am 18. Oktober 1943 ins Todeslager Auschwitz deportieren – zwei Drittel davon Frauen und Kinder. Nur 14 Männer und eine Frau überlebten.

Botschafter Ernst von Weizsäcker meldete damals
nach Berlin: »Der Papst hat sich, obwohl dem Vernehmen nach von verschiedenen Seiten bestürmt, zu keiner demonstrativen Äußerung gegen den Abtransport
der Juden aus Rom hinreißen lassen.«
SS-Reichsführer Heinrich Himmler, dem seit 1934
die Konzentrationslager unterstellt waren, hatte
schon bei seinem Rom-Besuch im Oktober 1942 gegenüber dem italienischen Außenminister Graf Ciano, dem Schwiegersohn Mussolinis und Ritter vom
Heiligen Grabe, ausdrücklich die Diskretion des Vatikans gelobt.

✳

Am 1. November 1945 bescheinigte Papst Pius XII.
den deutschen Bischöfen – und damit sich selber –, sie
hätten Hitler »mit ganzem Herzen Widerstand« geleistet.
Auch nach dem Zweiten Weltkrieg blieb die Politik
von Pius XII. weiter bestimmt von seiner Vorliebe für
Deutschland und seiner Furcht vor dem Kommunismus. Wie er einst auf Hitler gehofft hatte, half er nun
Konrad Adenauer, der erst zwei Päpste später zum
Ritter vom Heiligen Grabe geschlagen werden sollte,
und bezog Stellung zu politischen Themen: Als hätte
es die Bombenabwürfe über Hiroshima und Nagasaki
nie gegeben, bezog Pius XII. nie gegen einen künftigen
Atomkrieg Stellung. Dafür war er entschieden gegen
die Errichtung des Staates Israel und plädierte stets
für einen internationalen Status Jerusalems und der
heiligen Stätten Palästinas.
Besondere Bedeutung kam bei diesem päpstlichen

Anti-Israel-Kurs den Rittern vom Heiligen Grabe zu, die sich »die Verteidigung der Rechte der katholischen Kirche im Heiligen Land, der Wiege des Ordens« (Ordenssatzung), zu ihrer obersten Aufgabe gemacht hatten. Ursprünglich war der Patriarch von Jerusalem Leiter und Administrator des Ordens. Aber um den Orden enger an sich zu binden, war Kurienkardinal Nicola Canali schon während des Krieges von Pius XII. kommissarisch als Protektor des Ordens beim Heiligen Stuhl eingesetzt worden. Schließlich hatte Franz von Papen am besten bewiesen, zu welcher politisch reaktionären Untergrundarbeit die Grabesritter zu gebrauchen waren.

Am 14. September 1949 erließ Pius XII. dann eine neue Ordenssatzung, wonach ein Großmeister, den der Papst aus dem Kreis der Kurienkardinäle ernannte, als Leiter des Ordens fungierte. Um den Orden noch besser unter Kontrolle zu haben, verlegte der Pontifex maximus den Ordenssitz von Jerusalem nach Rom, in ein Gebäude an der Via della Conciliazione, »der Straße der Versöhnung«, unmittelbar vor dem Petersplatz.

Kurienkardinal Canali bekam das Amt des Großmeisters übertragen. Er forderte, nur »die Besten der Besten« dürften in den Ritterorden aufgenommen werden. Und die künftigen Kandidaten mußten sich bei ihrer Aufnahme zur »unbedingten Treue zum Heiligen Stuhl« (Ordenssatzung) verpflichten. Die päpstliche Elitetruppe soll sich einsetzen für die »Erhaltung und Verbreitung des christlichen Glaubens in Palästina; Unterhalt und Förderung der Missionen des Lateinischen Patriarchates von Jerusalem und Unterstützung der dortigen karitativen, kulturellen und sozialen Werke und Institutionen«. Eines der obersten Statuten lautet: »Im Orden leben die Ideale der Kreuzzüge in neuzeitlicher Form weiter im Geiste des Glaubens, des Apostolats und der christlichen Caritas.«

*

Franz von Papen mußte sich nach dem Krieg vor dem Internationalen Militärtribunal in Nürnberg verantworten. Die Anklage warf ihm vor, beim Konkordatsabschluß den Vatikan getäuscht zu haben. Papen sei es lediglich um die Festigung der Machtposition Hitlers gegangen, um den Nationalsozialisten in den Augen des Auslandes einen Kredit zu verschaffen.

»Ich wiederhole, daß ich die christliche Basis des Reiches unter allen Umständen sicherstellen wollte«, sagte Papen bei seiner Vernehmung am 17. Juni 1946. »Darum habe ich Hitler im April 1933 vorgeschlagen, die Rechte der Kirche in einem Konkordat zu verankern ... Hitler, obschon starke Widerstände in seiner Partei waren, willigte ein. So kam es zum Abschluß des Konkordats. Die Anklage steht auf dem Standpunkt, daß dieses Konkordat ein Täuschungsmanöver gewesen sei. Ich darf wohl in diesem Zusammenhang auf die Tatsache verweisen, daß die Herren, mit denen ich das Konkordat abgeschlossen habe, der Staatssekretär Pacelli, der jetzt regierende Papst, der Deutschland seit 13 Jahren persönlich kannte, ebenso wie der Monsignore Kaas, welcher der Vorsitzende der Zentrumspartei durch Jahre gewesen war, wenn diese beiden Herren einwilligten, ein Konkordat zu schließen, kann man gewiß nicht sagen, daß es ein Täuschungsmanöver gewesen wäre.«

Am 1. Oktober 1946 wurde Franz von Papen gegen das Veto der Sowjets freigesprochen. Im Spruchkammerverfahren wurde er jedoch zu acht Jahren Arbeitslager verurteilt, allerdings 1949 schon wieder entlassen.

Bis zu seinem Tod sorgte Glaubenskrieger Papen für Aufsehen. Auf seinen Wunsch hin verlieh ihm im Oktober 1959 Papst Johannes XXIII. den Titel eines päpstlichen Geheimkämmerers, den er schon einmal, 1923, bekommen hatte und der ihm zwischenzeitlich aberkannt worden war. Erst später wurde bekannt, daß Papst Johannes XXIII. und Franz von Papen sich seit längerem gut kannten. Beide waren während des Krieges zur selben Zeit in Ankara tätig gewesen, der eine als Delegat, der andere als Botschafter. Schließlich schrieb Grabesritter von Papen, der sich moralisch nicht »belastet« fühlte, noch seine Memoiren und bahnte, so deren Titel, *Der Wahrheit eine Gasse*. Außerdem erschien er regelmäßig bei Pferderennen wie auf Katholikentagen.

Mit Gottes Hilfe für alte Kameraden

*Wie Grabesritter sich als Fluchthelfer für
NS-Verbrecher betätigten*

»Wenn wir von sozialer Gesinnung, von päpstlichen Weisungen zur sozialen Frage und von sozialer Neuordnung reden, laß uns jedes Wort auf
der Zunge und im Herzen brennen, solange wir
selbst nicht alles getan haben, sie in die Tat zu
übersetzen.«

Aus dem Gebetbuch *Miles Christi*
der Ritter vom Heiligen Grabe

10. Dezember 1949, Heiligenhaus. Sehnlichst hatte Helene Elisabeth Prinzessin von Isenburg auf eine Einladung des Kölner Kardinals gewartet, jetzt lag sie endlich vor. Kardinal Josef Frings habe sie »gebeten, zu ihm zu kommen, weil er sich für das ›Hilfswerk der Helfenden Hände‹ interessiert«, schrieb die Prinzessin einem befreundeten Pfarrer. Sie war sich sicher, Seine Eminenz »würde schon helfen wollen«. Doch selbstverständlich werde sie dem Kardinal auch Bedingungen stellen.

Die Adlige, die sich schlicht mit »Mutter Elisabeth« anreden ließ, organisierte damals in enger Zusammenarbeit mit dem evangelischen Hilfswerk EHD und katholischen Caritasverbänden die Unterstützung vieler im Gefängnis von Landsberg in Bayern inhaftierter oder von der Justiz verfolgter Nazi-Größen und NS-Schergen. Prinzessin Helene Elisabeth von Isenburg, eine überzeugte Katholikin, die von der zuständigen NSDAP-Ortsgruppe seinerzeit als »politisch zuverlässig« eingestuft worden war, wandte sich in dieser Angelegenheit nicht nur an den Kölner Kardinal, sondern auch an den Heiligen Stuhl. »Ich kenne jeden, um den es geht. Niemand kann mehr von ›Schuld und Verbrechen‹ reden, der in ihre Seelen geschaut hat«, versuchte sie Pius XII., den »deutschen Papst«, für ihr Anliegen zu gewinnen. »Es bittet DICH, Heiliger VATER, im ganzen Vertrauen, die Mutter der Landsberger ...« Ihr Aufruf vom 4. November 1950 blieb nicht ungehört. Sechs Tage später, am 10. November, versprach Papst Pius XII. der Prinzessin, »daß von Rom aus alles getan wird, um den Landsbergern das Leben zu retten«.

Gegen die Greueltaten der Nationalsozialisten hatte Pius XII. nichts unternommen, zum Holocaust hatte er geschwiegen. Dafür erhob er nach dem Zusammenbruch des »Dritten Reiches« um so lauter seine Stimme, um Kriegsverbrecher vor dem Galgen zu bewahren. Bei der polnischen Regierung bat beispielsweise der Papst persönlich um Gnade für den ehemaligen Gauleiter Arthur Greiser, der als Reichsstatthalter des Reichsgaus Wartheland die Morde an 300000 Juden, Polen und Geisteskranken im Vernichtungslager Chelmo als »bestes Soldatentum« bezeichnet hatte. Ähnliches Engagement erwartete Papst Pius XII. auch von seinen getreuen Rittern vom Heiligen Grabe.

In Köln bedurfte es des Winks von vorgesetzter Stelle gar nicht. Josef Frings, seit 1942 als Nachfolger des Kriegstreibers Schulte auf dem Bischofsstuhl der Domstadt und damit qua Amt Konfrater im Ordensbund vom Heiligen Grabe, hatte seine Probleme mit dem Untergang des Dritten Reiches. Am 18. Juli 1945 ließ sich der Erzbischof nur unter Protest dazu bewegen, einer Aufforderung des britischen Militärs Folge zu leisten, in deren Hauptquartier vorzusprechen. »Der Vertreter einer Kulturnation hätte meinen Rang respektieren und mich aufsuchen müssen. Eine solche Behandlung ist mir in den drei Jahren, seit ich Bischof bin, noch nicht widerfahren«, wetterte Frings.

»Auf Grund meiner Stellung gebührt mir der Rang und die Ehre eines Generals.« Anschließend erzählte er den Engländern, im Rheinland habe es kaum Nationalsozialisten gegeben, weshalb sie alle Gefangenen wieder auf freien Fuß setzen sollten, bevor man sie in die Arme der Kommunisten triebe.

*

In Nürnberg, der Stadt der NS-Reichsparteitage und der Rassengesetze, hatten im Oktober 1945 unter der Gerichtsbarkeit der Alliierten die Prozesse gegen die 24 Hauptkriegsverbrecher begonnen, darunter gegen Konfrater Franz von Papen. Andere Nazi-Größen hatten sich in den Folgeprozessen zu verantworten. Im ehemaligen KZ Dachau wurde gegen mehr als tausend Angeklagte verhandelt. Bei den »Dachauer Prozessen« ging es vorwiegend um die Verbrechen in den Konzentrationslagern Dachau, Flossenbürg, Mühldorf, Nordhausen und Buchenwald. Doch so manche, gegen die dort verhandelt wurde, fanden Fürsprecher in der katholischen Kirche. Besonders Kardinal Frings machte in zahllosen Eingaben bei den Militärgerichten aus Tätern bedauernswerte Opfer: »Eine besondere Tätigkeit erforderte damals die Sorge für die sogenannten Kriegsverbrecher, also Soldaten, denen man irgendein Verbrechen zur Last legte«, schrieb er später in seinen Memoiren.

Frings, der noch mit der ausdrücklichen Zustimmung der Nationalsozialisten zum Bischof ernannt worden war, hatte nach dem Krieg seine Karriere in der katholischen Kirche fortgesetzt. 1945 war er zum Vorsitzenden der deutschen Bischofskonferenz gewählt

worden, nachdem er sich in einem Hirtenwort vom
27. Mai 1945 zum Widerstandskämpfer stilisiert hatte: »Bei den Pontifikalgottesdiensten zu Weihnachten
1943 und zu Ostern 1944 protestierte ich in der Predigt
gegen das Unrecht, das an den Juden und den Angehörigen anderer Nationen geschah.« Tatsächlich hatte
Frings in seiner Weihnachtspredigt 1943 gesagt: »Wer
mit Absicht Unschuldige und Nichtkämpfende tötet,
sei es aus der Luft oder wie immer, wer ihnen das Leben
nimmt, nur weil sie einem fremden Volk, einer fremden Rasse angehören, der sündige wider Gottes Gebot:
›Du sollst nicht töten‹.«

Das Wort »Jude« kam Frings in der ganzen Predigt
nicht über die Lippen. Auch ging aus dem Text nicht
hervor, wen er mit dem Satz »Wer mit Absicht Unschuldige und Nichtkämpfende tötet, sei es aus der
Luft oder wie immer...« eigentlich meinte. Die Greueltaten der Nazis in den Konzentrationslagern jedenfalls wurden nicht »aus der Luft begangen«, weshalb
die Vermutung nahelag, daß Frings seinerzeit weniger
die Morde an den Juden als vielmehr die Bombardie-
rung deutscher Städte durch die Alliierten, also die
Gegner der Nazis, anprangerte.

Aber nicht nur seine eigene Rolle im »Dritten
Reich«, sondern auch die der katholischen Kirche wußte Frings als Vorsitzender der Bischofskonferenz bis zur
Unkenntlichkeit zu beschönigen. In seiner am 2. August 1945 veröffentlichten Denkschrift »Über die
Schuld des deutschen Volkes« hieß es: »Die ersten offiziellen Verlautbarungen des Reichskanzlers Hitler
waren so gemäßigt, daß sie zu Bedenken kaum Anlaß
boten.« Obwohl die katholische Kirche nach dem März
1933 zu den nationalsozialistischen Machthabern al-

les andere als auf Distanz gegangen war, behauptete Frings: »Hätte die Kirche die Predigt derjenigen Wahrheiten, die dem Nationalsozialismus unbequem waren, hintangestellt, so müßte man sagen: Sie hat versagt. In Wirklichkeit hat sie das Gegenteil getan. Sobald der eigentliche Geist des Nationalsozialismus ans Licht trat ..., war die katholische Kirche Führerin und der eigentliche Hort im Kampf gegen diesen Geist.«

In anderen Punkten nahm Frings es ebenfalls nicht so genau mit der Wahrheit. Rund sechs Millionen Juden waren ermordet worden, ohne daß sich unter den deutsche Bischöfen großer Protest geregt hätte. In seiner Denkschrift schrieb Frings hingegen, daß deutsche Bischöfe »gegen die Behandlung der Juden und sonstiger Fremdrassischer öffentlich Stellung genommen« hätten. Lediglich für die Häftlinge im Konzentrationslager Dachau sei damals nichts unternommen worden, »um nicht den Betreffenden zu schaden und die Vergünstigungen, die sie hatten, wie den Empfang von Paketen, zu gefährden«. Kurz nach der Veröffentlichung der »Denkschrift« wurde Grabesritter Frings von Pius XII. der Kardinalspurpur verliehen.

✳

Mitte 1948 wurden Industriebosse wie Friedrich Flick, Alfried Krupp und die Manager der I.G. Farben bei den Nürnberger Folgeprozessen zu langjährigen Haftstrafen verurteilt. Der Aufsichtsrat der I.G. Farben hatte einst dafür gesorgt, daß das Buna-Werk der I.G. in der Nähe des KZ Auschwitz errichtet wurde, um die Häftlinge als Zwangsarbeiter einsetzen zu können (siehe S. 139 f.).

71

Indes, Kardinal Frings schreckte das nicht. Vehement setzte er sich für die I.G. Farben-Manager ein und erlaubte sogar deren Verteidiger, in seinem Namen ein Gnadengesuch an den US-Präsidenten Truman zu schicken. »Die ›Nürnberger Verteidigung‹ betätigte sich als Ghostwriter des Vorsitzenden der Deutschen Bischofskonferenz«, schrieb dazu der Journalist Ernst Klee, der den entsprechenden Brief im Historischen Archiv des Erzbistums Köln ausgegraben hatte. Darin hieß es, »daß der einzelne Bürger verantwortlich gemacht wird für Maßnahmen seiner Regierung, an denen er im Rahmen seiner staatsbürgerlichen Pflichten teilnahm«.

Dem US-Präsidenten rieten die Anwälte im Namen von Kardinal Frings, er möge »mit einem großzügigen Gnadenerweis für die in Nürnberg Verurteilten, die nicht gemeine Verbrecher sind, vielen gutgesinnten Deutschen neuen Antrieb und der Welt ein Beispiel geben«. Später wurde auf Initiative von Kardinal Frings mit Hermann Josef Abs gar ein Aufsichtsratsmitglied der I.G. Farben in den Ritterorden vom Heiligen Grabe berufen.

Ähnlich wie die Anwälte der I.G. Farben konnten sich die Krupp-Verteidiger auf die Unterstützung von Frings verlassen. Der Kölner Kardinal hatte schon im Vorfeld der Verhandlungen über die Familie Krupp konstatiert, sie habe »mit Liebe und Klugheit für das Wohl der Arbeiter und Angestellten gesorgt«. Die »Klugheit« der Krupps hatte darin bestanden, daß sie in Auschwitz eine Produktionsstätte für Granaten hatten errichten lassen und für ihre Kriegsproduktion auf über 100000 Zwangsarbeiter, Kriegsgefangene und KZ-Häftlinge zurückgegriffen hatten.

Als Alfried Krupp im Juli 1948 zu zwölf Jahren Haft verurteilt wurde, betätigte sich einmal mehr ein Advokat als »Ghostwriter« für Kardinal Frings. Krupp-Anwalt Otto Kranzbühler, Starverteidiger der Industriebarone bei den Nürnberger Folgeprozessen, hatte seine Verteidigungsschriften zusammengefaßt und Frings zur Verfügung gestellt. Einige der besonders gelungenen Textstellen, so die Idee Kranzbühlers, könne der Kardinal für seine Predigt zum Jahreswechsel benutzen, um nochmals auf die Ungerechtigkeiten gegenüber Krupp, Flick & Co. bei den Nürnberger Prozessen hinzuweisen.

Wiederholt versuchte Kardinal Frings auch auf die »Dachauer Prozesse« Einfluß zu nehmen. Über die NS-Schergen und ihre Verbrechen, die sie in den Konzentrationslagern begangen hatten, äußerte sich Frings in einem Brief an den amerikanischen Hohen Kommissar John McCloy: Deren Taten seien »nicht aus einer kriminellen Disposition heraus« geschehen, vielmehr müßten auch »die Kriegsverhältnisse, unter welchen die Tat stattgefunden hat«, berücksichtigt werden.

Im Juni 1948 forderte der Anwalt Georg Fröschmann den Hohen Kommissar McCloy auf, die Dachauer Todesurteile nicht zu vollstrecken. »Ich stütze dies Gesuch auf die mir von vielen Verurteilten in Landsberg unterbreiteten Versicherungen«, schrieb Fröschmann, »daß die Prozesse ... eine Reihe schwerer Verstöße gegen allgemein gültige strafprozeßrechtliche Verfahrensvorschriften aufwiesen.«

Die Häftlinge in Landsberg, die für Folter und Massenmord in Konzentrationslagern verantwortlich gewesen waren, hatten ihre Geständnisse mit der Begründung zurückgezogen, sie seien ihrerseits bei der Vernehmung gefoltert worden – offensichtlich wollten sie mit allen Mitteln ihren Kopf aus der Schlinge ziehen. Der amerikanische Armeeminister Kenneth Royal ordnete jedenfalls am 20. August 1948 an, sämtliche Todesurteile vorerst nicht zu vollstrecken. Statt dessen setzte er eine Untersuchungskommission ein.

Unter der Federführung von Kardinal Frings erging sechs Tage später, am 26. August, eine »Resolution der Fuldaer Bischofskonferenz an die amerikanische Militärregierung«. Darin wurde den Gerichtshöfen vorgeworfen, Deutsche »nach einem Recht, das bislang in Deutschland unbekannt war«, zu verurteilen. Eine abstruse Argumentation! Schließlich konnte es in Deutschland keine Rechtsprechung geben für Verbrechen, wie sie zuvor noch nie begangen worden waren; nämlich den vorsätzlich geplanten und staatlich organisierten Massenmord an Juden.

Am 14. September 1948 gab die US-Kommission ihren Bericht ab. Sie kam darin zu dem Ergebnis, daß die meisten Todesurteile vollstreckt werden sollten. Frings schickte daraufhin »im Interesse der Völkerverständigung« ein Protesttelegramm an den amerikanischen Militärgouverneur, General Lucius D. Clay. Schützenhilfe bekam der eifrige Kardinal aus Rom. Giovanni Battista Montini, Staatssekretär des Papstes, ließ den Kölner Kardinal wissen, Seine Heiligkeit habe ihn beauftragt, alles zu unternehmen, um das »Los« der zum Tod verurteilten Deutschen »wenn möglich abzuändern«. Montini, der spätere Papst Paul VI., intervenierte sogar selbst noch beim amerikanischen Präsidenten.

Daß bei Frings' Engagement für deutsche Kriegsverbrecher keineswegs rein seelsorgerische Motive im Vordergrund standen, verdeutlicht auch seine Haltung zu einem anderen Thema. Der Kölner Kardinal forderte als einer der ersten die Wiederaufrüstung in der Bundesrepublik. Und am 23. Juni 1950 bezeichnete er auf dem Katholikentag die Kriegsdienstverweigerung als »eine verwerfliche Sentimentalität«.

Derweil versuchte die »Mutter der Landsberger«, Prinzessin von Isenburg, mit Unterstützung von Kardinal Frings die Arbeit mehrerer Hilfsorganisationen zu koordinieren. Sie alle hatten sich dem gleichen Ziel verschrieben: ehemaligen Größen des Dritten Reiches zu einem neuen Leben zu verhelfen. Dazu zählte auch die »Kameradenhilfe« für Hans-Ulrich Rudel, der 1948 über Rom nach Argentinien geflohen und dort ein enger Freund des Diktators Perón geworden war.

Rudel war Hitlers höchstdekorierter Kampfflieger gewesen. Er hatte, obschon beinamputiert, im Zweiten Weltkrieg mit den Bordkanonen seiner JU 87 bei 2530 Einsätzen 519 russische Panzer zerschossen, weshalb er mit dem »goldenen Eichenlaub mit Schwertern und Brillanten zum Ritterkreuz« ausgezeichnet worden war. Wegen seiner kriegerischen »Heldentaten« und weil er ein unverbesserlicher Nationalsozialist war, blieb Rudel bis heute das Idol vieler Neo-Nazis.

Im Oktober 1950 kehrte Rudel nach eigener Darstellung illegal in die Bundesrepublik zurück, um den »Opfern der Siegerjustiz« und der alliierten »Schauprozesse« beizustehen. Es handele sich dabei, darin stimmte Rudel mit Prinzessin von Isenburg überein,

»oft um eine ausgesprochene Elite, um wahren menschlichen Adel«. Rudel trat zu jener Zeit wiederholt auch als Redner bei der rechtsradikalen Sozialistischen Reichspartei (SRP) auf. Als diese Partei verboten wurde, engagierte er sich für die rechtsradikale Deutsche Reichspartei und erhielt wegen seiner rechtsextremistischen Äußerungen in Bayern Rede- und Versammlungsverbot.

1976 sorgte Rudel noch einmal bundesweit für Schlagzeilen. Das Aufklärungsgeschwader S 1 »Immelmann« hatte den ehemaligen Stukaflieger zu einem Kameradschaftstreffen in die Kaserne des Fliegerhorstes Bremgarten bei Freiburg eingeladen. Als dies bekannt wurde, mußten die beiden ranghöchsten Offiziere der Luftwaffe ihren Hut nehmen. Dies führte wiederum zu einer hitzigen Debatte im Bundestag, bei der Manfred Wörner, später Verteidigungsminister und NATO-Generalsekretär, »Oberst a. D. Rudel ... hohen Respekt« zollte. Tage zuvor hatte Rudel noch in einem aufsehenerregenden Interview mit *Bild* geprahlt: »Wenn wir den Krieg gewonnen hätten, würden heute alle den Arm heben und ›Sieg Heil!‹ rufen.«

*

Am 7. Oktober 1951 ließ »Mutter Elisabeth« beim Registergericht in Wolfratshausen eine Organisation unter dem Namen »Stille Hilfe für Kriegsgefangene und Internierte« ins Vereinsregister eintragen. Das Hilfswerk wolle, so wurde die Zielsetzung umschrieben, »in stiller tätiger Hilfe allen denjenigen helfen, die infolge der Verhältnisse der Kriegs- und Nachkriegszeit durch Gefangennahme, Internierung oder ähnliche, von ihnen persönlich nicht zu vertretende Umstände ihre Freiheit verloren haben«. Später wurde die Satzung noch um einen Punkt erweitert: Bei Auflösung des Vereins solle das Vermögen der Kirche zukommen.

Im Vorstand des Vereins saßen neben ehemaligen Nationalsozialisten und Mitgliedern der Waffen-SS eine Reihe evangelischer und katholischer Geistlicher, fand der Journalist Ernst Klee später heraus. Auch ihren Bruder, Richard Graf Kerssenbrock, konnte Prinzessin Elisabeth für ihre »Stille Hilfe« gewinnen, und der war sowohl Malteserritter als auch Konfrater im Orden vom Heiligen Grabe.

Dank des Engagements der »Landsberger Geschwister« Elisabeth und Richard erhielten die betreuten Nationalsozialisten, die im Vereinsjargon nur »Kriegsverurteilte« hießen, nicht nur regelmäßig Pakete mit Lebensmitteln und Kleidung von der »Stillen Hilfe«, sondern es wurden auch deren Anwälte finanziert. Und es wurde sogar geholfen, untergetauchte Mörder nach Südamerika zu schleusen. Dabei funktionierte die Zusammenarbeit mit Hans-Ulrich Rudel besonders gut. Die Prinzessin sei eine aufrechte Streiterin gewesen, bekannte Rudel später, »eine wahrhafte Mutter der von allen Verlassenen. Ich war und bin stolz, ihr mit unserer Arbeit in Südamerika in ihrem Wirken zur Seite gestanden zu haben.«

Auf einer Mitgliederversammlung der »Stillen Hilfe« im März 1955 wurde, vermutlich auf Veranlassung von Kardinal Frings, der Kölner Weihbischof Wilhelm Cleven in den Vorstand der Organisation gewählt. Cleven hatte schon reichlich Erfahrung auf dem Arbeitsgebiet der »Stillen Hilfe«. 1951 hatte ihn die deutsche Bischofskonferenz beauftragt, sich für deutsche Kriegsgefangene in französischen Lagern einzusetzen. Und wie sein langjähriger Vorgesetzter, Josef Kardinal Frings, und wie Vorstandsmitglied Richard Kerssenbrock war auch Cleven Ritter vom Heiligen Grabe.

Weihbischof Cleven, der noch 1963 in seinem Amt als Vorstandsmitglied der »Stillen Hilfe« bestätigt wurde, stieg Mitte der sechziger Jahre zum mächtigsten Ritter in der deutschen Sektion des Ordensbundes auf. Papst Paul VI. ernannte ihn zum Großprior, dem ranghöchsten Geistlichen im Ritterorden. Und ein Jahr später übernahm Cleven auch noch den Posten des Statthalters, der eigentlich einem Laien vorbehalten ist. »Unser Orden hat eine Elite-Aufgabe«, verkündete Cleven bei seinem Amtsantritt, »darum muß er auch in seinen Mitgliedern eine Elite darstellen.«

Über Clevens Wirken in der »Stillen Hilfe« ist nicht viel zu erfahren. »Seine Akten im Kölner Diözesanarchiv«, vermerkte Klee später über seine Recherchen zur »Stillen Hilfe«, »durfte ich nicht einsehen.« Die kirchlichen Archive seien nämlich nicht verpflichtet, »Nutzungswünschen Dritter zu entsprechen«. Vor allem solche Papiere unterlägen strengen Geheimhaltungspflichten, deren Veröffentlichung »das Wohl der Kirche, schutzwürdige Belange Dritter oder Interessen Betroffener« gefährden würden.

Aus diesem Archiv, wenn auch nicht aus den Akten Clevens, stammen Hinweise über die aktive Rolle des Ordensritters Graf Kerssenbrock in der »Stillen Hilfe« – vermutlich, weil die Wächter des kirchlichen Dokumentenfundus hier keine Gefahr sahen. In einem Vermerk wird zum Beispiel die militärische

Laufbahn Kerssenbrocks hervorgehoben, der seit 1949 im Verlag des Konfraters Herder-Dorneich arbeite und »seine Schwester, Prinzessin Isenburg, in der Fürsorge für deutsche Gefangene im In- und Ausland« unterstütze.

Von Kerssenbrock selbst existiert ein Brief, in dem er seine Ordensbrüder zu größeren Aktivitäten auffordert – zum Beispiel in der »Stillen Hilfe«. Es könne nicht ausschließliche Pflicht des Ritterordens sein, christlich zu leben und zu spenden, schrieb er 1958. »Als alter Soldat möchte ich den Orden eher als ein ›Tätigkeitsabzeichen‹, wie etwa das ›Flugzeugführerabzeichen‹ oder das ›U-Boot-Abzeichen‹ verstanden wissen.« Bei Neuaufnahmen müsse darauf geachtet werden, daß die künftigen Konfratres »an führender Stelle in der Politik oder in der Wirtschaft« tätig seien. Kerssenbrocks Begründung: »Dem Bischof soll eine verläßliche Truppe zur Seite stehen.«

∗

Die Depesche an das State Department war »top secret«. Darin berichtete US-Agent Vincent La Vista, der Vatikan sei »die größte Einzelorganisation, die in die illegale Bewegung von Auswanderern verwickelt ist«.

La Vista, Anwalt von Beruf, war zusammen mit mehreren Undercover-Agenten nach Rom geschickt worden, wo sie sich sofort an die Arbeit gemacht hatten. Am 15. Mai 1947 meldete La Vista nach Washington: »Es gibt große Gruppen von Nazi-Deutschen, die einzig zu dem Zweck nach Italien kommen, fiktive Identifikations-Dokumente zu bekommen, Pässe und

79

Visa, um dann meist unmittelbar über Genua und Barcelona nach Lateinamerika weiterzureisen.«
Wie problemlos Rot-Kreuz-Pässe mit falschen Personalien zu beschaffen waren, wußte La Vista aus eigener Erfahrung. Er hatte zwei V-Leute begleitet, denen beim Komitee des Internationalen Roten Kreuzes (IRK) erklärt worden war, sie bräuchten eine schriftliche Bestätigung ihrer Identität. Diese wiederum sei bei einem der katholischen Hilfskomitees zu bekommen. Dort würden die Monsignori, ohne viele Fragen zu stellen, die entsprechenden Dokumente ausstellen. Auf diese Weise kam auch Adolf Eichmann, Hauptorganisator der »Endlösung«, zu seinen Reiseunterlagen. Er konnte unter dem Tarnnamen Ricardo Klement nach Argentinien fliehen.

Neben Adolf Eichmann verhalfen die katholischen Priester einer ganzen Reihe von Nazi-Prominenten mit falschen Dokumenten zur Flucht:

- Alois Brunner, Eichmanns Spezialist für Deportationen und verantwortlich für den Mord an 120 000 Juden. Reiseziel: Syrien.
- Franz Stangl, KZ-Kommandant in Treblinka und wegen 700 000fachen Mordes angeklagt, war aus dem Gefängnis in Linz ausgebrochen. Reiseziel: Brasilien.
- Walter Rauff, »Erfinder« der fahrbaren Gaskammern, in denen über 180 000 Juden ermordet wurden. Reiseziel: Chile.
- Josef Mengele, der berüchtigte Arzt des Konzentrationslagers Auschwitz, gesucht wegen hunderttausendfachen Mordes. Reiseziel: Chile.
- Josef Schwammberger, als Lagerleiter in den polnischen Städten Rozwadow und Mielec sowie als

Kommandant des Ghettos Przemysl verantwortlich für zahllose Morde. Reiseziel: Argentinien.
Die Visa stammten aus dem Vatikan. »Zunächst erscheint das unerklärlich«, meldete La Vista, »aber nä-
here Untersuchungen zeigen, daß der Vatikan einfach
die Missionen lateinamerikanischer Länder, wo die
Kirche traditionell großen Einfluß hat, dermaßen unter Druck setzte, bis sie frühere Nazis und Faschisten
in ihr Land haben einreisen lassen – solange sie Anti-
Kommunisten sind. Zur Zeit ist dies in Rom bei allen
lateinamerikanischen Konsulaten und Missionen die
gängige Praxis.«

Aber Agent La Vista störte sich weniger daran, daß
untergetauchten Kriegsverbrechern mit Hilfe des
Heiligen Stuhls die Flucht gelang. Er sorgte sich vielmehr darum, daß auf diese Weise auch russische
Agenten ins westliche Ausland geschleust werden
konnten. »Es ist eine wohlbekannte, aber unbeweis-
bare Tatsache«, so La Vista, »daß nicht weniger als
zehn Prozent aller illegalen Auswanderer, die durch
Italien kommen, russische Agenten sind.«

Bevor sich die Nationalsozialisten nach Südamerika absetzen konnten, hatten sie in der Regel ein Problem zu lösen: Sie mußten erst einmal sicher über
die Grenze nach Italien kommen. Auch dabei waren
ihnen Priester behilflich. Entlang der wichtigsten
Paßstraßen hatte man Schlupflöcher eingerichtet,
weshalb diese Routen im Geheimdienstjargon »Rattenlinie« hießen. Und weil die zahlreichen Klöster si-
chere Verstecke boten, wurde die »Rattenlinie« auch
»Klosterroute« genannt.

In seinem Buch *Zwischen Deutschland und Argentinien* schildert Hans-Ulrich Rudel, wie ihm zusam-

81

men mit einigen Kameraden auf der »Klosterroute« die Flucht über die Alpen nach Rom gelang. »Man mag sonst zum Katholizismus stehen, wie man will«, schrieb Rudel im argentinischen Exil. »Was in diesen Jahren durch die Kirche, vor allem durch einzelne menschlich überragende Persönlichkeiten innerhalb der Kirche, an wertvollem Menschentum unseres Volkes gerettet worden, oft vor dem sicheren Tode gerettet worden ist, soll billigerweise unvergessen bleiben!«

Zynisch genug, daß die katholische Kirche vielen Nationalsozialisten zur Flucht verhalf, während sie für die jüdischen Opfer im »Dritten Reich« nichts Nennenswertes unternommen hatte. Aber daß Nazi-Verbrecher die gleichen Routen benutzten wie jüdische Flüchtlinge, die in Richtung Palästina unterwegs waren, ist mehr als eine »Ironie des Schicksals«. »Manchmal benutzten beide Organisationen sogar die gleichen Einrichtungen zur gleichen Zeit«, fand Simon Wiesenthal später heraus. »In einem kleinen Gasthaus in der Nähe von Meran haben illegale Nazi-Transporte und illegale Juden-Transporte zeitweilig die Nacht miteinander unter dem gleichen Dach verbracht, ohne voneinander zu wissen. Die Juden waren im ersten Stock versteckt, die Nazis im Erdgeschoß – und beide hatte man angewiesen, sich nicht zu rühren oder außerhalb des Hauses blicken zu lassen.«

Aber auch die Abteilung »Gegenspionage« der U.S. Army, das Counter Intelligence Corps (CIC), nutzte die »Rattenlinie« für eigene Zwecke. Das CIC in Deutschland hatte Anfang 1947 Klaus Barbie als Leiter eines Spionageringes verpflichtet – eines der dunkelsten Kapitel in der Nachkriegsgeschichte des CIC! Schließlich war Barbie ehemaliger Gestapo-Chef von

Lyon gewesen und hatte Juden in die Vernichtungslager deportieren und französische Widerstandskämpfer foltern und ermorden lassen.

Offiziell stand Barbie auch auf den Fahndungslisten der Amerikaner, zumal die deutsche Polizei und der französische Geheimdienst nach ihm suchten, aber inoffiziell spionierte der »Henker von Lyon« in amerikanischem Auftrag den französischen Geheimdienst sowie ukrainische Emigranten und Kommunisten in Bayern aus.

1950 bekamen die Franzosen Wind davon und schickten verstärkt ihre Agenten in die amerikanische Besatzungszone, um den Kriegsverbrecher zu fassen. Die Situation wurde letztendlich so brenzlig, daß der CIC beschloß, Barbie eine neue Identität zu geben und ihn über Italien nach Südamerika zu schleusen. In solchen Fällen arbeitete das CIC mit Pater Krunoslav Draganovic zusammen, der die CIC-Schützlinge über die »Rattenlinie« nach Italien brachte. Für seine Dienste verlangte Draganovic jeweils 1000 Dollar, über 60jährige waren etwas teurer, ebenso prominente Flüchtlinge, während Kinder die Hälfte kosteten. Die Preise beinhalteten falsche Pässe und Visa für die anschließende Überfahrt in ein südamerikanisches Land.

Barbie, der unter dem Namen Klaus Altmann reiste, kam, nach einem Zwischenstopp in Salzburg, am 12. März 1951 in Genua an. Er wurde von Pater Draganovic persönlich empfangen, der ihn in einem Hotel einquartierte. Am 23. März brachte er ihn an Bord der »Corrientes«, die nach Bolivien auslief.

✳

Für Nationalsozialisten, die abtauchen mußten, war Santa Maria dell' Anima die erste Adresse in Rom. Seit dem 15. Jahrhundert war die Anima die Nationalkirche der Deutschsprachigen in der Heiligen Stadt, was schon von weitem daran zu erkennen war, daß die Turmspitze den Deutschen Reichsadler samt Krone und Kreuz zeigte. Aber weniger die Symbole waren es, die Nazis in die Via della Pace lockten, sondern es war Alois Hudal, der Rektor des Priesterkollegs »Teutonico«, das seit 1859 in der Anima residierte.

Alois Hudal hatte den Beinamen der »braune Bischof«. Er war ein NSDAP-Mitglied der ersten Stunde und Träger des Goldenen Parteiabzeichens. Hudal pflegte auch enge Kontakte zu den deutschen Grabesrittern, insbesondere zu Franz von Papen. Als Hudal 1937 sein Buch *Die Grundlagen des Nationalsozialismus* veröffentlicht hatte, schrieb ihm dieser: »Die ideengeschichtliche Untersuchung über die Grundlagen des NS, die Sie – davon bin ich tief überzeugt – mit Ihrem Herzblute geschrieben haben, hat mich höchst interessiert und bewegt ... Mit besonderer Sympathie würdige ich die Sachlichkeit, mit der Sie die starken positiven Kräfte aufgezeigt haben, die der NS dem deutschen Volke brachte, mit denen er uns der Ansteckung durch bolschewistische Ideen entriß, und den freien Mut, mit dem Sie die Folgen der Friedensdiktate geißeln, die Entnationalisierung und wirtschaftliche Erdrosselung, mit dem Tausende unseres besten Blutes von der Scholle ihrer Väter verdrängt wurden.« Grabesritter Papen hatte sich persönlich dafür eingesetzt, daß Hitler ein Exemplar des Buches erhielt, und zwar mit einer persönlichen Widmung Hudals: »Dem Siegfried deutscher Größe.«

Aber Hudal war nicht nur wegen seiner braunen Gesinnung Anlaufstelle für flüchtende Kriegsverbrecher. Vielmehr hatte er nach 1945 seine »ganze karitative Arbeit in erster Linie den früheren Angehörigen des Nationalsozialismus und Faschismus, besonders den sogenannten ›Kriegsverbrechern‹ geweiht, die von Kommunisten und ›christlichen‹ Demokraten verfolgt wurden«, schrieb Hudal später in seinen Memoiren *Römische Tagebücher*. Für den Bischof waren die flüchtenden Nazi-Größen »vielfach persönlich ganz schuldlos«. Sie seien vielmehr »nur die durchführenden Organe der Befehle ihnen übergeordneter Stellen« gewesen, weshalb er »nicht wenige mit falschen Papieren ihren Peinigern durch die Flucht in glücklichere Länder entrissen« habe.

Einer dieser »persönlich Schuldlosen«, dem Hudal half, war Franz Stangl, zuerst stellvertretender Büroleiter der Anstalt Hartmann/Linz, in der Kranke, Behinderte und KZ-Häftlinge vergast wurden, dann Kommandant des Konzentrationslagers Treblinka. 1971, kurz vor seinem Tod, berichtete Stangl: »Ich floh am 30. Mai 1948 aus dem Linzer Untersuchungsgefängnis. Dann hörte ich, daß ein Bischof Hudal beim Vatikan katholischen SS-Offizieren half, und so fuhr ich nach Rom.« Und Alois Hudal wußte, wer Stangl war. Schließlich habe ihm der Bischof beide Hände entgegengestreckt und ihn mit den Worten empfangen: »Sie müssen Franz Stangl sein. Ich hab' Sie erwartet!« Nach einer Wartezeit habe er von Hudal »einen Rote-Kreuz-Paß und Reisegeld bekommen, um mich nach Syrien und später nach Brasilien einzuschiffen«.

Einen besonders guten Draht hatte Hudal zum argentinischen Konsulat. Geschickt nutzte er das Interesse des Perón-Regimes an deutschen Spezialisten in Sachen »Kriegskunst« und »Rüstung« aus. Und die Argentinier wiederum vertrauten Hudal: Schließlich sei er ein Garant dafür, notierte er am 19. Mai 1949, daß keine »linksgerichteten Elemente, Juden, Deserteure und alliierte Spione« durch ihn ins Land kamen.

Den offiziellen Segen des Papstes besaß Hudal für seine Fluchthilfeorganisation nicht. Bereits am 1. November 1944 hatte Pius XII. entschieden: »Wenn Monsignore Hudal den bedürftigen Deutschen in Rom und Italien helfen will, soll er es nur tun, aber im eigenen Namen und auf eigene Kosten – die Anima hat dazu sicher beträchtliche Finanzmittel.« Aber dieser päpstliche Brief war lediglich eine Art Alibi. Schließlich durfte der Pontifex maximus nicht mit kompromittierenden Operationen wie der Fluchthilfe für Nationalsozialisten und Kriegsverbrechern in Zusammenhang gebracht werden.

Tatsächlich unterstützte der Papst die »stillen Helfer« durchaus. Dem *Zeit*-Korrespondenten Hansjakob Stehle und später Ernst Klee gelang es, Hudals Archiv in der Anima einzusehen. Dort fanden sie einen Brief von Giovanni Montini, dem späteren Papst Paul VI., der unter dem Briefkopf des »Staatssekretariats Seiner Heiligkeit« am 4. April 1949 an »Seine Hochwürdigste Exzellenz, Monsignore Luigi Hudal«, schrieb: »Hochwürdige Exzellenz, ich habe die angenehme Pflicht, Ihrer hochwürdigsten Exzellenz den Betrag von 30000 Lire zu überreichen, der hier beigelegt ist als außerordentliche Unterstützung, die der Heilige Vater gütig zu überlassen geruht.« Weiter schrieb

Montini, daß der Papst »diesem Geschenk, Ausdruck seiner väterlichen Güte, den päpstlichen Segen für Eure Exzellenz und Eure Mitarbeiter hinzufügt. Ich nutze diese Gelegenheit, Ihnen den Heiligen Ring zu küssen, und verbleibe mit vorzüglicher Hochachtung Eurer Exzellenz ergebenster Diener«.

Zuvor hatte sich Hudal schon für Grabesritter Franz von Papen eingesetzt, der in Nürnberg vor dem Kriegsgericht stand, und eine eidesstattliche Erklärung für den ehemaligen Vizekanzler abgegeben: Es habe auch bei den Nationalsozialisten einen rechten Flügel »von Idealisten und höchst anständigen, das Vaterland und ihr Volk heiß liebenden Menschen« gegeben, wozu von Papen zu zählen sei. »Gott segne Deutschlands Wiederaufstieg!«

*

Die »Mutter der Landsberger«, Prinzessin von Isenburg, und ihr Bruder, der Grabesritter Kerssenbrock, konnten mit der Arbeit der »Stillen Hilfe« zufrieden sein. Bereits 1958 verließen die letzten Verbrecher das sogenannte War Criminal Prison in Landsberg. Ihr Verein wurde nun auch verstärkt im Ausland aktiv.

Einer ihrer Schützlinge war Herbert Kappler, der damals noch als einziger deutscher Kriegsverbrecher in Italien im Gefängnis saß.

Herbert Kappler, SS-Obersturmbannführer, war 1939 von Himmler als »Polizeiattaché« an die deutsche Botschaft in Rom beordert worden. Nachdem deutsche Truppen am 10. September 1943 Rom besetzt hatten, wurde Kappler zum Befehlshaber der Sicherheitspolizei und des SD, des Sicherheitsdienstes des Reichsführers, in Rom ernannt. Kurz darauf, am 26. September, drohte Kappler den Juden in Rom, er werde 200 Geiseln nehmen, wenn sie nicht binnen kurzer Zeit 50 Kilo Gold bei ihm ablieferten. Die Juden zahlten sofort. Dennoch ließ Kappler am 29. September die Adressenkartei der jüdischen Gemeinde beschlagnahmen und zwei Wochen später 1259 römische Juden verhaften. Es gab keine Proteste – weder aus dem Vatikan noch von Bischof Hudal. Herbert Kappler konnte seinen »büromäßig bestmöglichst ausgearbeiteten Plan« in aller Ruhe zu Ende bringen. Einen Tag später wurden die Juden nach Auschwitz abtransportiert.

Das italienische Militärgericht verurteilte Herbert Kappler später wegen eines anderen Verbrechens. Am 23. März 1943 waren bei einem Attentat kommunistischer Partisanen 33 Mitglieder des deutschen Polizeiregiments »Bozen« ums Leben gekommen. Hitler befahl, für jeden toten Polizisten zehn italienische Geiseln zu töten. Weil Kappler fünf Geiseln mehr ermorden ließ, als aus Berlin gefordert worden war, fiel seine Tat nicht mehr unter das Kriegsrecht. 1948 wurde er zu einer lebenslangen Haft verurteilt.

Das Oberste Militärgericht Italiens bestätigte 1952 das Urteil. Kappler wurde in die Festung Gaeta gebracht, wo ihn Bischof Hudal des öfteren besuchte.

Per Post nahm die Heilpraktikerin Anneliese Wenger Kontakt mit Herbert Kappler auf und heiratete ihn schließlich 1972 im Gefängnis.

Lange nach Kapplers Tod, 1990, veröffentlichte Anneliese Kappler-Wenger ihr Buch *Ich hole Dich heim. Die Affäre Kappler.* Ihr Mann, einst beauftragt mit der Internierung und Überführung römischer Juden in deutsche Konzentrationslager, wird darin wie folgt zitiert: »Von ›Endlösung‹ und ›Vernichtungslagern‹ habe ich erst nach 1945 erfahren und mich fassungslos mit diesem grauenhaften Geschehen auseinandergesetzt.«

Besonders lobende Worte fand die Kappler-Witwe für den Verein der Prinzessin von Isenburg und ihres Bruders Kerssenbrock, die ständig mit Kappler Kontakt gehalten hatten. Auch andere Grabesritter hatten sich für Kappler eingesetzt. Im August 1970 erhielt der italienische Staatspräsident ein Gnadengesuch aus Deutschland, unterzeichnet unter anderem von führenden Geistlichen des Ritterordens vom Heiligen Grabe, allen voran Joseph Frings, mittlerweile als Kölner Erzbischof im Ruhestand, und Franz Hengsbach, Essener Bischof und später Großprior des Ritterordens. Das Gnadengesuch blieb erfolglos.

Kappler, der mittlerweile wegen eines Magen- und Darmkrebsleidens in ein Militärkrankenhaus gebracht worden war, wurde erst sieben Jahre später, am 15. August 1977, befreit. Wer die Flucht organisiert und durchgeführt hatte, konnte nie geklärt werden. Unwahrscheinlich ist die Version seiner Witwe, sie sei es gewesen, die ihren Mann damals befreit hätte, und zwar ohne fremde Hilfe: Sie habe den Schwerkranken aus 17 Meter Höhe in den Garten abgeseilt und sei mit ihm im Auto durch Österreich bis nach Deutschland gefahren.

Wenige Monate nach seiner Befreiung starb Kappler. Bei der katholischen Trauerfeier am 13. Februar 1978 in Soltau wurde das »Lied vom guten Kameraden« gespielt. Ein Trauergast hob dabei den Arm zum Hitlergruß.

89

Als im Oktober 1978, fast 30 Jahre nach der Gründung der »Stillen Hilfe«, ein Anrufer die Telefonnummer der Prinzessin Isenburg in Heiligenhaus wählte, meldete sich Konfrater Kerssenbrock. Seine Schwester sei 1974 verstorben, erklärte der Graf mit einer Stimme, die den Gesprächspartner am anderen Ende der Leitung »erschaudern ließ«. Der Verein existiere zwar weiterhin, habe aber an Bedeutung verloren, sagte Kerssenbrock, es gebe ja kaum noch »Kriegsverurteilte«. Als einer der letzten sei »Kappler ja von seiner tapferen Frau befreit worden«.

Ein klerikaler Amokläufer

*Die rechten Umtriebe
des Großkreuzritters
Friedrich August von der Heydte*

»Laß uns auch nicht vergessen, daß der Kreis der Menschen, die zu Dir ›Vater unser‹ beten, nicht zuletzt ob unserer Bequemlichkeit und unserer Selbstsucht so beschämend klein ist und daß die Kirche unserer Heimat, wenn sie nicht zu gewinnen und zu wachsen imstande ist, verurteilt ist zum Verkümmern. Erfülle uns mit Verständnis und Liebe zu allen, die wir oder die sich selbst als unsere Gegner bezeichnen; laß nicht zu, daß unrechtes Eifern für die Interessen der Kirche ihnen den Weg zur stets offenen Türe der Kirche versperre; laß uns wohl irrige Meinungen, niemals aber Menschen verurteilen.«

Aus dem Gebetbuch *Miles Christi*
der Ritter vom Heiligen Grabe

9. Mai 1954, Freiburg. Ein erstes Frühlingslüftchen weht durch die altehrwürdige südbadische Stadt, durch die imposante Adelhauser Kirche zieht Weihrauch. Die Ritter vom Heiligen Grabe haben sich versammelt, um neue Ordensbrüder und -damen in ihre elitäre Gemeinschaft aufzunehmen, darunter den blaublütigen Würzburger Ordinarius Professor Dr. Dr. Friedrich August Freiherr von der Heydte.

Die Investitur wird von Erzbischof Lorenz Jaeger aus Paderborn vorgenommen, dem Großprior und damit höchsten geistlichen Würdenträger der deutschen Grabesritter. In seiner Ansprache geht Jaeger auf die Ziele und Aufgaben »moderner Ritter« ein: »Was einst vom Kampf mit der Waffe für das Rittertum des Mittelalters« galt, nämlich »furchtlos und tadelsfrei« für die gerechte Sache Gottes einzutreten, sei unverändert »gültige Devise in der Welt der Geisteskämpfe unserer Tage«.

In sich gekehrt vernimmt der 47jährige Baron von der Heydte das Bekenntnis. Es ist ihm aus der Seele gesprochen. Er hat es in Hitlers Wehrmacht bis zum vielfach dekorierten Oberstleutnant gebracht und hat seinen tapferen Einsatz für das Reich immer zuallererst als Kampf für die katholische Kirche gesehen, für christliche Prinzipien – und gegen die gottlosen Bolschewisten.

»Die Spielregeln der Demokratie«, so schweben die gewichtigen Worte des Erzbischofs durch das Kirchenschiff, »haben das Denken weithin verbogen. Nach allgemeiner Überzeugung liegen, sogar im kirchlichen Bereich, Weisheit und Recht bei der Majorität. Der persönliche Gewissensanspruch wird auf diese Weise vergewaltigt.« Friedrich August Freiherr von der Heydte kann dem nur zustimmen. Hat er nicht schon immer die Meinung vertreten, Adel und Klerus müßten die Macht im Staate übernehmen, weil sie höheren Prinzipien verpflichtet seien als der törichte Plebs?

»Es braucht eine religiöse Führerschicht, die ohne Rücksicht auf gesellschaftliche Geltung, auf zeitliche Vorteile und Ehren, sich den ewigen Wahrheiten verschrieben hat«, schallt Jaegers Stimme durch den Raum, »die in ihrer Verantwortungsfreudigkeit feststeht vor Gott.«

Nach der feierlichen Investitur, während eines Festaktes im Freiburger Kaufhaussaal, ergreift, schon im Ordensmantel, der neue Konfrater von der Heydte das Wort. Er hat begriffen: Zwar sei die Zeit der Kreuzzüge vorbei, »aber ein neuer geistiger Kreuzzug ist notwendig, wenn der Menschheit und namentlich Europa das Christentum nicht endgültig verlorengehen soll«. Es werde ja viel »über den kriegerischen und revolutionären Ernstfall« gesprochen, den Überfall oder die Unterwanderung durch die Sowjets. Die Ritterschaft müsse dagegen »gewappnet« sein. So will es Gott.

*

94

Die Rede mißlang gründlich, und selbst die Mienen der anwesenden Kirchenfürsten ließen äußerste Verblüffung erkennen: Am Sonntag, dem 10. Juli 1955, auf der Schlußkundgebung des »Ulrich-Jubiläums« im Augsburger Rosenau-Stadion, bei der 60000 Gläubige des Sieges gedachten, den Otto der Große und der später heiliggesprochene Bischof Ulrich von Augsburg tausend Jahre zuvor gegen die Ungarn errungen hatten, als Christen »gegen die heidnischen Hunnen«, wie die Katholische Nachrichtenagentur vorsorglich hervorhob, zog der neue deutsche Außenminister, Dr. Heinrich von Brentano, eine »deutliche Parallele« zu der damaligen Schlacht gegen die Aggressoren aus dem Osten und dem jetzigen Zustand des Abendlandes. »Verderben und Untergang drohten … wiederum (durch) die Massen des Ostens«, warnte der adlige Diplomat, und die Gefahr sei diesmal »noch gewaltiger«. Denn dem deutschen Volk stünde ja nicht »das bloße Heidentum wilder Völkerschaften«, sondern »das Heidentum des weltlichen Fanatismus« gegenüber. Was genau Brentano damit meinte, darüber ließ er die nach Augsburg gepilgerte Gemeinde im unklaren, deutlicher wurde er, als es darum ging, wie mit den Heiden zu verfahren sei: St. Ulrich habe »die andrängenden Nomadenhorden« nicht durch »Angebote von Neutralität und friedlichem Verhalten abgewendet«, sondern durch Kampf mit offenem Visier.

Die Augsburger Ansprache des Bundesaußenministers war indes keine intellektuelle Entgleisung, sondern Ausdruck einer »abendländischen Weltanschauung«, die Brentano auf sein Panier geschrieben hatte und für die er elitäre katholische Mitstreiter besaß, darunter die beiden prominenten Grabesritter Erzbischof Lorenz Jaeger und Friedrich August Freiherr von der Heydte, die in Freiburg ihre Geistesverwandtschaft entdeckt hatten. Der katholische Fundamentalist Heydte zeichnete inzwischen als Vorsitzender einer »Abendländischen Akademie«, die – wie Jaeger ein Jahr zuvor – im demokratischen Vielparteienstaat »und in der durch ihn herbeigeführten Vergiftung des öffentlichen Lebens einen Ausdruck neuzeitlicher Willkür« sah und für Veränderungen der deutschen Verfassung plädierte, um im Kampf gegen die gottlosen Bolschewiken besser bestehen zu können.

✳

Die 1955 von Konfrater von der Heydte ins Leben gerufene »Abendländische Akademie« ging aus der 1951 mit materieller Unterstützung des Fürsten Georg von Waldburg zu Zeil und Trauchburg gegründeten »Abendländischen Aktion« hervor, die in der fränkischen Bischofsstadt Eichstätt »internationale Tagungen von hohem Niveau abhielt«, wie sich von der Heydte später erinnerte.

Vieles an einem von den »Abendländlern« entworfenen »Manifest« mutete abstrus an, doch die Mission dahinter war unschwer zu erkennen: Es galt, »die diesseitige Welt christlich zu ordnen und zu durchdringen«. Akademie-O-Ton: »Als Träger der Regierungsverantwortung kann man nicht gleichzeitig Gott in seinem Gewissen für sein Handeln verantwortlich sein und die Gesetze aus der Hand Dritter empfangen oder, wie es in der parlamentarischen Demokratie üblich ist, sogar noch vom Vertrauen des Parlamentes abhängig sein.«

Dem Freiherrn von der Heydte und seinen Abendländlern schwebte ein faschistischer Ständestaat nach spanischem Vorbild vor, eine Staatsform, in der – wie bei Franco – »von Adel und Klerus die Macht ausgeht, nicht vom gemeinen Volke«. Zwangsläufig gehörte es zu den erklärten Zielen der »Akademie«, einen Teil der in den Artikeln 1 bis 20 verbrieften Grundrechte abzuändern oder ganz abzuschaffen. Die Abendländler »pflegen eine Ideologie«, so notierte damals die konservativen Strömungen gewiß nicht abgeneigte *Frankfurter Allgemeine Zeitung,* »in der sich konservative Strömungen des Katholizismus, Monarchismus, Reichsmystik und Kreuzzugsphantasien verschwistern«.

Ein Intimus von der Heydtes aus dem erlauchten Kreis der Abendländler ließ sich über die Vorstellungen der »Akademie« in der *Deutschen Tagespost* aus, die sich als »das führende, meinungsbildende Organ der deutschen Katholiken« verstand: »Eine Staatsform, in der jeder Schafskopf wählen kann, muß es sich auch gefallen lassen, daß die Schafsköpfe ihresgleichen mit einem Mandat ausstatten.«

Nach zum Teil heftigen Angriffen in der Presse zog sich die »Akademie« zeitweise nach Madrid zurück, wo auch das Europäische Informations- und Dokumentations-Zentrum (CEDI) residierte, eine Organisation des österreichischen Thronfolgers, CSU-Politikers und Malteserritters Otto von Habsburg, dem Freiherr von der Heydte nach eigenem Bekunden »in Treue« ergeben war. Zu den Veranstaltungen des CEDI in Franco-Spanien reisten regelmäßig faschistische Abgeordnete aus Italien an. Aus Deutschland nahm neben von der Heydte häufiger der Abendländ-

97

ler Richard Jaeger, Vizepräsident des Deutschen Bundestages, teil, hin und wieder in Begleitung des Bundesministers im Kabinett Adenauer und Heydte-Parteifreundes Franz Josef Strauß.

Der damalige Bundesinnenminister Gerhard Schröder ließ 1956 die Verfassungsmäßigkeit der »Abendländischen Akademie« überprüfen – mit groteskem Ergebnis: Zwar attestierte das Gutachten der Bundesanwaltschaft dem »Manifest« »ein Weltbild, das im Falle seiner Verwirklichung zu einer weitgehenden Änderung der verfassungsmäßigen Ordnung der Bundesrepublik führen würde«, andererseits seien die Vorschläge aber so »abwegig« und »wirklichkeitsfremd«, daß man sie nicht ernst nehmen müsse; zudem gehörten der »Akademie« hochgeachtete Persönlichkeiten an, »in deren Verfassungstreue keine Zweifel gesetzt werden können«.

Das Urteil wird verständlich, wenn man weiß, daß auch der damalige Präsident des Bundesverfassungsgerichts, Dr. Joseph Wintrich, zu den Gästen der »Akademie« zählte. Auf der Jahrestagung im Juli 1954 hatte Grabesritter Heydte die Teilnehmer, darunter Wintrich, mit der geistvollen Bemerkung begrüßt, was hier geschehe, sei »konstruktiver Verfassungsschutz«. Und damit lag er wohl auch gar nicht so falsch, allerdings in anderem Zusammenhang.

＊

Nach Darstellung des ehemaligen bayerischen Verfassungsschützers Hans Langemann diente die »Abendländische Gesellschaft des Fürsten von Waldburg-Zeil« unter dem Namen »Strategischer Dienst«

98

als Tarnorganisation des Bundesnachrichtendienstes, der 1956 aus der »Operation Gehlen« hervorgegangen war. Gehlen nutzte katholische Zirkel, in denen auch etliche Ritter vom Heiligen Grabe und sogar zwei leibhaftige Kardinäle aus dem Vatikan verkehrten, zur sogenannten Westaufklärung, also der Ausspähung der westlichen Alliierten und Freunde (siehe S. 196 f.).

Und es gab noch andere Beziehungen alter Kameraden und Freunde aus diesem Umfeld zum Dienst in Pullach: Gehlen organisierte zu jener Zeit gerade in Zusammenarbeit mit der CIA eine großangelegte verdeckte Ausbildungshilfe für Ägypten. Die ägyptische Episode begann 1951 zunächst als Versuch der CIA, amerikanische Interessen in der dahinsiechenden Monarchie König Faruks zu sichern. Oberst Gamal Abd el Nasser, der starke Mann unter den ägyptischen Offizieren, putschte ein Jahr später, möglicherweise mit CIA-Unterstützung, gegen Faruk, stellte sich an die Spitze eines Revolutionsrates und bat die Regierung in Washington um Unterstützung beim Aufbau eines militärischen Geheimdienstes, nicht zuletzt, um seine Macht zu sichern. Die CIA wandte sich mit Rücksicht auf ihre Innen- und Israel-Politik deshalb an Reinhard Gehlen, der schon in den Jahren zuvor ehemalige Nazis, SA- und SS-Schergen für seine Zwecke angeheuert hatte. Diese Leute besaßen, was für die heikle Ägypten-Mission notwendig war: Erfahrungen im militärischen oder paramilitärischen Bereich und dazu die nötige Portion Antisemitismus.

Chef der geheimen Ägypten-Mission wurde Otto Skorzeny, ein ehemaliger SS-Standartenführer und rechter Haudegen mit langem Schmiß auf der linken Wange, der mit einer deutschen Fallschirmjäger-Einheit Mussolini im September 1943 vom Gran Sasso befreit, während der Ardennenoffensive, im Dezember 1944, eine Gruppe Saboteure in amerikanischen Uniformen hinter die feindlichen Linien geführt und nach dem Krieg dann eine Fluchthilfeorganisation für Faschisten aufgebaut hatte.

Skorzeny sträubte sich zunächst zwar, den Afrika-Auftrag zu übernehmen. Erst als Gehlen Druck auf Skorzenys Schwiegervater, Hjalmar Schacht, Hitlers einstiges Finanzgenie, ausübte, besann er sich eines anderen. Schacht fühlte sich den Amerikanern verpflichtet, weil der amerikanische Hochkommissar für Deutschland, John McCloy, seine achtjährige Gefängnisstrafe, zu der er bei den Nürnberger Prozessen verurteilt worden war, ausgesetzt hatte. Angesichts dieser Vorleistung erklärte sich Skorzeny also bereit, den ägyptischen Ausbildungsvertrag zu unterschreiben.

Mit CIA-Geld rekrutierte er 18 Monate lang rund hundert deutsche Berater, darunter außer Landes geschleuste SS-Leute und alte Kameraden. Auch der Grabesritter und Abendländler Friedrich August von der Heydte, ein rechter Haudegen wie Skorzeny, der wie dieser als Fallschirmjäger an der Ardennenoffensive teilgenommen hatte, war mit von der Partie. Anfang 1956, zur Zeit der Suezkrise, zog es ihn nach Ägypten, um Nassers Luftlandeeinheiten auszubilden. In seinem Kampf für die »gerechte Sache« konnte Gehlen offenbar nicht nur auf Alt-Nazis, sondern auch auf konservative Zirkel mit faschistischen Anwandlungen wie die »Abendländische Akademie«

und elitäre katholische Kreise wie den Ritterorden vom Heiligen Grabe zurückgreifen, zumal es ja in Ägypten darum ging, den Erzfeind des Judenstaates Israel zu unterstützen.

✳

Friedrich August Freiherr von der Heydte war einer der einflußreichsten Grabesritter in den fünfziger und sechziger Jahren. Er bestimmte maßgeblich den stramm rechten Kurs des katholischen Ordens vor allem in der Zeit zwischen 1958 und 1965, als er der deutschen Statthalterei vorstand. Auf kaum einen Ordensbruder trifft die Bezeichnung »Krieger Christi« besser zu als auf ihn. Er kämpfte ein Leben lang als Soldat für Gott und die rechte Sache, einige Jahre davon auch mit Begeisterung für Gott und den Führer. *Muß ich sterben, will ich fallen* überschrieb Heydte, der Anfang Juli 1994 verstarb, seine Memoiren unmißverständlich.

Das Militärische wurde ihm offenbar in die Wiege gelegt: Von der Heydte, 1907 als Sohn eines Obersts in München geboren, besuchte dort die Schule und studierte, nachdem er bereits mit 18 Jahren in die Reichswehr eingetreten war, Rechtswissenschaften. Ab 1932 arbeitete er als wissenschaftlicher Assistent an der Juristischen Fakultät in Wien, später in Münster, entschloß sich aber 1935 zur Rückkehr in die Reichswehr, nachdem er, wie er es später darstellte, seine Universitätsstelle verloren hatte, weil er für einen bei der Gestapo Denunzierten eingetreten war. Es blieb dies nicht die einzige Klitterung seiner eigenen Geschichte.

Der junge Jurist war nämlich schon 1933 in die
NSDAP eingetreten und hatte emphatische Berichte
über das Bündnis zwischen Vertretern des Rechts-Ka-
tholizismus und einflußreichen Förderern des Nationalsozialismus verfaßt. Die Katholiken seien bereit
»zum Dienst am Volk und ... am Reich im nationalsozialistischen Staat und in der nationalsozialistischen Bewegung«, schrieb er. Man »atmete auf, weil
man die drohende kommunistische Gefahr gebannt
glaubte«, rechtfertigt sich von der Heydte später,
schließlich habe Hitlers Vizekanzler Franz von Papen,
sein Ordensbruder, damals »mit dem Reichskonkordat in der Hand« die Nationalsozialisten für ihren an-
tibolschewistischen Kampf gerühmt. Kurzum: Er sei
der Überzeugung gewesen, »man könne als Katholik
eine totalitäre Weltanschauung von innen her durchsetzen und im Laufe der Jahre taufen«.

An der Universität Münster nahm er sich 1934 das
Katholische Studentenheim zur Nazifizierung vor
und sorgte dafür, daß die SS-Zeitschrift *Schwarzes
Korps* ausgelegt wurde. Falls dies nicht unmittelbar
geschehe, drohte er der Heimleitung, »werden wir
unserer vorgesetzten SS-Dienststelle Meldung machen«. Auch dazu gab er nach Ende des Dritten Reiches eine eigenwillige Interpretation: Er habe sich damals nur deshalb für das SS-Organ stark gemacht,
»um den Geist – bzw. den Ungeist – der anderen Seite
genau kennenzulernen und für Diskussionen entsprechend gerüstet zu sein«.

Anfang 1935 ging von der Heydte nach Rom, wurde
nach eigenen Worten »in den päpstlich gesinnten römischen Adel« eingeführt und lernte den begeisterten
Nationalsozialisten Bischof Adolf Hudal kennen und

schätzen. Er verkörperte »für mich irgendwie das alte Österreich, das noch Mittelpunkt des Reiches war, ein Deutscher im alten Sinne des Wortes«, so Heydte in seinen »Erinnerungen«. Hudal wurde nach dem Krieg neben Otto Skorzeny und der Organisation »Stille Hilfe«, an der Heydtes Konfratres maßgeblich beteiligt waren, zum wichtigsten Fluchthelfer für deutsche Faschisten (siehe S. 83 f.).

Dennoch will von der Heydte den »Irrtum« seiner Haltung gegenüber dem Nationalsozialismus schon 1935 erkannt haben, just zu der Zeit also, als er sich entschloß, aktiver Soldat des NS-Regimes zu werden, der SA beizutreten und sich um die Mitgliedschaft bei der SS zu bewerben.

In Hitlers Reichswehr machte der adelige Berufssoldat schnell Karriere: 1936 wurde er zum Oberleutnant befördert, 1937 zum Chef einer PanzerabwehrKompanie, 1939 bestand er mit Erfolg die Aufnahme in die Kriegsakademie in Berlin, doch dann kam Hitlers Einmarsch in Polen dazwischen. Seine Kompanie wurde an die Westfront versetzt, von der Heydte konnte sich mit Spähtrupp-Einsätzen beweisen, die ihm die Beförderung zum Hauptmann und das »Eiserne Kreuz« 2. Klasse einbrachten. Das der 1. Klasse folgte ein Jahr später, während des Frankreichfeldzuges, bei dem er sich als Offizier einer Infanteriedivision hervortat. Im August 1940 ging von der Heydte zu den Fallschirmjägern und wurde nach Kreta versetzt, wo er sich durch Mut und Waghalsigkeit auszeichnete. Dafür erhielt der inzwischen zum Major ernannte Offizier das Ritterkreuz. 1941 wurde Heydtes Bataillon an die Ostfront verlegt – wenig später bekam er das »Deutsche Kreuz in Gold«.

Etwa zur gleichen Zeit, im Oktober 1941, wurde in Paderborn Lorenz Jaeger zum Bischof geweiht und übernahm die zweitgrößte Diözese Deutschlands. Zwei Jahre lang hatte er als Divisionspfarrer im Felde gedient, und er sei »stolz« darauf, bekannte er in seiner ersten Predigt. Schließlich stünden sich »soldatische und priesterliche Haltung innerlich näher, als Außenstehende ahnen. Dort wie hier ist Voraussetzung: selbstloser Dienst, vorbehaltloser Einsatz, Treue bis in den Tod« – Treue, daran ließ Jaeger keinen Zweifel, zu Gott und dem Führer. Denn »ihr kämpft und sterbt auch ... für die Bewahrung des Christentums in unserem Vaterland«, gab er den Kameraden »im feldgrauen Rock« mit auf den Weg an die Front, »für die Errettung der Kirche aus der Bedrohung durch den antichristlichen Bolschewismus«.

Unterdessen sammelte Major von der Heydte weiter Tapferkeitsorden: 1942 ging er mit seiner Kampfgruppe zum Afrikakorps, unterstützte Marschall Erwin Rommel bei der Schlacht um El Alamein – und erhielt noch auf dem Gefechtsfeld die silberne Tapferkeitsmedaille; während des Rückzugs nach Tunesien sicherte er die Nachhut – das brachte ihm eine zweite Tapferkeitsmedaille ein.

Am 25. Juli 1943 stürzte Benito Mussolini und wurde auf Geheiß des italienischen Königs gefangengenommen. Von der Heydte erhielt den Befehl, mit seinem Korps in Rom in Stellung zu gehen, die Stadt »handstreichartig einzunehmen« und den König festzusetzen. Doch der erste Weg in der Ewigen Stadt führte ihn in »verdreckter und zerschlissener«, aber ordensbehängter Afrika-Uniform in den großen Audienzsaal des Vatikans, wo er zusammen mit drei an-

deren deutschen Offizieren in Zivil vom deutsch-
freundlichen Papst Pius XII. privat empfangen wurde.
Zwar sei »es deutschen Wehrmachtsangehörigen
streng verboten« gewesen, an einer Audienz beim Heiligen Vater teilzunehmen, er habe sich jedoch bewußt
über den Führerbefehl hinweggesetzt: Hitler mochte
zwar der »größte Feldherr aller Zeiten« sein, tönte von
der Heydte später, aber er konnte einem Katholiken
nicht verbieten, »das Oberhaupt der katholischen Kirche zu besuchen«.

Am 11. September 1943 nahmen Heydtes Fallschirmjäger Rom ein. Er selbst habe damals, um weiteres Blutvergießen zu vermeiden, den kommandie-
renden General der italienischen Truppen aufgesucht
und ihn zur Übergabe der Stadt bewogen.

Der Freiherr behauptete später immer wieder, in
diesen Kriegsjahren lediglich Befehlsempfänger, bra-
ver Soldat, gewesen zu sein, er habe seit 1935 eine
äußerst kritische Distanz zu Hitler gehabt und sei in
mehrere Attentatspläne gegen Hitler eingeweiht gewesen. »Anfang 1942 wurde ich davon unterrichtet,
daß sich eine Offiziersverschwörung gegen Hitler gebildet habe; ich wurde zur Teilnahme aufgefordert
und sagte zu«, verklärte von der Heydte Jahre später
seine Rolle. Sein Vetter, Claus Graf Schenk von Stauffenberg, sei zwar »Herz und Motor dieser Gruppe«
gewesen, man habe ihn, Heydte, aber bei der »Durch-
führung des beabsichtigten Staatsstreiches ... für eine
Reihe von verschiedenen Aufgaben vorgesehen« gehabt, die er dann jedoch nicht übernehmen konnte,
weil er zur Zeit des Attentats auf Hitler, am 20. Juli
1944, »in schwerem Abwehrkampf in der Norman-
die« gestanden habe. Schöne Legende!

Wieviel oder wenig diese Darstellung mit der Wahrheit zu tun hat, illustriert ein Tagesbefehl vom Oktober 1944, kurz bevor er in britische Kriegsgefangenschaft geriet, an seine Kameraden, der mit »Heydte, Oberstleutnant und Regimentskommandeur« unterzeichnet ist: »Macht das Wort wahr, das ich Euch im Februar bei der Aufstellung des Regiments zugerufen habe: ›Wenn alles zusammenbricht und Welle über Welle über unserem Volk zusammenschlägt, dann wird noch ein Fallschirmjäger meines Regiments dem Schicksal trotzen und im Sturm und Ungewitter die Fahne hoch über die Fluten halten, auf der ein Wort in leuchtenden Buchstaben steht: Großdeutschland.« Nein, ein Widerstandskämpfer war der gläubige Adlige nicht.

Auch Bischof Lorenz Jaeger mochte später nicht gern an seine Kriegspredigten und Hirtenworte erinnert werden. »Wir erleben in unserem Volke eine Kraftanstrengung von ungeahntem Ausmaß«, ließ er im März 1942, ein halbes Jahr nach seiner Bischofsweihe, verlauten. »Vom Osten her drängten ungeheure Massen heran, bereit, die Welt unserer Kultur zu zerstören … Schaut hin auf Rußland! Ist jenes arme, unglückliche Land nicht der Tummelplatz von Menschen, die durch ihre Gottfeindlichkeit und durch ihren Christushaß fast zu Tieren entartet sind?«

Nach seiner Rückkehr aus der Kriegsgefangenschaft wandte sich der hochdekorierte Soldat von der Heydte wieder seinen beiden Steckenpferden zu, die er 1936 zugunsten der Reichswehr aufgegeben hatte: Wissenschaft und Politik. Er liebäugelte zunächst mit der Bayernpartei, schloß sich dann aber 1947 der CSU an, eine der Karriere schon damals nicht abträgliche Entscheidung. Bereits nach zwei Jahren konnte er sich an der Universität München als Privatdozent für Staatsrecht habilitieren – mit einer Kritik am gerade entworfenen Grundgesetz der Bundesrepublik Deutschland, das von der CSU abgelehnt wurde. Selbst als die Verfassung – gegen den zähen Widerstand aus Bayern – längst verabschiedet war, zeterte der Freiherr, wie später noch häufiger, »die Berufung auf Gott« in der Präambel sei eine Art Alibi und erinnere ihn »an das Gebet des Taschendiebs vor dem Diebstahl um das Gelingen seiner Tat«. Kurzum: Gott, »von dem im letzten Grunde alles Recht ausgeht«, war ihm im Grundgesetz zu spartanisch vertreten.

Nach kurzen Stippvisiten als Professor für Öffentliches Recht in Mainz und Saarbrücken und einem Intermezzo als Richter am Landesverwaltungsgericht Rheinland-Pfalz erhielt von der Heydte 1954 einen Ruf an die Universität Würzburg. Auf »Anregung einiger Minister des Landes Rheinland-Pfalz«, die zu seinen »Abendländlern« zählten, entstand in der fränkischen Stadt »mit Billigung Adenauers« zudem das »Institut für Staatslehre und Politik«, dessen Führung der rechtsauslegende Grabesritter ebenfalls übernahm und das dann später in den Parteispenden-Strudel geraten sollte, weil über seine Konten Gelder für die CDU gewaschen wurden.

Als von der Heydte begann, in allen möglichen katholischen Führungsgremien mitzureden, holte ihn die Vergangenheit kurzzeitig ein: Fotokopien seines Briefes aus dem Jahre 1935 machten die Runde, in dem er sich unmißverständlich in einem Studentenheim für Druckerzeugnisse der SS stark gemacht und der Heimleitung anderenfalls mit Denunzierung gedroht hatte. Zudem wurde bekannt, daß ein Theologieprofessor aus Münster, der seinerzeit in die USA emigrieren mußte, eine Tagung des katholischen Studentenverbandes »Unitas« verlassen hatte, weil er in von der Heydte jenen SA-Mann wiedererkannte, von dem er damals tyrannisiert worden war. Doch Bischof Jaeger aus Paderborn ließ sich von solchen Vorwürfen nicht beirren. Er wurde zu seinem Fürsprecher und investierte ihn im Mai 1954 in den Ritterorden vom Heiligen Grabe.

In Würzburg machte der Freiherr mit allerlei unausgegorenen Publikationen von sich reden, die ihm nicht nur heftige Kritik der Kollegen, sondern dazu noch deren Spott eintrugen. Als er zum Beispiel ein Buch über *Die Geburtsstunde des souveränen Staates* veröffentlichte, schritt der Göttinger Historiker Hermann Heimpel zu einer wissenschaftlichen Hinrichtung: In diesem Werk sei »die Grenze des Erträglichen überschritten ... die wissenschaftliche Wahrhaftigkeit verletzt worden«.

Sosehr von der Heydtes wissenschaftliche Reputation ernsthaft in Zweifel gezogen wurde, sowenig dagegen seine politische Gesinnung. 1958 gründete er die rechtskonservative Sammelbewegung »Deutscher Kreis«, ein Jahr später die Organisation »Rettet die Freiheit«. In beiden Zirkeln trafen wiederum katholische Grabesritter, adlige Abendländler und ehemalige Kriegskameraden zusammen, darunter Baron Magnus von Braun, Minister im Kabinett von Papens und Vater des Raketenpioniers Wernher von Braun, der CSU-Abgeordnete Graf Georg Henckel von Donnersmarck, ein entfernter Verwandter von »Herrn Augustinus«, der späteren grauen Eminenz der Grabesritter, und der Hamburger Physiker und rechte CDU-Politiker Pasqual Jordan.

»Wie bei den Schmutzkampagnen McCarthys«, jenes amerikanischen Senators, der Anfang der fünfziger Jahre einen Feldzug gegen die angebliche Unterwanderung von US-Behörden durch Kommunisten und russische Agenten geführt hatte, begannen von der Heydtes rechte Zirkel mit »Beschimpfungen und Beschuldigungen ... gegen die linke Intelligenz, der man vorwarf, einen Ausverkauf Deutschlands an die Bolschewiken vorzubereiten«, urteilte später der amerikanische Historiker Kurt P. Tauber.

Die katholischen Fanatiker blieben ihren Wahnvorstellungen, die sie schon in eine Koalition mit Hitlers Faschismus getrieben hatten, auch weiterhin treu: Der unchristliche Kommunismus mußte ausgemerzt werden, wo immer er austrieb, und dafür bot die Demokratie leider nur unzureichende Möglichkeiten. So war es auch nur konsequent, daß von der Heydte im Dezember 1958, nur viereinhalb Jahre nach seiner Aufnahme in den Orden, zum Statthalter und damit höchsten deutschen Grabesritter gekürt wurde – vom Vatikan, der damit für Ordnung in seiner Elitetruppe sorgen wollte.

＊

Die Herren kamen nach Dienstschluß. In der Nacht des 26. Oktober 1962, gegen 21.00 Uhr, betraten acht Mitarbeiter des Bundeskriminalamtes, Sicherungsgruppe Bonn, das Hamburger Pressehaus, marschierten schnurstracks in den sechsten Stock, in die Redaktion des Nachrichtenmagazins *Der Spiegel*, präsentierten einen Durchsuchungsbefehl und forderten den anwesenden Chefredakteur auf, den Betrieb räumen zu lassen. Alle Zimmer mußten verschlossen und versiegelt werden. Immerhin ging es um den Verdacht des Landesverrats.

Als eine Stunde später eine erste Meldung über die Aktion gegen den *Spiegel* über den Äther ging, mag sich daheim in Bayern der Oberst der Reserve Friedrich August von der Heydte die Hände gerieben haben. Offenbar hatte seine Strafanzeige etwas bewirkt. In der Hansestadt fahndeten die BKA-Leute derweil nach Herausgeber Rudolf Augstein und zwei seiner Chefredakteure. Gegen sie lag ein Haftbefehl vor.

Es war der Beginn der *Spiegel*-Affäre, und es sollte ein Kriminalstück erster Güte werden. Die Bundespolizei war auf Geheiß der Bundesanwaltschaft tätig geworden, ihre Ermittlungen richteten sich gegen die knapp drei Wochen zuvor erschienene Titelgeschichte des Magazins »Bundeswehr – bedingt abwehrbereit«, die sich mit der verfehlten Militärpolitik des Bonner Verteidigungsministers Franz Josef Strauß befaßt hatte.

Am nächsten Tag wurde die Tragweite der Aktion deutlich. Empörung allenthalben. »Polizei im Sturmschritt, Verhaftungen in der Dunkelheit. Als die letzten Verlagshäuser in Deutschland besetzt worden waren«, schrieb ein *Spiegel*-Redakteur später in einer Aufarbeitung des Skandals, »hatten draußen die braunen Bataillone gedröhnt.« Die Ermittlungen der Bundesanwaltschaft erstreckten sich nicht nur auf mehrere Mitarbeiter des *Spiegel*, sondern auch »auf Offiziere, Beamte und Angestellte der Bundeswehr«, die verdächtigt wurden, »gegen Entgelt Staatsgeheimnisse verraten zu haben«.

Es herrschte Kalter Krieg, und es grassierte die Angst, daß die Russen kommen – zumindest unter Leuten wie dem Ex-Fallschirmjäger und Konfrater von der Heydte. Der trug seit langem mit dem *Spiegel* eine Fehde aus, hatte bereits aufgrund eines älteren Beitrags Anzeige wegen Landesverrats gegen das Hamburger Blatt erstattet. Nach Lektüre des neuen Bundeswehr-Artikels schob er diesen bei der Bundesanwaltschaft als Begründung nach und schrieb zudem voller »Wut« den zuständigen Stellen der Hardthöhe einen geharnischten Brief, »wie man sich dort die Einhaltung von Geheimnissen vorstelle«, von denen er selbst »Monate zuvor mit der Verpflichtung zu strengstem Stillschweigen« erfahren habe. Einen Durchschlag der Beschwerde schickte er an seinen Parteivorsitzenden, den CSU-Verteidigungsminister Franz Josef Strauß.

Wäre die Anzeige unterblieben, rechtfertigte von der Heydte später seinen Schritt im Pluralis majestatis, »hätten wir uns selbst strafbar gemacht, auch im demokratischen Staat kann die Pressefreiheit nicht so weit gehen, daß streng geheime Dokumente« veröffentlicht werden. Immerhin habe die Sicherheit des Landes auf dem Spiel gestanden.

Hatte der hochrangige Reservist tatsächlich aus eigenem Antrieb gehandelt? Oder in vorauseilendem Gehorsam? Oder war er gar von Strauß angestiftet worden? Für Verwirrung sorgte insbesondere der Statthalter der Grabesritter selbst. Einmal behauptete er, »Strauß wußte nichts davon«, ein anderes Mal, er habe Strauß in Kenntnis gesetzt. Jedenfalls sei es reiner »Zufall« gewesen, daß er einige Tage vor der Razzia im Hamburger Pressehaus »zum Verteidigungsminister befohlen wurde«, um seine »Ernennung zum Brigadegeneral der Reserve« entgegenzunehmen. »Im Vorzimmer des Ministers zog ich die Generalsuniform an und meldete mich bei ihm – wie er betonte – ›als erster Brigadegeneral d. R. in der Bundeswehr‹«, so von der Heydte in seinen Memoiren 1987. Dort beharrte er auch auf seiner Behauptung, »die sogenannte ›Spiegel-Affäre‹ ins Rollen« gebracht zu haben, obschon ein Jahr später aus seinem Munde verlautete, er habe just dies »weder geglaubt noch behauptet«. Zeitzeugen, darunter Ludwig Martin, der ehemalige Generalbundesanwalt und spätere Ordensbruder von der Heydtes, sind der Meinung, die Bundesanwaltschaft sei damals selbständig tätig geworden, also weder als Folge der Strafanzeige des Würzburger Professors noch auf Wunsch des Bonner Verteidigungsministeriums.

»Minister Strauß«, so räumte von der Heydte immerhin später ein, »blies zum großen Halali – etwas übereilt ... und etwas außerhalb der Legalität.« Die Amtshilfe der gemeinsamen spanischen Freunde, »die niemand erbeten hatte«, um den *Spiegel*-Mann Conrad Ahlers in Torremolinos festzusetzen, »brach ihm das politische Genick«.

Mit Strauß, der vier Wochen nach der Polizeiaktion gegen die *Spiegel*-Redaktion zurücktreten mußte, war von der Heydte seit Gründung der Gruppe »Rettet die Freiheit« auf Tuchfühlung. Überdies bestanden enge Kontakte des Statthalters der Grabesritter zu prominenten Abendlands-Spaniern, auch in der Franco-Regierung, mit denen der CSU-Vorsitzende Umgang pflegte und die dann im Falle Ahlers so tatkräftig behilflich waren. Und schließlich wußten sich beide in der Frage einig, daß die Bundeswehr nicht grundsätzlich auf Atomwaffen verzichten sollte, so wie Heydte einen Atomkrieg als denkbar und als »nicht unbedingt völkerrechtswidrig« ansah.

Franz Josef Strauß übrigens hielt das »Zerrbild Strauß – Atomkriegstreiber« später für den eigentlichen Auslöser der *Spiegel*-Affäre: Es habe sich damals »eine Fronde im Führungsstab der Bundeswehr« gebildet, schreibt er in seinen *Erinnerungen*, von der die Behauptung ausgegangen sei, er, Strauß, wolle »ordentliche Soldaten ... zu unmoralischen Handlungsweisen verleiten«. Unter diesen Ketzern habe es dann jenen »Gesinnungstäter« gegeben, der dem *Spiegel* die klassifizierten Berichte zur Publikation überließ.

＊

»Wir sind klerikal – und bleiben klerikal, was immer kommen mag. Gott möge uns dabei helfen«, bekundete der Statthalter und fügte gleich noch eine ähnliche Sentenz hinzu:»Mit gefährlichen Waffen bekämpfen die Gegner der Kirche die gläubigen Katholiken. Sie kämpfen mit bestimmten Schlagwörtern wie ›Objektivität‹, ›Parität‹ und ›Toleranz‹.«

Von der Heydte genoß den frischen Ruhm, vermeintlicher Initiator des Schlags gegen den linksgerichteten *Spiegel* gewesen zu sein, seine »Pflicht« erfüllt zu haben – zumindest in seinen Kreisen. Er zog von Diskussion zu Diskussion, von Veranstaltung zu

Veranstaltung und »brillierte« mit Reden, deren Niveau zwischen den Tagesbefehlen an seine Fallschirmjäger anno 1944 und dem Manifest der Abendländler anno 1953 lag: »Nächstenliebe bedeutet, daß man den Nächsten im Glauben zu erhalten hat. Wie, wenn dieser später sagen kann, man hat mich mit schmutzigen Zeitungen und Zeitschriften verdorben und von Pressefreiheit gefaselt.«

*

Als Militärexperte meldete sich der ehemalige Fallschirmjäger zuweilen in der ultrarechten *Deutschen National-Zeitung* zu Wort, einem offensichtlich antisemitischen Organ (»Juden zersetzen Deutschland«), das überdies das Dritte Reich rechtfertigte (»Die Fälschungen über Hitlers Schuld«). In diesem Ambiente forderte von der Heydte »Zuchthaus für Verzichtspolitiker«; manchmal wurde der Revanchist sogar noch deutlicher: »Der deutsche Staat ist für mich größer als die Bundesrepublik. Es ist der Staat, der einmal ›Deutsches Reich‹ hieß und der mit der bedingungslosen Kapitulation ... rechtlich nicht untergegangen ist.«

Unter seinen Zuhörern saß gelegentlich einer seiner Studenten, der den Ausführungen von der Heydtes, immer wenn es um seinen Vorwurf des Landesverrats an die Adresse des *Spiegel* ging, nicht ohne innere Heiterkeit folgte: Dieter Joachim Haase.

Den 25jährigen Hauptmann der Reserve hatte der Würzburger Staatsrechtler 1959 in der »Unabhängigen Hochschulgruppe für Wehrkunde« kennengelernt, deren Vorsitzender Haase war. Von der Heydte, der Gefallen an dem militärpolitischen Übereifer und dem CSU-Parteibuch des jungen Mannes gefunden hatte, empfahl ihn seinen politischen Freunden und Kameraden. Und der ranghöchste deutsche Reserveoffizier und Grabesritter verfügte über sehr einflußreiche Freunde und Kameraden – in der Abendländischen Akademie, in rechten Zirkeln, in der CSU, in seinem Orden und natürlich in der Bundeswehr. Was von der Heydte nicht ahnte: Sein Schützling Haase arbeitete für den militärischen Geheimdienst der DDR. Nach Aussagen seiner Ehefrau Carola, die ihren Mann nach der Scheidung verpetzte, erhielt Haase aus Ost-Berlin ein Monatsgehalt von 2000 DM.

Student Haase arbeitete in Heydtes Institut so fleißig mit, daß ihn sein Professor zu seinem Assistenten, dann zu seinem Doktoranden machte und dessen akademische Studien mit allen Mitteln förderte. Der Spion wußte es so geschickt einzurichten, daß er in der Regel Themen bekam, die sich mit seinen jeweiligen geheimdienstlichen Aufträgen deckten. Der Reserve-General zögerte auch nicht, seinem Adlatus Zugang zu vertraulichen Unterlagen zu verschaffen, was von der Heydte allerdings später vehement bestritt. Haase berief sich jedenfalls oft auf den prominenten Militärgelehrten, wenn er an die Geheimarchive und Safes der Bundeswehr heranwollte.

Als der Spionagefall später aufflog, höhnte der *Spiegel*, dem damaligen »General-Anzeiger« in Sachen Landesverrat hätte unbedingt auffallen müssen, daß in seinem Heimatdorf, in dem auch Haase lebte, viel über den aufwendigen Lebensstil des jungen Mannes gesprochen wurde, »der teure Autos fuhr und ... mit Reisen und Beziehungen prahlte«. Natürlich war die Geschichte dem Professor, der damals für die CSU im

Bayerischen Landtag saß, mehr als peinlich: »Die Nachricht von Ihrer Verhaftung«, schrieb er seinem Musterschüler in die Untersuchungshaft, »hat mich … erstaunt. Ich muß es mir versagen, irgendwie zu dem Fall Stellung zu nehmen. Ich hoffe jedenfalls nicht, daß Sie die Tatsache, daß Sie mein Doktorand sind, dazu benutzt haben, um sich ohne mein Wissen auf mich zu berufen. Mit den besten Grüßen, Ihr Frhr. v. d. Heydte.«

*

Der eine konnte nicht mehr, und der andere wollte nicht mehr: Nach seiner Ernennung zum Kardinal trat Lorenz Jaeger, Erzbischof von Paderborn, im Juli 1965 wegen Arbeitsüberlastung als Großprior der deutschen Grabesritter zurück, nicht ohne »dem jetzt zugleich mit mir aus dem Amte scheidenden Statthalter, Freiherrn von der Heydte« für das »beglückende Vertrauen« und die »bewährte Zusammenarbeit« zu danken. Beide hatten, einen Monat zuvor, noch die Investitur des Altbundeskanzlers Konrad Adenauer in ihren Orden vornehmen dürfen. Jetzt war es Zeit, zu gehen.

Für den inzwischen zum Großkreuzritter beförderten Konfrater von der Heydte gab es allerdings noch andere Rücktrittsmotive. Sie lagen im schlechten Verhältnis zur Ordenszentrale in Rom begründet: Mit Kardinal Eugène Tisserant, Großmeister seit 1962, dem sich Konfrater Heydte durch die gemeinsame Mitgliedschaft bei den Abendländlern sehr verbunden gefühlt hatte, gab es Streit um die Finanzen. Tisserant betrachtete den Orden eher als eine Art Geldquelle, deren Erlöse in dunklen Kanälen der römischen Kurie versickerten. Das Ziel, »als Werkzeuge Gottes, ... geistliche und geistige Kraft aus der Mystik des Heiligen Grabes schöpfend«, gegen die Ungläubigen zu Felde zu ziehen, schien der mächtige französische Kardinal darüber aus den Augen verloren zu haben. Wegen der »andauernden Differenzen und Spannungen« sah sich der zurückgetretene Kardinal Jaeger sogar veranlaßt, gegenüber Tisserant als »Vermittler in dieser Angelegenheit tätig zu werden«. Ohne großen Erfolg allerdings (siehe S. 185 f.).

Er sei daher im Frühjahr 1965 zu der »Überzeugung gezwungen« worden, »daß es mir nicht mehr möglich ist, die Deutsche Statthalterei in dem bisherigen Sinne zu leiten«, ließ Freiherr von der Heydte seine Ordensbrüder wissen, versprach aber, auch weiterhin für die Sache zu kämpfen, der sie alle sich verpflichtet fühlten.

Zwei Jahre später, im April 1967, »erlosch« seine »Verpflichtung in der Bundeswehr«. Da war er bereits seit einem Jahr in der Landespolitik tätig, als CSU-Abgeordneter im Bayerischen Landtag. Ein weiterer Karrieresprung mißlang indes gründlich: Im Sommer 1969 versuchte von der Heydte, sich im Wahlkreis Traunstein für ein Bundestagsmandat der CSU zu bewerben, erhielt aber nur eine einzige Stimme. Gleichwohl genoß der Juraprofessor auch weiterhin das Wohlwollen seines Parteivorsitzenden Strauß. Er ging zum Beispiel mit ihm in Angola auf Großwildjagd; auch durfte der Reserve-General im Mai 1970 zusammen mit anderen CSU-Abgeordneten, samt deren Ehefrauen, den Kollegen der griechischen Militärjunta seine Aufwartung machen. »Wenn man nach Moskau fahren kann, kann man auch nach Athen«, beschied er seine Kritiker.

Dafür wurden dem »lieben Baron« und seiner Gattin in Athen der »besondere Dank des griechischen Volkes und seiner nationalen Regierung« zuteil – durch einen der drei Junta-Führer, Oberst Nikolaos Makarezos, der Jahre später, nach Rückkehr Griechenlands zur Demokratie, eine lebenslängliche Haftstrafe wegen Hochverrats erhielt.

Auch im Inland wußte der Ex-Fallschirmjäger genau, wo der Feind stand. Es war die Zeit der sozialliberalen Koalition, die für Leute vom Schlage von der Heydtes schon die Vorstufe zur Machtübernahme durch die Kommunisten darstellte. Zusammen mit seinem Gesinnungsfreund, dem Schriftsteller Kurt Ziesel, 1933 Mitarbeiter des NS-Organs *Völkischer Beobachter*, nach dem Krieg unter anderem Gründer der neonazistischen »Gesellschaft für freie Publizistik«, wollte er zum Beispiel den »SPD-Agitator und Intimfreund Willy Brandts«, Günter Grass, aus dem Olympischen Komitee drängen, weil – wie Ziesel an den »sehr geehrten Herrn Baron« schrieb – dieser ein »Verfasser übelster pornographischer Ferkeleien und Verunglimpfungen der katholischen Kirche« sei.

✳

1970 zog sich der Ordensritter aus der Politik zurück, nicht ohne Zorn auf seine Partei. Sie war ihm bei seiner Forderung, für Hochschullehrer wie ihn eine Ausnahmeregelung im Gesetz über die Unvereinbarkeit von Amt und Mandat einzuführen, nicht gefolgt. Von der Heydte hätte sich also in der neuen Legislaturperiode als Professor für die Dauer seiner politischen Abgeordnetentätigkeit beurlauben lassen müssen. Ein solches Vorgehen indes sei ihm unzumutbar, »wäre meiner Universität und meiner Wissenschaft gegenüber Fahnenflucht« gewesen. Danach begann der Adlige mit der National-Liberalen Aktion (NLA) zu liebäugeln, deren scharfer Rechtskurs sich nur noch in Nuancen von der NPD unterschied und selbst vielen eingefleischten CSU-Anhängern zuwider war. Zusammen mit NLA-Mitgliedern engagierte sich von der Heydte wiederum in einer Aktion gegen die sozialliberale Koalition »Freiheit für Deutschland«. Die Unterwanderung Deutschlands durch den kommunistischen Osten hatte nach seiner Meinung längst begonnen.

Von der Heydte blieb seinem politischen Standpunkt treu, selbst dann noch, als längst wieder die Konservativen in Bonn regierten, ohne daß es zu einer kommunistischen Machtübernahme gekommen war: Im Oktober 1985 rief eine Vereinigung »Patrioten für Deutschland« in großformatigen Anzeigen zu einer »überparteilichen Sammlung« aller »patriotisch gesinnten Mitbürger« auf. Einer der Erstunterzeichner: Konfrater von der Heydte. Die »Patrioten«, hinter denen die Europäische Arbeiter Partei (EAP), eine quasi-faschistische Bewegung des in den Vereinigten Staaten später wegen diverser Vergehen verurteilten Geschäftsmanns Lyndon LaRouche stand, warben im Bundestagswahlkampf 1987 mit Schlagzeilen wie »gegen den Ausverkauf Deutschlands«, »gegen den internationalen Terrorismus der Sowjetunion gegen den Westen« und »Meldepflicht bei AIDS«. Die EAP, die 1970 Willi Brandt einen CIA-Agenten genannt

hatte und dafür verurteilt worden war, machte sich
für nukleare Aufrüstung sowie SDI, den »Krieg der
Sterne«, stark – und gegen »Grüne« und jüdische
Banker. Das war die politische Heimat des Freiherrn aus
Würzburg.

✳

»Herr von der Heydte ist ein Mann in ›good standing‹
gewesen, er war ein geachteter Bürger dieser Republik. Er war Soldat. Er mag politisch töricht gewesen
sein, aber nicht einmal seine ärgsten Feinde haben
behauptet, daß er ein Nazi gewesen sei.«

»Herr Augustinus«, also Heinrich Graf Henckel
von Donnersmarck, der Prämonstratenser-Priester
und Managementberater, eine der wichtigsten Figu-
ren im Malteser- und im Ritterorden vom Heiligen
Grabe, den wir hier noch einmal zitiert haben, kann
nichts Ehrenrühriges in der Vita seines ehemaligen
Konfraters entdecken. Er wehrt sich vor allem gegen
die Interpretation, daß sein Orden, dem der Baron
zwischen 1958 und 1965 vorstand, jemals ein Sam-
melbecken für rechtsextreme Kräfte war oder gar eine
Bewegung fanatischer Antikommunisten wie die des
berüchtigten US-Senators John McCarthy. Und er
würde vermutlich eine Charakterisierung seines Ordensbruders als »klerikalen Amokläufer« für pure
Blasphemie halten.

Doch die Schilderung des Lebensweges von der
Heydtes bliebe unvollständig, würden wir nicht noch
auf einige Ereignisse eingehen, die sich in den siebziger Jahren zutrugen und im Herbst 1983 bekannt wur-

120

den: die Rolle des »geachteten Bürgers« im Rahmen der berüchtigten Parteispendenaffäre.

Die Geschichte begann 1954, kurz nach seiner Berufung an die Universität Würzburg und der Gründung des dortigen »Instituts für Staatslehre und Politik« (ISP), einem eingetragenen Verein, der fortan in einem Zimmer der Juristischen Fakultät residierte, und kurz vor Landtagswahlkämpfen in fünf Bundesländern. Die CDU/CSU-Bundesregierung brachte einen Gesetzentwurf in den Bundestag ein, um dem chronischen Geldmangel der Parteien abzuhelfen. Zukünftig sollten nicht nur Ausgaben zur Förderung kirchlicher, kultureller und wissenschaftlicher Zwecke steuerbegünstigt behandelt werden, sondern auch Spenden an die politischen Parteien. Der Bundestag stimmte mehrheitlich zu, doch die Opposition rief das Bundesverfassungsgericht an. In Karlsruhe steckte die Bundesregierung, vertreten durch den Staatsrechtler Freiherr von der Heydte, eine Niederlage ein. Organisationen wie die ebenfalls 1954 gegründete »Staatsbürgerliche Vereinigung Köln/Koblenz« dürften zwar weiterhin ihren Gönnern die verlangten Spendenquittungen ausstellen, aber nur, wenn die Gelder nicht unmittelbar oder mittelbar den Parteien zuflössen, befanden die Richter in der roten Robe. Das Urteil war die Geburtsstunde von Spendenwaschanlagen – und der Würzburger Juraprofessor sollte sich als einer der wichtigsten Geldwäscher für die CDU/CSU entpuppen.

Das Täuschungsmanöver gegenüber dem Fiskus wurde raffiniert eingefädelt. Von der Heydte trat nach außen als Ordensstatthalter, Brigadegeneral d. R. und Hochschullehrer auf, damit niemand auf den Gedanken kam, hinter seinem »Institut für Staatslehre und Politik« könnte sich mehr verbergen als ein seriöser Ableger der Universität.

Die Spenden der Großindustrie wanderten zunächst auf die Konten der »Staatsbürgerlichen Vereinigung« in Koblenz, wurden von dieser quittiert, so daß sie sich von den Firmen steuerlich absetzen ließen. Dann wurde das Geld – zwischen 1969 und 1980 waren es mehr als 80 Millionen DM – an die ISP nach Würzburg überwiesen, von dort an Briefkastenfirmen in Vaduz/Liechtenstein weitergeleitet, darunter ein Etablissement »Inter-droit«, dessen Name so ähnlich klingt wie der des »Institut de droit international«, an dem von der Heydte zeitweilig arbeitete.

Die Sache flog Anfang 1980 auf. Fränkische Steuerfahnder forderten Kassen- und Tätigkeitsberichte vom ISP. Doch von der Heydte, offiziell seit 1975 im Ruhestand, rührte sich nicht. Die Finanzbeamten mahnten mehrfach, setzten neue Fristen und drohten ein Zwangsgeld an: 100 DM. Schließlich gab der Professor die Zahlungen seines Instituts, das noch immer an der Juristischen Fakultät residierte, zu, behauptete indes, sie hätten in Liechtenstein dazu gedient, »ausländische Gelehrte« zu honorieren, das sei »zur Erfüllung seiner Aufgaben« unumgänglich gewesen. Alles Schwindel. Nachforschungen der Steuerfahnder ergaben, daß die Summen per Koffer oder Überweisung aus dem Fürstentum zurückgekommen und illegal in die Kassen der Unionsparteien geflossen waren.

Gut ein Jahr nach der Aufdeckung des Skandals kam in Luxemburg unter mysteriösen Umständen Karl Friedrich Grau ums Leben, Geschäftsführer einer »Studiengesellschaft für staatspolitische Öffentlichkeitsarbeit«, einer anderen CDU/CSU-Spendensammelstelle, die darüber hinaus hemmungslose Propaganda gegen die SPD betrieb. Präsident der »Studiengesellschaft« war Freiherr von der Heydte. Grau hatte im Bundestagswahlkampf 1980 Tausende gefälschter Aufkleber und Handzettel verteilt. Auf denen stand: »Lieber die Russen in Heilbronn als Strauß in Bonn – Die Jungsozialisten in der SPD«. Hetzkampagnen gegen die in Bonn regierenden Sozialdemokraten waren offenbar eine Spezialität der Kreise um den CSU-Professor aus Würzburg.

Grau, der frühere Generalsekretär der »Paneuropa Union Deutschland«, eine der vielen rechtskonservativen Organisationen des österreichischen Thronfolgers Otto von Habsburg, »ist zweifellos ein scharf angegriffener Mann«, dem sogar »Verbindungen zur rechts-extremistischen NPD-Gruppe nachgesagt« werden, hatte der von Heydte glühend verehrte von Habsburg im Februar 1974 geschrieben. »Die ganze Mache« sei »von den Kommunisten gegen Grau montiert worden«, wobei die Angriffe »aus der *Prawda*« stammten. Er könne jedenfalls für den »anständigen, christlichen Mann« seine Hand ins Feuer legen, so von Habsburg.

Zehn Jahre später starb Karl Friedrich Grau in Luxemburg, verstrickt in eindeutig kriminelle Machenschaften. Bei dem Versuch, von einem Bankkonto Millionenbeträge abzuheben, die aus illegalen Geschäften stammten, wurde Grau verhaftet und ins Gefängnis Schrassig eingeliefert. Wegen akuter Herzbeschwerden kam er Tage später ins Städtische Krankenhaus. Von dort aus unternahm der christliche Unionswahlhelfer einen Fluchtversuch, seilte sich mit zusammengeknoteten Bettlagen ab, stürzte auf das Pflaster und erlag wenig später seinen schweren inneren Verletzungen.

Grau-Freunde gründeten später ein »Komitee zur Klärung des mysteriösen Todes« und machten dunkle Andeutungen über politische Hintergründe des Mordes: »Haben Sie schon mal vom KGB gehört?« Alles Geschwätz. Wenn es kein Unfall war, dann waren die Täter im Milieu zu suchen: Der Spendeneintreiber und Heydte-Intimus steckte tief im kriminellen Sumpf.

Und die Moral von der Geschichte des Grabesritters von der Heydte, der ein Geldwäscher der Union war? »Das ist doch alles … irgendwo nicht wirklich faßbar«, meint Konfrater »Augustinus«, Graf Henckel von Donnersmarck, entschuldigend, »Sie werden wohl nicht verlangen, daß wir aus dem Orden eine Art Mädchenpensionat machen.«

Mächtige Männer braucht das Land

*Die Ära Hermann Josef Abs und die
Connections seiner Wirtschaftsritter*

»Nur so könnt ihr an bösen Tagen Widerstand leisten, alles niederkämpfen und das Feld behaupten.
So steht denn fest, eure Lenden umgürtet mit der
Wahrheit, angetan mit dem Panzer der Gerechtigkeit, die Füße beschuht mit der Bereitschaft für
das Evangelium des Friedens.«

Aus dem Gebetbuch *Miles Christi*
der Ritter vom Heiligen Grabe

Frankfurt, 1971. Hermann Josef Abs, der »führende Bankier der Welt« (David Rockefeller), war längst im Ruhestand. Dennoch hatte der ehemalige Vorstandsvorsitzende der Deutschen Bank die Fäden weiter fest in der Hand – im Bankengeschäft wie auch im Ritterorden vom Heiligen Grabe.

Für Papst Paul VI. hatte es sich jedenfalls schon ausgezahlt, daß ihm ein so einflußreicher Mann in »Treue« und »absolutem Gehorsam« ergeben war. Abs hatte nämlich Seiner Heiligkeit einen Mercedes 600 besorgt, wie der Kirchenkritiker Karlheinz Deschner herausfand. Aber es war wohl nicht nur die Nobelkarosse aus Stuttgart, die den Papst dazu bewog, Abs 1971 zum Statthalter zu ernennen. Vielmehr sollten die deutschen Grabesritter weiterhin eine »starke Hand« verspüren, nachdem Alois Hundhammer, einst bayerischer Kultusminister, aus Altersgründen vom Amt des Statthalters zurückgetreten war.

Abs hingegen war mit seinen 70 Jahren noch voller Tatendrang. Im August 1971 ließ er sich zum Präsidenten der Monopolorganisation Fondation Européenne pour l'Economie (FEE) wählen, der auch sein Konfrater Erhard Bouillon, damals Vorstandsmitglied der Farbwerke Hoechst AG, angehörte. Unter dem Dach der FEE versammelten sich Wirtschaftsführer, um »die sozialistische Gegenwelt zu ergründen und zu bekämpfen«. Ganz in diesem Sinn äußerte sich Abs kurz vor der Wahl zum FEE-Präsideten in einem Interview mit der Zeitschrift *Capital*: »Wenn der Unternehmer nicht bereit ist zu kämpfen, verdient er unterzugehen ... Seid nicht so ängstlich und denkt nicht, daß die weiche Tour die Chance zum Überleben bietet.«

Unter der Regentschaft von Hermann Josef Abs veränderte sich auch die Mitgliederstruktur im Ritterorden. Seither legten vermehrt Banker und Wirtschaftsführer den Schwur auf den Papst ab. Und Glaube und Geschäft gingen und gehen ganz gut zusammen, wie das Beispiel der Commerzbank, Deutschlands drittgrößter Privatbank, zeigt: Vorstandsmitglied Kurt Hochheuser ist Grabesritter und gehört zur Komturei Düsseldorf, wie auch Heinz Kriwet, Vorstandsvorsitzender des Krisenkonzerns Thyssen AG.

Heinz Kriwet verdiente 1994 als Thyssen-Manager 1,46 Millionen DM im Jahr. Dazu kamen noch 89335 DM, weil er bei Ordensbruder Hochheusers Commerzbank im Aufsichtsrat ist. Dort wiederum sitzt auch Ordensbruder Erhard Bouillon, früher Vorstandsmitglied bei Hoechst und nun Aufsichtsratsvorsitzender des Chemieriesen. Erhard Bouillon gehört allerdings zur Komturei Frankfurt. Dort und im Aufsichtsrat der Nestlé AG trifft er wiederum auf Ordensbruder Rudolf Bossle, früher im Vorstand von Nestlé. Als Bossle, »Mister Nescafé«, Anfang 1988 von seinem Vorstandsposten abtrat, schrieb die *Frankfurter Allgemeine*: »Die Anwesenheit von Bundeskanzler Helmut Kohl beim Abschiedsempfang war dessen ›Dankeschön‹ an Bossle für die Hilfe bei vergangenen Wahlkämpfen.«

Natürlich bestreiten die Ritter, daß es irgendwelche Zusammenhänge gibt zwischen ihrer beruflichen Karriere und ihrer Mitgliedschaft in dem Orden der selbsternannten Elite. »Mein Motiv für den Beitritt zum Ritterorden«, schreibt beispielsweise Commerzbank-Vorstand Hochheuser, war »daß ich als praktizierender Christ und aufmerksamer Beobachter der Entwicklung im Heiligen Land ein demonstratives Engagement übernehmen wollte.«

Helmut Geiger, einst Präsident des mächtigen Sparkassen- und Giroverbandes, ist da vermutlich etwas ehrlicher, wenn er sagt. »Mir wurde damals die deutsche Liste zur Verfügung gestellt, und da steht an erster Stelle im Alphabet Herr Abs – so daß ich hier durchaus auch beruflich auf gleichgestimmte Leute gestoßen bin.«

✳

Hermann Josef Abs wurde bereits 1955 zum Ritter geschlagen. Damals hatte Bundeskanzler Konrad Adenauer noch die Hoffnung, ihn für sein Kabinett zu gewinnen: »Wollen Sie nich bei mir Minister werden, Herr Abs, Äußeres oder Finanzen, ejal!« soll er einmal zu dem Banker gesagt haben. Aber Abs hatte andere Pläne. Er wollte die Deutsche Bank wieder zu alter Größe führen.

Obwohl die Alliierten den einstigen Bank-Koloß in kleine Einheiten zerschlagen hatten, traf sich Abs mit den ehemaligen Managern heimlich zu »Vorstandssitzungen«. Auf seine Initiative hin waren schließlich 1952 per Gesetz die zehn Teilinstitute zu drei Regionalhäusern zusammengefaßt worden. Abs übernahm die Leitung der Süddeutschen Bank, und als sich fünf Jahre später das Trio zur neuen Deutschen Bank wiedervereinigte, hieß der Vorstandssprecher wie selbstverständlich Hermann Josef Abs.

Als Chef der Deutschen Bank baute er seinen Machtbereich kontinuierlich aus. Sein Motto lautete: »Was gut ist für die Deutsche Bank, das ist auch gut für die Deutsche Bundesrepublik.« Und für die Deutsche Bank war es offensichtlich gut, daß Abs in möglichst vielen Aufsichtsgremien saß. In der Bankenzentrale standen 16 Aktenkoffer – jeweils ein Koffer mit Unterlagen für zwei Aufsichsratssitzungen, die seine Assistenten nach einem ausgeklügelten System zum jeweiligen Versammlungsort bringen mußten.

Auf das Geheimnis seines Erfolges angesprochen, sagte Hermann Josef Abs einmal in einem Interview: Sein Erfolg beruhe zu weniger als einem Drittel auf Bankerfahrung und vom Rest je zur Hälfte auf physischer Kraft und schauspielerischer Begabung. Entsprechend war auch sein Auftreten: Bowlerhut, Schirm und der Aktenkoffer gehörten zu seinem Erscheinungsbild. Sein ausgeprägtes Talent zur Selbstdarstellung kam besonders bei Aktionärsversammlungen zur Geltung. Er zelebrierte geradezu seinen Auftritt, seine Reden waren gespickt mit scharfen Pointen. Überhaupt war Abs für seine oft schroffe und sarkastische Art selbst bei seinen Bankdirektoren gefürchtet.

Allerdings war die Tatsache, daß er so viele Ämter auf sich vereinigte, nicht unumstritten. Selbst die konservative *Frankfurter Allgemeine* machte den Grabesritter einmal für die »teilweise absolutistisch anmutende Machtstellung des deutschen Universalbankensystems« verantwortlich. Aber erst nach Adenauers Rücktritt beschnitt der Bundestag den Machteinfluß des Bankiers. 1965 wurde ein auf Abs zugeschnittenes Gesetz verabschiedet, die sogenannte »Lex Abs«, wonach eine Person nur noch zehn Aufsichtsratsposten innehaben durfte. Hermann Josef Abs war bis dahin in 30 Aufsichtsräten, meist als Vorsitzender, tätig. Doch Abs nahm es locker: »Das Gesetz ist der beste Dienst an meiner Gesundheit.«

*

Die Bayerische Hypotheken- und Wechselbank scheint fest in katholischer Hand: Angeführt vom Vorstandsvorsitzenden Eberhard Martini sind insgesamt acht Banker der Hypo-Bank im Ritterorden, darunter Vorstandsmitglied Hans-Hubert Friedl und der Betriebsratsvorsitzende Hanns-Peter Kreuser, der auch im Aufsichtsrat der Bank sitzt.

Mit Hilfe seiner Ordensbrüder machte Martini binnen weniger Jahre aus der einstigen Bauernbank eine der größten Universalbanken Deutschlands. Aber mit den Milliardenumsätzen kamen auch die Affären: Martinis Hypo-Bank tauchte im Zusammenhang mit der Affäre um den bayerischen Bäderkönig und Strauß-Intimus Eduard Zwick auf, dann folgte die Pleite der Werkzeugmaschinenfabrik Deckel-Maho. Schließlich ist sie Hausbank der hochverschuldeten März AG und des Fleischkonzerns Moksel, der nach der Wende durch seine Schalck-Connection in die Schlagzeilen geriet. Und beim Skandal um den Immobilienhai Jürgen Schneider ist die »Bayerische Affären- und Wechselbank«, wie sie in München süffisant genannt wird, mit 468 Millionen Mark nach der Deutschen Bank und der Dresdner Bank die drittgrößte Gläubigerin.

Von den Skandalen um seine Bank zeigt sich Grabesritter Eberhard Martini allerdings unbeeindruckt. Ihn interessieren nur die Bilanzsummen und Gewinne der Bank. 1993 beispielsweise konnte die Hypo-Bank ein Rekordergebnis verbuchen. Der Umsatz belief sich auf 271 Milliarden DM, und unter dem Strich gab es einen Gewinn von 326 Millionen DM. Ist also Martini einer »der Besten der Besten«, so wie es von einem Grabesritter erwartet wird? Zu seiner Ordenszugehörigkeit sagt er lediglich: »Das ist eine religiöse Angelegenheit, reine Privatsache.«

*

Neben den Bankern spielen Unternehmer und Industrielle eine entscheidende Rolle im deutschen Ritterorden, Männer wie Victor von Baillou, Ex-Vorstand im Pharmakonzern Merck, Albert Falke, Schuhfabrikant, Franz Josef Dazert, ehemaliger Vorstandsvorsitzender der Salamander AG, Hans Heinrich Faßbender, Ex-Vorstandschef der ARAG AG, Europas größter Rechtsschutzversicherung, und August Brenninkmeyer von der C&A-Dynastie.

Die Initialen C&A leiten sich von den Vornamen der Firmengründer Clemens und August Brenninkmeyer ab. Aber die beiden Buchstaben stehen auch für das geheimnisvollste Unternehmen der deutschen Wirtschaftsgeschichte. Über die Hintermänner des multinationalen Konfektionsimperiums rätseln selbst ranghöchste Mitarbeiter, die sonst nichts zu sagen haben, weil bei C&A Blutsbande gewöhnliche Firmenstrukturen ersetzen. Bei C&A haben nur Brenninkmeyers das Sagen.

August Brenninkmeyer wurde 1961 bei einer Investitur in Bamberg zum Ritter vom Heiligen Grabe geschlagen und kletterte in der Ordenshierarchie bis zum Großkreuzritter hinauf. Die strengen Regeln der Glaubenskrieger befolgt er wie kein anderer. Er hat sie längst verinnerlicht. Verschwiegenheit und Gehorsam sind schließlich auch Bestandteil seiner Firmenphilosophie. Seit sechs Generationen hat beispielsweise sein Unternehmen ein eisernes Prinzip: Weibliche Familienmitglieder dürfen keine Firmenanteile besitzen und haben in dem C&A-Unternehmen nichts zu suchen. Ein Gesellschaftervertrag bestimmt, daß allein die männlichen Nachkommen der Firmengründer Clemens und August den multinationalen Konzern besitzen und führen dürfen. Und da seit dem Tod von Egidius Heinrich Maria Brenninkmeyer 1976 der Clemens-Familienzweig ausgestorben ist, lastet die Verantwortung für die Vermehrung der Brenninkmeyers allein auf Augusts Nachkommen.

Wie die Rothschilds hat er es mit seinen Brüdern und Vettern geschafft, keine Schwiegersöhne in Top-Positionen aufsteigen zu lassen; deren Kinder wiederum haben überhaupt keinen Anspruch auf das Milliarden-Unternehmen der Onkel und Vettern mit dem richtigen Nachnamen. Und die angeheirateten Frauen der Brenninkmeyers müssen sich mit Küche, Kirche und Kindern begnügen. Denn insbesondere auf die Gebärfreudigkeit der Frauen ist die Unternehmensführung angewiesen.

Wer bei den Brenninkmeyers nicht heiratet, legt meist das Keuschheitsgelübde ab und wird Priester, Mönch oder Nonne. Aber auch in Kirchenämtern machen Brenninkmeyers Karriere. Johannes Ludgerus Bonaventura Brenninkmeyer beispielsweise brachte es in Südafrika zum Bischof.

Im Gegensatz zu seinen Konfratres, die meist nichts dagegen einzuwenden haben, wenn sie von einem Ordensbruder einen Aufsichtsratsposten zugeschanzt bekommen, verzichtet Brenninkmeyer auf solche zusätzlichen Einnahmequellen. Er hat sie auch nicht nötig. Die Angehörigen des Brenninkmeyer-Clans verfügen zusammen über ein Milliarden-Vermögen, wobei man sich nach außen hin bescheiden gibt. Als Berufsangabe steht im Mitgliedsverzeichnis des Ritterordens bei August Brenninkmeyer schlicht »Kaufmann«.

Geradezu mönchische Tugenden erwartet der Grabesritter auch von seinen Angestellten, insbesondere vom Manager-Nachwuchs. Im Geiste der Firmenahnen erziehen nämlich die Herren Brenninkmeyer nicht nur ihre eigenen Sprößlinge, sondern auch den familienfremden Führungsnachwuchs. Und wer als »junger Mann« bei C&A anfangen darf – Frauen sind für Führungspositionen nicht vorgesehen –, bekommt nicht nur eine kaufmännische Ausbildung. Vielmehr lebt er während seiner Ausbildung in einem firmeneigenen »Haushalt«, betreut von Hausdamen und einem Geistlichen, der in der Regel vor dem Firmeneintritt des Kandidaten bei den örtlichen Pfarreien diskret Informationen über ihn eingeholt hat.

Über August Brenninkmeyer hingegen ist kaum etwas in Erfahrung zu bringen. Er läßt sich auch im Ritterorden abschotten. Lediglich Elisabeth Verreet, die als Vertreterin der Ordensdamen an Sitzungen der Statthalterei teilnehmen darf, läßt sich zu einer Bemerkung hinreißen. August Brenninkmeyer gehöre zu den größten Geldgebern im Orden. Summen will Frau Verreet natürlich nicht nennen. Sie will es sich nicht mit dem spendablen Mitbruder verderben, schließlich ist er ihr Nachbar, und sie gehören beide der Komturei Düsseldorf an.

Verschwiegen geben sich die Brenninkmeyers auch, wenn es um Umsatzzahlen des Konzerns geht. Statt einer Presseabteilung hält man sich Juristen, die verhindern sollen, daß Informationen über den Konzern an die Öffentlichkeit gelangen. Und damit sie weiter im verborgenen ihr Imperium ausbauen können, unterliefen die Brenninkmeyers mit einem einfachen Trick die vom Deutschen Bundestag beschlossene verschärfte Offenlegungsvorschrift: Im September 1969 wandelten sie ihre bis dahin als GmbH geführte Firma in eine KG um. Und eine KG darf als Personengesellschaft ihre Geschäftszahlen unter Verschluß halten.

Auch im Ausland verfügt C&A über ein unentwirrbares Geflecht aus Hunderten von Beteiligungfirmen. Und durch ständig neue Aufteilung des Besitzes innerhalb des Clans werden die einzelnen Unternehmen fast nie so groß, daß sie auskunftspflichtig wären. Lediglich über die Kaufhausketten müssen Bilanzen veröffentlicht werden. Doch die Zahlen sind wenig aussagekräftig. Die C&A-Filialen sind nämlich Mieter bei familieneigenen Immobiliengesellschaften und beziehen ihre Waren von anderen Firmen der Brenninkmeyers.

Allerdings, wenn es um den Erfolg geht, rücken die Brenninkmeyers von ihren konservativen katholischen Prinzipien ab. Kaum ein Bekleidungskonzern wirbt derartig mit modernen und aufwendigen Spots wie C&A.

Wie extrem sie sich anpassen können, zeigten die Brenninkmeyers schon früher, gleich nach der Machtübernahme Hitlers. Im NS-Jargon verfaßten sie eine neue Betriebsordnung, ganz nach dem Führerprinzip: »Im Betrieb arbeiten der Betriebsführer und die Gefolgschaft gemeinsam zur Förderung der Betriebszwecke und zum Nutzen von Volk und Staat. Sie bilden eine Arbeits- und Betriebsgemeinschaft, die sich auf Arbeitsehre, Arbeitstreue und Arbeitskameradschaft gründet.«

Im März 1930, fast drei Jahre vor Hitlers Machtübernahme, gab es einen Konflikt zwischen den Brenninkmeyers und der Frankfurter Ortsgruppe des Centralvereins Deutscher Staatsbürger jüdischen Glaubens. Der Verein schrieb damals an die örtliche C&A-Filiale: »Der Zentralverband der Angestellten teilt uns mit, daß Sie das Arbeitsamt ersucht haben, Ihnen jüdische Bewerber für offene Stellen in Ihrem Geschäft nicht zu schicken, da Sie jüdisches Personal nicht einstellen. Wir bitten um gefällige Mitteilung, ob dies zutrifft, weil wir annehmen, daß Sie in diesem Falle auch auf jüdische Kundschaft keinen Wert legen und wir unsere Mitglieder hiervon in Kenntnis setzen möchten.«

Die Brenninkmeyers taten daraufhin, was sie immer tun. Sie schwiegen. Einige Wochen später stieß der jüdische Verein nach: »Wir müssen aus der Tatsache, daß Sie unser Schreiben unbeantwortet ließen, den Schluß ziehen, daß die Mitteilung des Arbeitsamtes zutreffend ist, und werden, da sich die Anfragen aus Kreisen unserer Mitglieder über diese Angelegenheit häufen, in der uns geeignet erscheinenden Weise die jüdische Einwohnerschaft Frankfurts von unserer Anfrage und der Nichtbeantwortung durch Ihre Firma in Kenntnis setzen.«

Eine antisemitische Haltung der Brenningmeyers zeigte sich auch später wieder. 1937 sollte in Leipzig eine C&A-Filiale eröffnet werden, was allerdings durch ein Expansionsverbot für Großbetriebe des Einzelhandels erschwert wurde. Doch die C&A-Herren wußten sich zu helfen. Mit sicherem Gespür für Ressentiments der Nationalsozialisten schrieben sie einen Brief an Hermann Göring: »Wir waren eines von den Unternehmen, die vor dem Kriege in die Vormachtstellung eindrangen, die der jüdische Textileinzelhandel besaß, und haben uns gegen die Kapitalflucht des Waren- und Kaufhauses und gegen die Vormachtstellung der gesamten jüdischen Konkurrenz durchsetzen müssen und durchgesetzt. Es ist seit der Gründung niemals ein Nichtarier bei uns beschäftigt gewesen.« Und die erhoffte Wirkung auf Göring blieb nicht aus. Der Generalfeldmarschall setzte sich persönlich bei seinen sächsischen Parteifreunden dafür ein, daß die Brenninkmeyers eine Ausnahmegenehmigung erhielten und eine Filiale in Leipzig eröffnen durften.

Über diesen Teil der Firmengeschichte äußern sich die Brenninkmeyers nicht, schon gar nicht Grabesritter August. Statt dessen läßt er einen seiner Anwälte mitteilen: »Tatsächlich gibt es auch keinen Beleg für die ... aufgestellte Behauptung. Sollte ... ein mit dem Kopf von C&A versehenes Schreiben gemeint« sein, heißt es, »das vor ca. 25 Jahren veröffentlicht worden ist, so steht noch nicht einmal dessen Echtheit fest.«

Nicht echt?

Zumindest müßten dann eine ganze Reihe von Fälschungen in den historischen Archiven liegen. Denn die Brenninkmeyers haben nicht nur einmal die Hilfe von Göring beansprucht. Nachdem ihnen vorgeworfen worden war, katholischen Kunden gegen Vorlage einer Bescheinigung ihres Pfarrers besondere Rabatte zu gewähren und Klosterinsassen in Heimarbeit zu beschäftigen, schrieben sie im Februar 1938 an Göring, »daß alle diese üblen Äußerungen aus jüdischen Quellen stammen«.

✳

»Ja zu etwas zu sagen – jenes Symbol der Freiheit – verleiht ein gewisses Machtgefühl, das gebe ich zu«, gestand Hermann Josef Abs. Er hatte ein ausgeprägtes Gefühl für Macht, und zwar schon in jungen Jahren. Bereits 1938 war Abs, damals 37 Jahre alt, in den Vorstand der Deutschen Bank gekommen.

Er wußte, »zum Kriegführen gehört Geld und nochmals Geld« – und so wird Abs es auf den Vorstandssitzungen begrüßt haben, daß bereits im zweiten Kriegsjahr die Deutsche Bank 60 Prozent ihrer Kredite an den Staat vergab. Einen mittelbaren Kriegseinsatz leistete Abs in Aufsichtsräten, beispielsweise bei den Deutschen Waffen- und Munitionsfabriken und bei Zeiss-Ikon.

Sein erstes Aufsichtsratsmandat bekam Abs bereits 1940 bei der I.G. Farben. Ein Jahr später, am 7. April 1941, gründete der damalige Chemiegigant östlich von Auschwitz das BUNA-Werk zur Herstellung synthetischen Kautschuks. I.G.-Farben-Aufsichtsratsmitglieder hatten im Januar 1941 den Standort für geeignet erachtet, zumal die SS Häftlinge aus dem nahegelegenen Konzentrationslager Auschwitz zur Verfügung stellen konnte. Später hieß das BUNA-Werk der I.G. Farben hinter vorgehaltener Hand nur noch I.G. Auschwitz.

Am 23. September 1941 wurden die ersten Gaskammern im KZ Auschwitz in Betrieb genommen. Viele der anderen Häftlinge schleppten sich täglich über sieben Kilometer zu der Baustelle des BUNA-Werks, ganz so, wie sich das der Aufsichtsrat vorgestellt hatte. Viele überlebten die harte Arbeit nicht und wurden erschossen oder später vergast. Von den Häftlingen in Auschwitz, die für die I.G. Farben arbeiteten, starben etwa 25 000 oder wurden ermordet.

Am 30. Mai 1942 stimmte Abs im Aufsichtsrat der I.G. Farben für die offizielle Einführung der Zwangsarbeit. Der Arbeitskräftemangel, bedingt durch den Krieg, sollte durch verlängerte Arbeitszeiten und durch den Einsatz von Frauen, Fremdarbeitern und Kriegsgefangenen ausgeglichen werden. Im selben Jahr noch wurde in unmittelbarer Nähe des BUNA-Werkes das Häftlingslager Monowitz errichtet. Jene Verantwortlichen der I.G. Farben, die nach Kriegsende in Nürnberg vor Gericht kamen, bezeichneten dort Monowitz als »Erholungslager«.

Auch sonst war man bei der I.G. Farben nicht zimperlich. In einem Teilbetrieb des Konzerns wurden verschiedene Medikamente an KZ-Häftlingen erprobt; überdies hielt die I.G. Farben auch Beteiligungen an der Deutschen Gesellschaft für Schädlingsbekämpfung (Degesch), die über das Monopol bei der Herstellung von Zyklon B verfügte. Mit dem Gift wurden KZ-Häftlinge in den Gaskammern von Auschwitz ermordet – unter anderem jene Häftlinge, die zuvor gezwungen worden waren, in dem BUNA-Werk der I.G. Farben zu arbeiten.

Nach Kriegsende beteuerte Abs: Den Führer habe er schon wegen seiner Wirkung auf das Ausland nie geschätzt, nicht zuletzt wegen der »Vorgänge, die man mit Auschwitz und ähnlichem bezeichnen will«, wie er sich ausdrückte. Den Nationalsozialismus empfand Abs in der Rückschau »als Inbegriff des Ekelerregenden und Verbrecherischen«, wobei er allerdings einräumte: »Vielleicht erscheint es heute billig, das zu sagen.«

✳

Anfang 1946 nahmen die Briten den Bankier in Haft. Bei den Nürnberger Prozessen trat er kurzzeitig als Zeuge der Anklage auf, und 1948 war er wieder im Geschäft: Auf seinen Vorschlag hin wurde die Kreditanstalt für Wiederaufbau gegründet. Über sie nahm Abs unmittelbaren Einfluß auf die Verteilung der Marshallplan-Gelder an die Wirtschaft. Vor allem aber genoß er das uneingeschränkte Vertrauen des Bundeskanzlers. Konrad Adenauer lud den Bankier regelmäßig zu seiner sonntäglichen Rhöndorfer Kaffeetafel ein, an der er seine Ratgeber zu versammeln pflegte. Darüber hinaus saß Abs hin und wieder auch als Gast mit am Kabinettstisch.

Adenauer hatte den Bankier 1951 zum Verhandlungsführer bei der Londoner Schuldenkonferenz er-

nannt. An der Spitze einer hundertköpfigen Experten-
delegation verhandelte Abs zwei Jahre lang unerbitt-
lich mit 65 Gläubigerstaaten über die deutschen
Kriegsschulden. Das Resultat: Er drückte die Schul-
den von 30 Milliarden DM auf letztendlich 14,5 Milliarden. Als Abs am 7. Februar 1994 im Alter von 92
Jahren starb, schrieb die Pressestelle der Deutschen
Bank in ihrem Nachruf:»Abs selbst hat das Zustan-
dekommen des Londoner Schuldenabkommens als
eine der großen Leistungen seines Lebens angese-
hen.« Schließlich habe er damit den Grundstein zum
Wirtschaftswunder gelegt, weil die westdeutsche
Wirtschaft auf diese Weise weltweit wieder kredit-
würdig wurde.

Andererseits gingen die überlebenden NS-Opfer im
Osten auf eine Empfehlung von Abs hin leer aus. Seit
Adenauer verweigern alle Bundesregierungen unter
Berufung auf den von Abs ausgehandelten Artikel allen NS-Opfern im Osten jegliche individuelle Ent-
schädigungszahlung. So bekamen beispielsweise die
Überlebenden der faschistischen Rassenverfolgung in
Estland, Lettland und Litauen bis heute nichts. Während Balten, die in der SS für Hitler-Deutschland ge-
kämpft und teilweise gemordet hatten, zwischenzeitlich von der Bundesrepublik munter ihre Rente beziehen. Die deutsche Industrie beruft sich ebenfalls auf
den Abs-Paragraphen und verweigert seit einem hal-
ben Jahrhundert ihren damaligen Zwangsarbeitern
die Zahlung des ihnen zustehenden Lohns. Durch den
Paragraphen sollten »nicht nur die Bundesrepublik
als Staat, sondern auch Wirtschaft und Währung der
Bundesrepublik geschützt werden«, urteilte dazu der
Bundesgerichtshof.

Zeitgleich mit der Londoner Konferenz über die deutschen Kriegsschulden hatten in Den Haag die Gespräche mit Israel und jüdischen Organisationen über eine »Wiedergutmachung« begonnen. Abs war darüber so verärgert, daß er am 22. Februar 1952 Kanzler Adenauer einen streng vertraulichen Brief schickte. Darin drohte er mit dem Scheitern der Londoner Verhandlungen. Abs sah durch die jüdischen Wiedergutmachungsforderungen »die Versorgung der Bundesrepublik mit lebenswichtigen Nahrungsmitteln und Rohstoffen wesentlich« beeinträchtigt. Abs, der 1991 den Brief veröffentlichte, warnte Adenauer: »Sie werden verstehen, sehr verehrter Herr Bundeskanzler, daß ich unter diesen meine Verhandlungsführung in London in Frage stellenden Umständen meinen Auftrag, für die Bundesrepublik ... hinsichtlich der Vor- und Nachkriegsschulden das Bestmögliche herauszuholen, nicht erfüllen kann.«

Mit Abs zusammen hatte Adenauer die Idee geboren, man könne Israel für zehn Millionen DM ein Krankenhaus spendieren, das sei als »Wiedergutmachung« ausreichend. Kam dieses Thema auf den Tisch, sprach Adenauer meist abschätzig von der »Judenfrage«. Schließlich sei Deutschland knapp bei Kasse, weil die Kosten für die »Versorgung der zahllosen deutschen Kriegsopfer« gewaltig seien.

Der Leiter der deutschen Verhandlungskommission mit Israel, der CDU-Abgeordnete Franz Böhm, sah das allerdings anders, wofür ihn Hermann Josef Abs noch 1991 verspottete: »Er verstand sich weniger als Leiter einer deutschen Delegation ..., sondern in erster Linie als der Anwalt der israelischen Interessen.«

Eine Notiz von Otto Küster, Böhms Stellvertreter, über die Kabinettssitzung am 5. April 1952 belegt die antiisraelische Haltung von Abs und Adenauer: »Es beginnt flau und bös; Adenauer fällt Böhm ins Wort, die Zahlen könnten wir uns sparen, die Juden betrögen uns ja doch; Abs läßt mich nicht ausreden, ich muß, von Hallstein ermuntert, förmlich darauf bestehen, vollständig gehört zu werden.« Der Hintergrund: Im Bundesvertriebenenministerium war errechnet worden, daß Israel drei Milliarden DM Eingliederungskosten zustünden – 3000 DM für jeden jüdischen Flüchtling aus dem ehemaligen deutschen Machtbereich. Böhm und Küster plädierten dafür, diese Eingliederungskosten zu übernehmen. Abs war dagegen und drohte mal wieder die Leitung der Londoner Verhandlungsdelegation abzugeben, wenn den Juden irgendwelche Summen zugesichert würden.

Die Israelis brachen daraufhin die Verhandlungen in Den Haag ab, was Abs natürlich nicht ungelegen kam. Selbstgefällig schrieb er später lapidar: »Dennoch war der internationale Druck auf die Bundesregierung nicht übermäßig stark. Das Interesse, zunächst die eigenen Ansprüche in London befriedigt zu sehen und von der Bundesrepublik einen angemessenen Verteidigungsbeitrag zu erhalten, überwog offensichtlich.«

Als später dann Israel doch noch Zusagen gemacht wurden, sorgte Abs dafür, daß daraus für die Bundesrepublik ein Geschäft wurde: Die »Wiedergutmachung« bestand vorwiegend aus Warenlieferungen aus deutscher Produktion.

Geistige Avantgarde fürs deutsche Volk

Rechte Kaderschmieden der Konfratres
Hans Filbinger und Lothar Bossle

»Er hat dich erwählt zum Kampf mit dem Feind; darum auch ist das Schwert in deiner Rechten nackt, bereit zur Wehr und zum Schlag. Dein Rittermantel ist rot wie Blut und warm wie die Liebe, der meine ist weiß und weit wie die Geborgenheit.«

Aus dem Gebetbuch *Miles Christi*
der Ritter vom Heiligen Grabe

7. Mai 1994, Weikersheim. Das Halali der Jagdhorn-
bläser ist verstummt. Die Gesellschaft im Schloßgarten zu Weikersheim schreitet zum Umtrunk. Am Gewehrhaus wird Wein gereicht. Auf dem Weg dorthin
unterhält sich die ehemalige baden-württembergische Sozialministerin Annemarie Griesinger mit dem
estnischen Botschafter Tiit Matsulevits: »Hans Filbinger ist ja unschuldig!« erzählt die frühere Ministerin – auch für uns unüberhörbar. »Die Stasi hat ihm
das angehängt.« Matsulevits hat Durst und wenig
Lust auf solche Geschichten. Aber die Höflichkeit ge-
bietet, daß sich der junge Diplomat interessiert zeigt.
»Gott sei Dank«, sagt Frau Griesinger, »hat er es
durchgestanden und die Kraft gehabt, politisch wei-
terzuarbeiten.«
  Der Ausschank ist schließlich erreicht. Matsulevits bestellt sich ein Glas Trollinger. »Für Filbinger
war es eine sehr schwere Zeit«, führt Frau Griesinger
das einseitig verlaufende Gespräch fort. »Wirklich, es
war sehr, sehr schwer für ihn.« Matsulevits behält
weiterhin die Contenance. Der 34jährige Botschafter
nickt zustimmend und nimmt einen kräftigen
Schluck Wein.

*

Im Nachkriegsdeutschland hatte Hans Filbinger schnell Karriere gemacht und sich somit als würdig erwiesen, in die Reihen der Ritter vom Heiligen Grabe aufgenommen zu werden. Zusammen mit Friedrich August Freiherr von der Heydte wurde er am 9. Mai 1954 bei einer Investitur in Freiburg zum Grabesritter geschlagen. Vier Jahre später ging Filbinger in die Politik und brachte es bis zum Ministerpräsidenten von Baden-Württemberg. Doch 1978 holte ihn seine Vergangenheit ein. Filbingers Urteile aus seiner Zeit als NS-Marinerichter wurden bekannt.

Am 16. Januar 1945 hatte Filbinger für den Matrosen Walter Gröger die Todesstrafe gefordert, weil Gröger Fahnenflucht begangen hatte. Am 16. März wurde der Matrose erschossen. Hans Filbinger persönlich überwachte die Exekution. Er hatte sich selber zum »leitenden Offizier für das Vollstreckungsverfahren« bestimmt. Und am 29. Mai, der Krieg war inzwischen vorbei, verurteilte Filbinger einen Soldaten wegen Erregung von Mißvergnügen, Gehorsamsverweigerung und Widersetzung zu sechs Monaten Gefängnis, weil er das Hakenkreuz von seiner Uniform gerissen hatte. Der Richter Filbinger befand damals: »Ein hohes Maß von Gesinnungsverfall.«

33 Jahre später brachte der »furchtbare Jurist«, wie Filbinger von dem Schriftsteller Rolf Hochhut genannt wurde, kein Wort des Bedauerns über seine Lippen. Vielmehr verkündete der baden-württembergische Ministerpräsident: »Was damals Rechtens war, kann heute nicht Unrecht sein.« Alles sei nur eine miese Kampagne der DDR.

Zudem kam noch eine Studie des Jurastudenten Filbinger ans Licht. »Erst der Nationalsozialismus schuf die geistigen Voraussetzungen für einen wirksamen Neubau des deutschen Rechts«, schrieb er 1935; und die »Blutsgemeinschaft muß rein erhalten und die rassisch wertvollen Bestandteile des deutschen Volkes (müssen) planvoll vorwärts entwickelt werden«.

Unter dem Druck der Öffentlichkeit ging seine Partei auf Distanz. Filbinger blieb nur der Rücktritt.

Filbinger war geknickt, aber noch lange nicht gebrochen. Bereits ein Jahr später, am 21. September 1979, machte er wieder Politik. Mit treuen Weggefährten zusammen gründete er das Studienzentrum Weikersheim. Auch Filbingers Ordensbruder Peter Berglar war bald mit von der Partie. Das Studienzentrum Weikersheim sah der Mediziner und Historiker Berglar als »ein Reanimationszentrum für das gesamte deutsche Volk«.

Seitdem schart Filbinger in seiner »Denkfabrik« die Creme der deutschnationalen Szene um sich: alte NPD-Funktionäre und junge Nadelstreifenfaschisten im Schulterschluß mit Vertretern des rechten Randes der CDU/CSU. Die Mitglieder des Studienzentrums verstehen sich als »geistige Avantgarde«, als »Vereinigung bester Köpfe«, fühlen »sich dem deutschen Volk und seinen vitalen Interessen verpflichtet«. Auf den alljährlichen Fachtagungen, bei Hochschulwochen und Kongressen wolle man für »die Politik Anregungen, Vorgaben und geistige Initiativen entwickeln und Stichworte an die Hand geben«. Und so kann Hans Filbinger im Rittersaal des Renaissanceschlosses zu Weikersheim gelegentlich über 600 »Gäste aus allen Gauen Deutschlands« willkommen heißen.

*

Nach dem zweiten Glas Wein hat Botschafter Matsu-levits Mut gefaßt, sich seiner Gesellschafterin zu entziehen. Er schlendert durch die Parkanlage des Schlosses und beobachtet die anderen Gäste. Nicht weit von ihm entfernt steht Michael Walker, der am Nachmittag mit ihm zusammen auf dem Podium saß.

Das Thema für die Podiumsveranstaltung war weit gefaßt: »Die Jugend der Völker stellt Fragen an das 21. Jahrhundert aus philosophischer, religiöser und historischer, aus politischer, wirtschaftlicher und öko-logischer Sicht.« Entsprechend waren die Redebeiträ-ge. Michael Walker zum Beispiel, der als britischer Schriftsteller vorgestellt wurde, prophezeite den Un-tergang der Menschheit. Die Schuld weist er dem Fern-sehen und der Seuche AIDS zu. Letztere sei vermutlich ausgelöst durch ein künstlich erzeugtes Virus, das man freigesetzt habe. Was Walker von sich gab, stammte aus der Gerüchteküche der Stasi, Abteilung »Desinfor-mation«. Die entsprechenden Unterlagen dazu sind längst veröffentlicht. Aber in Weikersheim nahm man dies noch immer für bare Münze, während man Filbin-gers Todesurteile für eine Erfindung eben jener Stasi-Abteilung »Desinformation« hielt.

Michael Walker ist vierzig Jahre alt. Aber mit sei-nem schulterlangen Haar und dem hellgrünen Karo-Sakko samt knalliger Krawatte wirkt er viel jünger. Beim Empfang im Schloßgarten gesellen sich bald ältere Teilnehmer zu ihm. Sie mögen ihn, weil er of-fenbar alte Werte hochhält: »Das Moderne ist so un-beschreiblich häßlich«, sagt er.

Ein älterer Mann, er trägt einen Trachtenhut mit Gamsbart, tritt an Walker heran. In der rechten Hand hält er eine lange Zigarettenspitze, sein linker Arm fehlt. Er schimpft über den Sexualkundeunterricht an deutschen Schulen –»linguistische Zwangssexualisierung für Kinder« nennt er das. Danach wird er etwas deutlicher:»Junger Mann«, sagt er zu Walker, »Ihre Ausführungen heute mittag, muß schon sagen, ganz bemerkenswert, ganz bemerkenswert. Glauben Sie mir, wir Deutschen würden auch gern deutlicher werden, dürfen aber noch nicht, weil wir gleich das mit Auschwitz auf die Kappe bekommen.« Der Brite hat Verständnis, offenbar haben sich hier zwei im rechten Geist getroffen.

Mit Walkers politischer Gesinnung beschäftigte sich auch schon das Europäische Parlament. Im Bericht des Untersuchungsausschusses »Rassismus und Ausländerfeindlichkeit« ist zu lesen:»Walker ist ehemaliger National-Front-Mann ... und bemüht sich derzeit intensiv um Verbindungen zu ultranationalistischen und antisemitischen Gruppen in Osteuropa.«

Seit 1989 lebt der Brite in Köln, schräg gegenüber der Redaktion von *Europa vorn*, für die Walker arbeitet. Die deutsche Zeitschrift hat alljährlich ihren Platz im Bericht des Verfassungsschutzes, Rubrik »Rechtsextremismus«. Aber Walker ist nicht nur ein Mann des Wortes, sondern auch der Tat. In seiner Londoner Wohnung versteckte er bis 1984 den Rechtsterroristen Roberto Fiore, der damals wegen seiner mutmaßlichen Beteiligung am Bombenattentat von Bologna, bei dem 1980 85 Menschen ums Leben kamen, gesucht wurde.

Der Brite ist nicht der einzige Vertreter der rechtsextremistischen Szene, der auf Einladung Filbingers beim Kongreß des Studienzentrums im Mai 1994 auf dem Podium Platz nimmt. Fünf Stühle von Walker entfernt sitzt Hans-Ulrich Kopp. Der 32jährige Kopp

ist der Kopf des »Jungen Weikersheim«, der Jugendor-
ganisation von Filbingers Studienzentrum – das in
Wirklichkeit eine Kaderschmiede für Deutschlands
Nachwuchs-Rechte ist. Kopp ist auch Mitglied der ältesten Burschenschaft Münchens, der rechtsextremen »Danubia«, und Gründungsmitglied des Franz
Schönhuber nahestehenden Republikanischen Hoch-
schulverbandes (RHV).

Auf Filbingers Gästelisten finden sich Männer wie
Felix Buck, früher im Bundesvorstand der NPD, oder
gar der Neonazi Manfred Roeder, der wegen »Rädels-
führerschaft in einer terroristischen Vereinigung« zu
13 Jahren Gefängnis verurteilt wurde und noch heute
in jedem Verfassungsschutzbericht auftaucht. Sie saßen in Weikersheim Schulter an Schulter mit der
Prominenz aus der Bonner Szene, die sich gern für Filbingers Zwecke einspannen läßt: 1992 sprach der
CDU/CSU-Fraktionsvorsitzende Wolfgang Schäuble
in Weikersheim, ein Jahr danach die Witwe Willy
Brandts, Brigitte Seebacher-Brandt. So gelang es
Grabesritter Filbinger, dort mit den Jahren ein breites
ideologisches Bündnis zu schmieden zwischen
rechtsradikalem und rechtskonservativem Lager,
zwischen intellektuellen Brandstiftern und vermeint-
lichen Biedermännern aus der großen Politik.

Finanziert wird Filbingers Studienzentrum mit
Spenden aus der Wirtschaft und aus Zuschüssen der
Staatskasse. Geld gibt überdies das Land Baden-Württemberg. Und auch an geistiger Unterstützung fehlt
es nicht: Im September 1993, bei den ersten vom Studienzentrum veranstalteten Hochschulwochen, hielt
der baden-württembergische Wissenschaftsminister
Klaus von Trotha (CDU) den Festvortrag (»Deutsch-

land und Europa auf der Suche nach neuer Gestalt«).
Noch im selben Jahr berief Filbinger von Trotha ins
Kuratorium des Studienzentrums. Und im darauffol-
genden Jahr gab es den ersten Zuschuß aus von Tro-
thas Wissenschaftsministerium.

Aber das meiste Geld kommt aus Bonn – wie auch
so mancher Gastredner. Zum großen Frühjahrskon-
greß 1994 war beispielsweise Walter Gibowski, Vize-
chef des Presse- und Informationsamtes der Bundesregierung und Berater von Bundeskanzler Helmut
Kohl, eingeladen. Nachdem Moderator Heinz Kiefer,
wie Filbinger Grabesritter und Leiter des Essener Büros für strategische Studien, Gibowski das Wort er-
teilt hatte, begann der Kohl-Berater seinen Vortrag
mit einem Scherz: »Ich möchte betonen, daß ich hier
als Privatmann spreche und nicht im Namen der Bundesregierung, wenn die auch meine Reisekosten bezahlt hat.« Lautes Gelächter.

In der Tat finanzieren Bonner Ministerien zumindest indirekt die Weikersheimer Referenten – wie Gibowski oder auch die Rechtsradikalen Walker und
Kopp. Allein zwischen 1988 und 1994 bekam das Studienzentrum knapp 500 000 DM an Bundeszuschüs-
sen, der größte Teil davon stammte aus der Kasse von
Gibowskis Presse- und Informationsamt. Dort wirkte
auch bis zu seiner Pensionierung Walter Kordes als
Ministerialdirigent, und bestimmt nicht zum Nach-
teil von Filbingers rechtsgerichteter Ideologieschmie-
de. Schließlich ist Kordes Komtur mit Stern im Ritterorden vom Heiligen Grabe und damit ranghoher
Konfrater von Hans Filbinger.

*

Am Rande einer Veranstaltung: Hans Filbinger hat die Hände übereinandergeschlagen und hört Heinrich Seewald aufmerksam zu: »Er ist ein guter Mann«, sagt der Verleger. »Der wäre etwas für uns, gehört auch zum Opus Dei ...«

Als sie uns bemerken, brechen sie das Gespräch abrupt ab. Personaldebatten in Weikersheim sind nichts für die Öffentlichkeit. Journalisten, die nicht für die einschlägigen Blätter rechter Gesinnung arbeiten, werden vor die Tür gesetzt oder erst gar nicht zugelassen. So erging es beispielsweise einem Kamerateam der ARD, das im September 1994 während der »Weikersheimer Hochschulwochen« Aufnahmen machen wollte.

Bei den »Hochschulwochen« wird Deutschlands Akademikernachwuchs mit Vorlesungen und Seminaren auf den rechten Kurs gebracht. Für dieses Ziel hatte im September 1994 auch Politikprofessor Hans-Helmuth Knütter den Hörsaal der Universität Bonn mit dem Gewehrhaus in Weikersheim vertauscht. Im Anbau des Renaissanceschlosses beschwor er eine handverlesene Studentenschar: »Ich erwarte, daß das, was ich hier sage, im Kampf gegen den Antifaschismus umgesetzt wird!« Ein Jurastudent aus Heidelberg rief daraufhin durch den Raum: »Wann fängt die CDU an, ihre eigenen Antifaschisten wie Süssmuth, Geißler und Pflüger herauszukehren?«

Hans Filbinger nutzt derweil die »Hochschulwochen«, um sich mit getreuen Weggefährten, wie etwa dem Verleger und Gründungsmitglied des Studienzentrums Heinrich Seewald, über die Personalpolitik der Kaderschmiede zu unterhalten. Es kommt nicht von ungefähr, daß Seewald ein Opus-Dei-Mitglied ans

Studienzentrum binden will. Sein Verlag ist dafür bekannt, daß er Schriften Opus-Dei-naher Autoren herausbringt. Grabesritter Filbinger hat damit keine Schwierigkeiten. Mehrere Mitglieder des Studienzentrums werden dem Geheimbund Opus Dei zugerechnet. Oft sind es diejenigen, die auch dem Ritterorden vom Heiligen Grabe angehören, zum Beispiel Heinz Kiefer oder der zwischenzeitlich verstorbene Peter Berglar.

Der Mediziner und Historiker Berglar veröffentlichte 1983 eine Biographie über den Opus-Dei-Gründer Josemaría Escrivá de Balaguer y Albás. Um den Schein der Objektivität zu wahren, wurde die Mitgliedschaft des Autors im Opus anfangs verschwiegen. Daß Berglar Ritter vom Heiligen Grabe war, hängte man ebenfalls nicht an die große Glocke. Schließlich bemühte er sich, dem Ritterorden ein positives Image zu verschaffen. Anläßlich des 50. Jahrestags der deutschen Statthalterei hielt der Historiker 1983 eine Ansprache, in der er den Ritterorden zum Hort des Widerstands im Dritten Reich machte.

Wie der Ritterorden versteht sich auch das Opus Dei als Elitevereinigung und rekrutiert seine Mitglieder deshalb vorwiegend aus Wirtschaft, Politik und Wissenschaft. Die Ziele und Aufgaben der beiden katholischen Organisationen sind sogar weitgehend deckungsgleich, ebenso wie ihre Parolen und Bezeichnungen: Während sich die Grabesritter auch »miles christi« (»Krieger Christi«) nennen, bezeichnen die Opus-Dei-Leute ihre Organisation als »mobiles corps« (»Kampftruppe«), »Generalstab Christi« oder auch als »Heer Christi«. Und den Schlachtruf »Deus lo vult« (»Gott will es!«) verwenden beide.

Das Opus Dei (»Werk Gottes«) wurde 1928 von dem spanischen Prälaten Josemaría Escrivá de Balaguer in Madrid gegründet. Weltweit in die Schlagzeilen kam »die heilige Mafia«, wie das Opus Dei in Spanien genannt wird, als die Londoner *Times* 1981 Fotos der Werkzeuge veröffentlichte, mit denen Opus-Mitglieder Selbstkasteiung betreiben: fünfschwänzige Geißeln und stählerne Bußgürtel mit nach innen gerichteten Dornen.

Auch in Deutschland geriet das Opus wegen seiner Methoden verstärkt in die Kritik. Journalisten, allen voran Peter Hertel, enthüllten, wie die Gotteswerker mit sektenähnlichen Seelenfang-Praktiken auf Mitgliederjagd gehen. Doch vornehmlich die dem Opus nahestehenden Grabesritter zogen gegen die Kritiker ins Feld. »Opus Dei einen blinden Gehorsam zu unterstellen, ist eine Verleumdung«, sagte Grabesritter Kardinal Höffner in einem Interview mit der Katholischen Nachrichtenagentur KNA. Der Großprior der deutschen Grabesritter, Kardinal Franz Hengsbach, war sogar mit dem Opus-Gründer befreundet und schilderte ihn als gütigen und sanften Menschen.

Papst Johannes Paul II. verfügt neben dem Ritterorden mit dem Opus Dei über einen weiteren verläßlichen Stoßtrupp. Ihre Mitglieder haben genügend Macht und Einfluß, um konservativ-katholische Ideologien in weltlichen Bereichen durchzusetzen. Nicht zufällig vertraut der Heilige Vater heikle Aufgaben, wie etwa die Leitung der Vatikanbank (siehe S. 221 ff.), grundsätzlich Grabesrittern oder Gotteswerkern an.

Glaubt man *Cronica*, einer internen Opus-Führungszeitschrift, dann will der Geheimbund nicht nur

»die Institutionen der Völker, der Wissenschaft, Kultur, Zivilisation, Politik, Kunst und soziale Beziehungen christianisieren, also die Unterwerfung der Welt, sondern die Macht innerhalb der Kirche«.

Diesem Ziel ist das Opus Dei ziemlich nahe gekommen. Der engste Vertraute von Papst Johannes Paul II., zugleich sein Pressesprecher und Arzt, ist der im Zölibat lebende Laie und Opus-Dei-Mann Joaquín Navarro-Valls.

Den Durchbruch schaffte das »Werk Gottes« im Oktober 1982. Papst Johannes Paul II. erhob die Organisation zur bisher einzigen »Personalprälatur«. Opus-Kleriker sind nun nicht mehr dem jeweiligen Ortsbischof unterstellt, der ja ein Opus-Gegner sein könnte. Die Gotteswerker haben jetzt gewissermaßen ihren eigenen Bischof, den mit nahezu uneingeschränkten Vollmachten ausgestatteten Opus-Prälaten in Rom.

Es wird selbst im Vatikanstaat darüber spekuliert, warum der Opus-Gründer Escrivá bereits am 17. Mai 1992, gerade 17 Jahre nach seinem Tod, von Papst Johannes Paul II., seliggesprochen wurde. Johannes XXIII. etwa, dem Papst des Zweiten Vatikanischen Konzils, ist diese »Ehre der Altäre« bis heute nicht widerfahren. Und bei Escrivás Seligsprechung, der schnellsten der Kirchengeschichte, wurde gegen eine ganze Reihe sonstiger Gepflogenheiten verstoßen. Der Papst ignorierte beispielsweise die Aussagen lebender Zeitzeugen Escrivás, wonach der Opus-Gründer herrschsüchtig, arrogant und eitel gewesen sei – er hatte sich nämlich nachweislich einen alten Adelstitel besorgt. Wie viele Kurienkardinäle dem Geheimbund angehören, ist nicht bekannt. Doch wurde die

Seligsprechung Escrivás nach Angaben des Werkes von 69 Kardinälen, 241 Erzbischöfen und 987 Bischöfen unterstützt – also einem Drittel des Weltepiskopats der katholischen Kirche.

Gegenüber Außenstehenden wird die Mitgliedschaft im Opus Dei meist verschwiegen. Über Tarnorganisationen, harmlos wirkenden, gemeinnützigen Vereinen und Stiftungen, kassieren die Opus-Leute bei frommen Gönnern und Steuerzahlern ab. Die Vorgehensweise erinnert an den Sekten-Konzern Scientology.

Selbst Mielkes mächtiges Ministerium für Staatssicherheit machte sich über die Methoden des Geheimbundes Gedanken. Letztendlich hielten die Stasi-Schnüffler das Opus Dei für so gefährlich, daß sie sämtliche Westfirmen, die mit der DDR Handel betrieben, darauf untersuchten, ob Opus-Dei-Mitglieder dort agieren. »Die besondere Gefahr, die von dieser Eliteorganisation ausgeht«, heißt es in einer Stasi-Analyse von 1985, »liegt in seiner weltweit ausgeklügelten konspirativen Tätigkeit in allen Lebensbereichen einer Gesellschaft. Seine Kraken- und Polypenarme dringen im verborgenen in alle Bereiche der Gesellschaft.«

٭

Der noble Münchner Vorort Starnberg bekam im Juni 1990 die Krakenarme des Opus Dei zu spüren. In der alten, denkmalgeschützten Villa »Aurora« sollte ein Opus-Dei-Bildungszentrum entstehen. Über die Köpfe der Gemeinde hinweg hatte der Augsburger Bischof Josef Stimpfle entschieden, dafür zehn Mil-

lionen DM lockerzumachen. Als sich Widerstand reg-
te, ließ Stimpfle – Mitglied im Ritterorden vom Heiligen Grabe – über seinen Generalvikar per Leserbrief
mitteilen: Der Wunsch des bischöflichen Ordinariats
nach einem Träger für eine solche Bildungseinrich-
tung habe sich »mit dem Bedarf des Opus Dei für derartige Räumlichkeiten getroffen«. Das Projekt schei-
terte vorerst an baurechtlichen Problemen.

Allerdings hatte das »Gotteswerk« längst in Starnberg Fuß gefaßt, wie der Journalist Peter Hertel, einer
der besten Opus-Kenner, herausfand. Das Opus Dei
firmiert nur unter anderem Namen: »Rhein-Donau-
Stiftung e.V.«. Bereits seit 1986 residiert die Stiftung
mitten in Starnberg. Geschäftsführer ist Hans Thomas
von der Opus-Zentrale in Köln. Juristisch jedoch hat
die Stiftung mit dem Opus Dei nichts zu tun. Die Tarnorganisationen werden nicht von Opus Dei gegründet,
sondern von einzelnen Mitgliedern als Privatper-
sonen. Die verschiedenen Einrichtungen (Vereine,
Stiftungen, Schulen, Universitäten, Bildungshäuser,
Wohnheime u. a.) übertragen dann dem Opus die Leitung oder die geistliche Betreuung. Hans Thomas etwa
kann jederzeit behaupten, die »Rhein-Donau-Stiftung« habe mit dem Opus nichts gemein.

Hans Thomas ist nicht nur Geschäftsführer der
»Rhein-Donau-Stiftung«, sondern leitet auch das Lin-
denthal-Institut in Köln, eine Anlaufstelle für Spen-
den aus der Wirtschaft, beispielsweise von VW, dem
Axel Springer Verlag, der Deutschen Bank oder der
Bayer AG. Er führt auch die Geschäfte der Bonner
»Studentischen Kulturgemeinschaft e.V.«, einer
Dachorganisation für Studentenhäuser. Gleichzeitig
sitzt Thomas im Stiftungsrat der Zürcher »Limmat-

Stiftung«, Knotenpunkt eines Netzwerkes internationaler Stiftungen und Banken.

Präsident der »Rhein-Donau-Stiftung« war bis zu seinem Tod im Jahre 1993 der frühere CSU-Europa-Abgeordnete und bayerische Sozialminister Fritz Pirkl. Der Vorsitzende der CSU-nahen Hanns-Seidel-Stiftung war auch Ritter vom Heiligen Grabe. Die Seidel-Stiftung wiederum finanzierte Aufenthalte von Opus-Dei-Sympathisanten wie dem philippinischen Kardinal Jaime Sin, der wiederum Großprior im Ritterorden ist. Und zur Seidel-Stiftung gehörte auch der Würzburger Soziologieprofessor Lothar Bossle. Bossle ist Präsidiumsmitglied in Filbingers Studienzentrum Weikersheim und natürlich Ritter vom Heiligen Grabe.

*

»Ein Streiter Gottes muß bedacht sein, nie seinen Namen zu beflecken«, heißt es im Gebetbuch der Grabesritter. Lothar Bossle wußte deshalb, wie sehr sein Ordensbruder Filbinger unter dem Ruf litt, ein »furchtbarer Jurist« zu sein. Er beschloß, dem Konfrater zu helfen. Im Juni 1983 ließ Bossle von der Polizei 150 Protestierer aus dem Toscana-Saal der Würzburger Residenz werfen, damit Filbinger in aller Ruhe seinen Vortrag über den »christlichen Widerstand gegen Hitler« halten konnte.

»Während des ganzen Dritten Reiches habe ich meine antinazistische Gesinnung nicht nur in mir getragen«, sagte Filbinger einmal, »sondern auch sichtbar gelebt.«

Im September 1983 feierte Filbinger seinen 70. Geburtstag. Es erschien eine Festschrift. Herausgeber war Bossle, der die CDU/CSU-Prominenz von Franz Josef Strauß über Otto von Habsburg bis Helmut Kohl dazu gebracht hatte, ein Kapitel beizutragen. Der Titel des Bandes lautete: *Hans Filbinger, ein Mann in unserer Zeit.* Im Vorwort schrieb Bossle über »Giftmischer in der Erzeugung von Rufmordkampagnen« und daß »durch Filbingers Wirken kein einziger Soldat hingerichtet worden« sei.

Zu Filbingers 75. Geburtstag veranstaltete Bossles »Institut für Demokratieforschung« (IfD) in Würzburg ein Symposium. 1993, zum 80. Geburtstag Filbingers, erschien dann wieder eine Festschrift. Der Titel: *Deutschland als Kulturstaat.* Herausgeber war natürlich wieder Lothar Bossle, der neben Bundeskanzler Helmut Kohl und Finanzminister Theo Waigel auch eine ganze Reihe von prominenten Grabesrittern als Autoren gewonnen hatte, allen voran Johannes Binkowski, den früheren Statthalter des Ritterordens und Präsidenten des Bundesverbandes Deutscher Zeitungsverleger, sowie Konfrater Karl Holzamer, vormals Intendant des ZDF. Im Vorwort, wieder aus der Feder Bossles, wurde der frühere NS-Richter als »eine würdige Verkörperung der Synthese von politischer und geistiger Verantwortung« dargestellt. Weiter hieß es über Filbinger: »Er ist ein Repräsentant deutscher Kulturstaatlichkeit.«

✳

Lothar Bossle ist ein umtriebiger Mann. Er ist Mitglied von mindestens zwölf einschlägigen Organisationen. Er spinnt Fäden zu zahlreichen Vereinen, Zirkeln und Stiftungen, die sich am rechten Rand der

Union und darüber hinaus tummeln und in deren Vorständen, Kuratorien und Beiräten immer wieder dieselben Namen auftauchen – oft die von Grabesrittern. Bei der Paneuropa Union (PEU) beispielsweise trifft Bossle auf Ordensbrüder wie Hans Filbinger und Josef Stimpfle, Altbischof von Augsburg und wegen seiner PEU-Mitgliedschaft auch »Eurobischof« genannt. Im Mai 1994 war Bossle Referent in der »Zeitgeschichtlichen Forschungsstelle Ingolstadt« (ZFI). Die Veranstaltungen dort zielen im wesentlichen auf eine Verharmlosung des nationalsozialistischen Regimes und seiner Verbrechen. Vorsitzender der ZFI ist Alfred Schickel, der wiederum in Filbingers Studienzentrum schon als Redner auftrat.

Schickel ist berüchtigt für seine revisionistischen Thesen. Er bezeichnete etwa die Ermordung von 500000 Sinti und Roma im Dritten Reich als »Zahlenfiktion«. Wegen solcher Äußerungen feierte ihn die rechtsextremistische Monatszeitschrift *Nation und Europa* schon als »Legendenkiller«. Groß war auch der Jubel, als Schickel 1989 das Bundesverdienstkreuz erhielt. Er habe den Orden für seine Arbeit gegen »Unkenntnis, Vorurteil und Desinformation« bekommen, schrieb der »Junge Weikersheimer« Hans-Ulrich Kopp in der rechtsradikalen Wochenzeitung *Junge Freiheit*. Schickel bekam das Verdienstkreuz auf Vorschlag des damaligen bayerischen Ministerpräsidenten Max Streibl – auch er ein prominentes Mitglied im Ritterorden vom Heiligen Grabe.

1993 mußte Streibl wegen der sogenannten Amigo-Affäre von seinem Amt zurücktreten, weil bekannt geworden war, daß er mehrmals auf Kosten eines Unternehmens in Urlaub gefahren war. Wie im Fall Filbinger versuchte nun Lothar Bossle den Ruf seines Ordensbruders Streibl zu retten. Bei einem Seminar der Weikersheimer Hochschulwochen im September 1994 verriet der Würzburger Professor den dort teilnehmenden Studenten: »Die Amigo-Affäre ist eine Erfindung der linken Medien.«

Bossles wichtigste Basis für seine politischen Unternehmungen ist das von ihm gegründete »Institut für Demokratieforschung« (IfD). Im Vorstand des Instituts sitzt der frühere Bundesbauminister und Grabesritter Oscar Schneider. Der wissenschaftliche Beirat des Instituts wird gar von Glaubenskriegern dominiert: »Herr Augustinus« Heinrich Graf Henckel von Donnersmarck, Hans Filbinger sowie die Professoren Gundolf Keil und Heinz Kiefer.

Bis zu seinem Tod war auch Grabesritter Wilhelm Arnold Mitglied dieses Gremiums. Dem ehemaligen Wehrmachts-Psychologen Arnold verdankt Bossle seine Karriere an der Universität Würzburg. Obwohl sich 1977 weite Teile der Alma mater gegen Bossle ausgesprochen hatten, bekam dieser gleichwohl eine Professur an der Würzburger Universität. Professor Arnold sorgte dafür, daß das bayerische Kultusministerium den gelernten Diplompolitologen Bossle auf einen gerade vakanten Lehrstuhl für Soziologie berief. Seine Finger im Spiel hatte dabei auch Franz Josef Strauß. »Dieser Mann würde jeder bayerischen Universität zur Zierde gereichen«, sagte er einmal über Bossle.

Dafür revanchierte sich Bossle, indem er 1979 mit der Gründung einer »Liberal-Konservativen Aktion« als möglicher vierter Partei die CDU dazu nötigte, Strauß zum Kanzlerkandidaten zu küren. In der »Liberal-Konservativen Aktion« trommelte Bossle gegen den »freudlosen Zwangssozialismus à la Wehner und Brandt«.

Kurz vor Bossles umstrittenem Ruf an die Würzburger Universität übernahm der Völkerrechtler Dieter Blumenwitz den Lehrstuhl des emeritierten Grabesritters Friedrich August Freiherr von der Heydte. Blumenwitz und Bossle kannten sich schon länger, sie verband überdies ein großes Interesse am Regime des chilenischen Diktators Ugarte Pinochet. Das »Institut für Demokratieforschung«, das sich nach Bossles Angaben mit Forschungsaufträgen von Bundesministerien finanziert, kooperierte mit der Universidad Católica in Santiago de Chile. Im September 1979 veranstaltete das IfD in Würzburg ein Symposium mit dem Thema »Neue Institutionalität in Lateinamerika«. Anwesend waren auch Maximiano Errázuriz, ehemaliger Agent der chilenischen Geheimpolizei DINA, und Jaime del Valle, ein späterer Außenminister des Pinochet-Regimes. Auf dem Symposium hieß es, das Ziel der damals sechs lateinamerikanischen Militärregierungen sei eine »Neue Demokratie«. »Die Militärdiktatur ist notwendig im Kampf gegen die Wirren der Entkolonialisierung.« Und: »Die Machtergreifung durch das Militär ist die ›rettende Tat‹ gegenüber Anarchie, Korruption und Dekadenz.« Die Äußerungen stammten allerdings nicht aus dem Mund der anwesenden Chilenen, sondern aus dem von Dieter Blumenwitz.

Wenig später besuchte Franz Josef Strauß Chile, und Diktator Pinochet bat ihn darum, ihm bei der Ausarbeitung einer neuen Verfassung zu helfen. Der bayerische Ministerpräsident habe, erzählte später sein Referent, »seinen Freund, den Würzburger Professor Bossle«, und mit ihm dessen Kollegen Blumenwitz gebeten, »für Pinochet etwas Passendes auszuarbeiten«. Der Bitte kamen beide natürlich gern nach. Und tatsächlich erhielt Chile 1981 eine neue Verfassung, die das Amt des Staatspräsidenten mit diktatorischen Vollmachten ausstattete.

In den achtziger Jahren reisten Bossle und Blumenwitz häufiger nach Chile. Allein viermal besuchte Bossle, zuletzt im März 1985, die deutsche Siedlung »Colonia Dignidad«, die längst den Ruf hatte, ein Folterzentrum des chilenischen Geheimdienstes zu sein. Er habe dort nach Menschenrechtsverletzungen geforscht, versicherte Bossle, nachdem seine Visiten in der »Colonia Dignidad« in Deutschland bekannt geworden waren.

1987 besuchte Bossle zusammen mit seinem Konfrater Ludwig Martin, Ex-Generalbundesanwalt, Chile. Beide nutzten die Gelegenheit, dem Diktator Pinochet die Hand zu schütteln. Martin ist Ehrenpräsident der Internationalen Gesellschaft für Menschenrechte (IGFM) – einer weiteren zwielichtigen Organisation.

Rosemarie Fleischmann, Lateinamerika-Referentin der IGFM, begleitete die Ordensbrüder Bossle und Martin auf ihrer Reise durch Chile. Als sie später einen kritischen Bericht über die Menschenrechtsverletzungen im Pinochet-Regime verfaßte, bekam sie Schwierigkeiten mit Vorstandsmitgliedern der IGFM. Auch Grabesritter Martin gab ihr zu verstehen, sie solle das mit der Folter nicht zu eng sehen. Als Rosemarie Fleischmann noch erfuhr, zu welchen rechtsradikalen Organisationen die IGFM Kontakt hielt, trat sie aus der Organisation aus.

*

Ende 1988 geriet Bossle bundesweit in die Schlagzeilen. Der *Zeit*-Autor Otto Köhler hatte sich die Mühe gemacht, eine Vielzahl von Doktorarbeiten zu lesen, die Bossle betreut und abgesegnet hatte. »Jeder Dreck kann hier als Dissertation durchgehen«, lautete das niederschmetternde Ergebnis. Allein die Themen, die sich Bossle für seine Doktoranden ausgedacht hatte, sorgten für Erheiterung – nicht nur bei Soziologen: »Aufzeichnung und Analyse von Augenbewegungen mit Hilfe eines elektrischen Verfahrens« zum Beispiel.

An einer seiner schönsten Ideen, der »Soldatenwallfahrt nach Lourdes«, bissen sich die Studenten allerdings die Zähne aus. 1982 versuchte sich der erste Doktorand daran, fand Köhler heraus. 1985 jedoch wurde das gleiche Dissertationsthema Franz-Georg Strauß angeboten. Der Sohn von Franz Josef Strauß trat allerdings die Promotion bei Professor Lothar Bossle nicht an.

Ein weiterer Skandal bestand darin, daß Bossle an den Werken seiner Doktoranden verdiente: Der Creator-Verlag, in dem die meisten Dissertationen von Bossle gegen Bezahlung gedruckt wurden, war im Besitz von Bossle und seiner Ehefrau Eva-Maria, Ordensdame vom Heiligen Grabe.

Bossles Soziologie-Institut an der Würzburger Universität kam in den Ruf, eine »wohleingerichtete Doktoren-Fabrik« (*Die Zeit*) zu sein, zumal bekannt wurde, daß Achmad Manullang, ein ehemaliger indonesischer Geheimdienstmann, bei Bossle binnen sechs Monaten über den »Weg zur Demokratie in Indonesien« promovieren konnte. Bei der Blitzpromotion sollen 65 000 DM eine Rolle gespielt haben.

Schließlich beschäftigte sich auch der Bayerische Landtag mit Bossles »Doktor-Fabrik«: Dabei kam heraus, daß Lothar Bossle, der als Grabesritter dem Papst »ewige Treue« geschworen hatte, Kontakte pflegte zu Organisationen der »Vereinigungskirche« des Südkoreaners San Myung Mun, besser bekannt als Mun-Sekte.

Die rechte Politsekte betreibe, wie ein Urteil des Oberlandesgerichts Frankfurt am Main bestätigte, Psychoterror, der bei Jugendlichen zu Selbstmord führen könne. Des weiteren proklamiere die Sekte ein faschistisches System und bediene sich krimineller Methoden, hieß es in besagtem Urteil.

Zuerst stritt Bossle alles ab. Dann kamen Belege auf den Tisch: Bossle war auf Einladung der »Professors World Peace Academy« (PWPA), einer Tarnorganisation der Mun-Sekte, nach Seoul gereist und hatte dort an einem Kongreß teilgenommen. Daraufhin behauptete Bossle, die Bischöfe Stimpfle (Augsburg) und Scheele (Würzburg) hätten ihr Einverständnis dazu gegeben, daß er sich einmal »die Sache« vor Ort anschaue. Stimpfle, obwohl Bossles Konfrater bei den Rittern vom Heiligen Grabe, bestritt das vehement, während Scheele sich nicht äußerte. Bossle verfiel auf eine andere Ausrede: Er habe natürlich gewußt, wer hinter der PWPA stecke und umgehend über seine Erlebnisse in Südkorea Ministerpräsident Strauß und dem Kultusminister Bericht erstattet. Warum er allerdings in diversen Publikationen der Mun-Sekte mit Beiträgen vertreten war, dazu äußerte sich Bossle nicht. Wenig später reiste Bossle nach Salzburg – zu einem Treffen des Mun-Ablegers PWPA.

Damit nicht genug der zwielichtigen rechten Politsekten, in denen Lothar Bossle sich zu Hause fühlt. Bei Kongressen des »Vereins zur Förderung der psychologischen Menschenkenntnis« (VPM) tauchte Bossle auf der Referentenliste auf.

Der VPM hat ein klar umrissenes Feindbild: liberale Drogen-Politik und Aids-Aufklärung (»pornographische Propaganda«) und die »Neue Linke«. Die Sekte behauptet von sich, sie sei ein »psychologisch-pädagogisch orientierter inter-disziplinärer Fachverein«, der sich einer »naturrechtlich-christlichen Ethik verpflichtet« fühle und in dem »Forschungsergebnisse zu Fragen der Ethik, der Wertebildung und -erhaltung besondere Berücksichtigung finden«. Das Amtsgericht Rottweil hingegen kam in einem Urteil von 1991 zu dem Schluß, daß eine schriftliche VPM-Selbstdarstellung als Dokument »wahnhaft-paranoider Gruppen-Phantasien« bezeichnet werden dürfe.

Der Verein zur Förderung der psychologischen Menschenkenntnis, der seine Mitglieder vorwiegend in Akademikerkreisen rekrutiert, hat auch in Filbingers »Denkfabrik« Fuß fassen können. Die Tübinger VPM-Vorsitzende Eva Maria Müller-Föllmer durfte dort 1993 eine Arbeitsgruppe zum Thema »Familiäre und soziale Bindungen« leiten. Wenig später forderte per Rundschreiben Albrecht Jebens, der Geschäftsführer des Studienzentrums und persönliche Referent von Filbinger, die rund 500 Mitglieder auf, einen Kongreß des »Vereins zur Förderung der psychologischen Menschenkenntnis« zu besuchen: »Es ist auch in unserem Sinne, wenn Sie an dieser wirklich anspruchsvollen Tagung teilnehmen, die Ihnen erhellende wegweisende Gedanken und Erkenntnisse vermitteln wird.« Bei dem Kongreß sei das Studienzentrum durch mehrere seiner prominenten Mitglieder, wie etwa Lothar Bossle, vertreten.

Der Hauptsitz der Sekte, die zirka 4000 Mitglieder hat, befindet sich in einer Villa in Zürich. Von hier aus steuern die Präsidenten des Vereins die Prozeßflut, mit der sie ihre Kritiker überschwemmen.

Dem VPM-Aussteiger Rudolf Isler, der sein Insider-
wissen publik machte, schrieben sechs VPMler
zunächst einen Brief (»Lieber Ruedi«). In dem viersei-
tigen Schreiben zielten sie zuerst auf Islers Schuldge-
fühle (»Weißt Du noch, Ruedi, wieviel Verständnis
und Unterstützung Du ... erfahren hast? Wir waren ja
dabei!«), dann versuchten sie ihm eine psychische In-
stabilität einzureden (» ... Du erinnerst Dich: unbear-
beitete Affekte, Brüllen, Unpünktlichkeit, Flirten
etc.«), und letztendlich suggerierten die Schreiber,
Rudolf Isler sei nicht nur ein schlechter, sondern für
schöne Schulmädchen auch ein gefährlicher Lehrer.
(»Im übrigen warst Du aber stets damit absorbiert, ein
Lächeln oder einen Blick einer minderjährigen Gym-
nasiastin zu erhaschen, anstatt, wie es z.B. geplant
war, mit ihr Lateinwörter zu lernen.«)
    Später griffen zwei VPM-Mitglieder zu weniger
subtilen Methoden: Sie versuchten Telefon und Wohnung des Aussteigers abzuhören, nahmen seine Post
aus dem Briefkasten und fertigten davon Kopien an,
die einer der beiden zum VPM-Hauptquartier brachte.
Die Sache flog schließlich auf, weil die Abhöranlage
entdeckt worden war. Das VPM-Präsidium distan-
zierte sich dann schnellstens von diesen Verfehlungen zweier Mitglieder.
    1993 wollte die damalige Jugendministerin Angela
Merkel den VPM in eine Broschüre über jugendge-
fährdende Sekten aufnehmen. Der VPM klagte gegen
die Ministerin und gewann in erster Instanz. Eine
VPM-Liste, die später bekannt wurde, enthielt eine
Auswahl von »70 Persönlichkeiten, die sich beim
Bundesministerium für Frauen und Jugend und/oder
beim Kanzleramt dafür eingesetzt haben, daß der

VPM nicht in die geplante Broschüre aufgenommen wird«. Darunter waren CDU-Hardliner wie Heinrich Lummer, Albrecht Jebens vom Studienzentrum Weikersheim und Grabesritter Franz-Josef Große-Ruyken, Augenarzt und ehemaliger Präsident der Landesärztekammer Baden-Württemberg. Gleichzeitig wurde eine ganzseitige VPM-Solidaritätsanzeige in der *Frankfurter Allgemeinen* geschaltet. Titel:»Wo ist Ihr Mut zur Ethik, Frau Dr. Merkel?« Einer der Erstunterzeichner: Konfrater Hans Filbinger.

Keine Quittung von Seiner Eminenz

*Dubiose Geschäfte des
Ordens-Großmeisters
Kardinal Eugène Tisserant*

»In Unschuld will ich meine Hände waschen und den Altar umschreiten, Herr. Da will ich Deinen Lobgesängen lauschen, will preisen alle Deine Wundertaten ... Gott, laß mich nicht zugrunde gehen mit den Sündern, mein Leben nicht verlieren mit den Menschen voll von Blutschuld. An ihrer Hand klebt Frevel, und voll ist ihre Rechte mit Geschenken. In Unschuld komme ich zu Dir; erlöse mich und sei mir gnädig.«

Aus dem Gebetbuch *Miles Christi*
der Ritter vom Heiligen Grabe

Am 27. Februar 1972, gegen Mittag, kam Vincent Rizzo nach einem Nachtflug aus New York im Münchner Hotel Palace an, trug sich an der Rezeption ein und bezog das Zimmer Nr. 354. Eine Stunde zuvor war in die Nachttischlampe eine Wanze eingepflanzt und eine Funkverbindung zu einem Tonbandgerät im Zimmer Nr. 350 hergestellt worden. Dort warteten seitdem ein Techniker der lokalen CIA-Residenz, zwei amerikanische Kriminalbeamte und drei Münchner Kollegen. Sie verfolgten in ihren Kopfhörern, wie Rizzo das Zimmer betrat, den Inhalt seines Koffers in Schubladen und Schränke verteilte, sich auf dem Bett niederließ und eine Telefonnummer wählte.

Vincent Rizzo, rund 40 Jahre alt, gerissen und völlig skrupellos, gehörte zur »Familie« von Charles »Lucky« Luciano. Der Boß hatte den pockennarbigen Capo nach München geschickt. Er sollte sich um ein »riesiges Ding« kümmern, eine gigantische Transaktion mit sogenannten »blue chips«, gefälschten Aktien im Nominalwert von annähernd einer Milliarde Dollar. Die von Ricky Jacobs, einem Spezialisten der »Familie« in Los Angeles nachgemachten Zertifikate u. a. von IBM, Coca-Cola, Chrysler und Boeing hätten schon im Herbst 1971, als Sicherheit für einen entsprechenden Kredit, auszuzahlen in DM oder

175

Schweizer Franken, in den Safe einer Großbank wandern sollen; doch dann war irgend etwas schiefgelaufen.

Detective Sergeant Joseph J. Coffey jr., Leiter der Kommission für Organisierte Kriminalität im New York City Police Department, war Rizzo schon seit einigen Monaten auf den Fersen. Durch eine Telefonüberwachung hatte er von den geplanten Verhandlungen in Deutschland erfahren. So konnte er dem Mafioso nach München vorauseilen und das bayerische Landeskriminalamt zur Unterstützung bei den Ermittlungen bewegen.

Rizzo hatte telefonisch zwei deutsche Geschäftspartner ins Hotel bestellt. Sie ließen sich eine Flasche Scotch aufs Zimmer kommen, und als Coffey und seine Kollegen im Nachbarzimmer durch ihre Kopfhörer die Gläser klingen hörten, lachten sie sich zu, weil sie ahnten, daß die da drüben nun zur Sache kommen würden. Das Tonband lief. Rizzo erzählte den anderen gerade von Ricky Jacobs aus Los Angeles, der für die Fälschungen zuständig war, und dessen österreichischem Freund, einem Dr. Ledl, der das Geschäft offenbar eingefädelt hatte.

»Dieser Dr. Ledl konnte sich nicht mit Ricky unterhalten, weil Ricky kein Deutsch und er kein Englisch spricht. Und Ricky sagte zu mir: ›Bitte frag ihn, was er will. Was will er für seine Freunde in Rom?‹ So erfuhr ich, daß sie ein Geschäft in Rom laufen hatten. Dieses Geschäft würde mit seinen Leuten im Vatikan gemacht werden, und Dr. Ledl sagte: ›Oh, ich brauche diese Ware.‹«

»Yeah, gefälscht!« stieß einer der beiden Gäste von Rizzo entzückt aus.

»Und Ricky fragte mich nicht ein- oder zwei- oder dreimal, sondern zwanzigmal«, ließ sich Rizzo wieder im Kopfhörer vernehmen. »Er fragte: ›Ist er ganz sicher, daß die Leute in Rom, im Vatikan, seine Freunde, daß sie Fälschungen wollen?‹ Und Dr. Ledl sagte: ›Sie wollen alles, was ich kriegen kann. Ich kann nur sagen, jawohl, das ist es, was sie wollen.‹«

Joe Coffey und seine deutschen Kollegen, fast alle, wie sich hinterher herausstellte, gutgläubige Katholiken, starrten einander entsetzt an. Selbst jene, die kein Englisch verstanden, hatten das Wort Vatikan aufgeschnappt. »Unmöglich«, flüsterte einer der LKA-Beamten, »das kann nicht wahr sein!«

Doch es konnte keine Zweifel geben: Dieser Dr. Ledl versuchte offenbar mit Hilfe der amerikanischen Mafia, Wertpapiere zu fälschen, und seine Auftraggeber saßen im Vatikan. Was Joseph Coffey und auch Vincent Rizzo im Nachbarzimmer nicht wußten: Der Drahtzieher in Rom war seit zehn Tagen tot.

∗

Eugène Kardinal Tisserant, lange Jahre Dekan des Heiligen Kardinalskollegiums und als solcher gewissermaßen zweiter Mann der katholischen Kirche, war am 21. Februar 1972, um 20.40 Uhr, in der Klinik Regina Apostolorum der Paulaner-Schwestern in Albano Laziale gestorben. Zwei Nächte zuvor, so berichtete Tage später *L'Osservatore Romano*, das Organ des Heiligen Stuhls, »hatte ihn eine Übelkeit überkommen, die er mit großer Geduld ertrug«. Von Stund an ging es rapide bergab. Papst Paul VI. schickte daraufhin Kardinalstaatssekretär Jean Villot, »um seinen speziellen Segen zu überbringen«. Tisserant empfing ihn »mit Dankbarkeit und brachte erneut die Gefühle seiner unerschütterlichen Verehrung gegenüber dem Stellvertreter Christi zum Ausdruck«. Danach ließ der 87jährige Kardinal seinen Freund kommen, den französischen Pater Georges Roche, der ihm die Sterbesakramente spendete.

Noch am Abend seines Todes durchstöberten Kurienbeamte die feudalen Gemächer Tisserants im Vatikan und ein zweites Büro in einem Seitentrakt des Hotel Columbus, um Tagebücher in Sicherheit zu bringen, in die der Kardinal und Großmeister des Ritterordens vom Heiligen Grabe über einen Zeitraum von 60 Jahren hinweg, Tag für Tag, Notizen und Anmerkungen eingetragen hatte. Auf Anweisung von Papst Paul VI. sollten die Aufzeichnungen konfisziert und in Verwahrung genommen werden. Doch irgend jemand war den Männern zuvorgekommen.

✳

Hotel Palace München, Zimmer 350, eine Woche später: Joseph Coffey lauschte noch immer mit größter Anspannung, was zwei Zimmer weiter deutsche Ganoven dem Mafioso aus New York, Vincent Rizzo, über diesen Dr. Ledl und seine Geschäfte mit dem Vatikan berichteten.

»Glaub' mir, ich kenne ihn«, redete jetzt einer der beiden Deutschen auf Rizzo ein, »ich saß im Auto von Dr. Ledl. Du kannst dir die Situation da nicht vorstellen. Und ich sah, daß er gar kein Doktor ist. Und er verlor drei Finger. Und in Deutschland sagen die Leute, wenn du jemandem nicht traust, darfst du ihm nicht die Hand geben, weil dir dann die Finger fehlen.«

Rizzo lachte schallend. Als er sich beruhigt hatte, fragte er, ob die Ware tatsächlich zu diesem Freund von Dr. Ledl geliefert worden sei. »Erinnerst du dich dran? Von den Nonnen und den Heiligen aus dem Kloster und so Zeug.«

»Ja, hab' ich gehört«, fiel ihm der andere ins Wort, »wart' mal, Rosario. Rosario oder so was Ähnliches!«

Dann wechselten sie das Thema, sehr zum Verdruß von Detective Coffey und seiner bayerischen Kollegen. Der Mafioso hatte offenbar noch Geld von einem seiner beiden deutschen Gäste zu bekommen. Schließlich verabredeten sie sich für den nächsten Tag. Dann wurde die Zimmertür geöffnet, und einen Moment später schlurften drei Gestalten über den Gang, vorbei an Nr. 350. Rizzo begleitete seine Besucher zum Fahrstuhl.

Erschöpft rissen die Lauscher ihre Kopfhörer herunter, wischten sich den Schweiß von der Stirn und hielten das Tonbandgerät an. Keiner sagte etwas. Sie waren gerade Ohrenzeugen einer unglaublichen Geschichte geworden: Da gab es offenbar einen Dr. Ledl, der gar kein echter Doktor war. Da gab es Leute im Vatikan, mit denen er zusammenarbeitete. Da gab es gefälschte Wertpapiere, die Ledl an diese Leute geliefert hatte oder immer noch lieferte. Und da gab es ein Nonnenkloster, das dabei eine Rolle spielte.

Minuten später hing Joe Coffey am Telefon, um seine Erkenntnisse an das FBI in Washington durchzugeben. Man gratulierte ihm, daß er Rizzo erfolgreich »verwanzt« hatte, schien an den Zusammenhängen mit dem Heiligen Stuhl aber nicht sonderlich interessiert.

Coffey war befremdet. Irgend etwas stimmte da nicht. Was aber steckte hinter der Sache? Er wollte es wissen.

*

Der französische Kardinal Eugène Tisserant war 1884 als Sproß einer alteingesessenen lothringischen Tierarzt-Dynastie in Nancy geboren und, nach Studien unter anderem in Jerusalem, 1907 zum Priester geweiht worden. Wegen seiner Vorliebe für orientalische Sprachen, darunter Hebräisch und Arabisch, berief ihn der Heilige Stuhl bereits ein Jahr später an die Vatikanische Bibliothek in Rom und setzte ihn überdies als Sprachlehrer für Assyrisch am päpstlichen Institut Apollinaire ein.

Kurz nach dem Ausbruch des Ersten Weltkrieges wurde Tisserant zur französischen Armee einberufen und als Artillerie-Offizier nach Palästina und Syrien geschickt. Nach dem Krieg kehrte der französische Patriot in Begleitung seines Freundes Monsignore Achille Ratti nach Rom zurück. Ratti machte schnell Karriere am Heiligen Stuhl und bestieg 1922 als Pius XI. den päpstlichen Thron; 1936 ernannte er Tisserant zum Kardinal.

Der streng konservative Gottesmann, der strikten Gehorsam predigte, als hätte er die militärischen Gepflogenheiten der Kriegsjahre verinnerlicht, der dementsprechend kurz und bündig, im Befehlston, sprach und dennoch einen sehr unkonventionellen Lebenswandel pflegte, bekleidete mehr als drei Jahrzehnte lang die verschiedensten Ämter am Heiligen Stuhl. Er war Leiter einer ganzen Reihe von Kongregationen, wie die Ministerien im Vatikan heißen, päpstlicher Berater und Reisebegleiter, Leiter der Bibliothek und des Geheimarchivs, Zeremonienmeister und Finanzmanager, und er blieb omnipotenter Drahtzieher im Zentrum der katholischen Kirche selbst dann noch, als er, aufgrund einer allgemeinen Verfügung Pauls VI., am 21. März 1964, an seinem 80. Geburtstag, seine Ämter zur Verfügung stellen mußte. Von 1962 und bis zu seinem Tode bekleidete Kardinal Tisserant das Amt des Großmeisters im Ritterorden vom Heiligen Grabe zu Jerusalem.

Seine rauhen Umgangsformen und Manieren, seine arroganten Attitüden machten Eugène Tisserant zwar zu einem starken Kurienkardinal, dessen Einfluß sich kein Papst zu entziehen vermochte, weder sein Freund Pius XI. noch danach Pius XII., Johannes XXIII. und Paul VI.; sein Gehabe, das Widerspruch nicht duldete, ließ aber auch Feindschaften gedeihen, wie jene zu Josefine Lehnert, der Tochter eines bayerischen Bauern. Als Schwester Pasqualina war sie Haushälterin des damaligen päpstlichen Nuntius in Deutschland, Monsignore Eugenio Pacelli, geworden; sie hatte ihn begleitet, als er in Rom erst zum Kardinal geweiht, dann zum vatikanischen Staatssekretär ernannt und schließlich, 1939, zum Pontifex maximus gewählt wurde und den Namen Pius XII. annahm. Schwester Pasqualina, die Nonne und Beraterin des Pacelli-Papstes, und Eugène Tisserant, der Kardinal und mächtige zweite Mann in der Vatikan-Hierarchie, waren zutiefst verfeindete Persönlichkeiten. Ihr Streit nahm bisweilen groteske Formen an, wie an jenem Tag, an dem Pasqualina einen wichtigen Termin Tisserants bei Pius XII. kurzerhand platzen ließ, weil sie just die-

181

sen Zeitpunkt für den Hollywood-Schauspieler Gary Cooper reserviert hatte, der einige Stunden in Rom weilte, oder als sie telefonisch die Schweizergarde ins Vorzimmer des Heiligen Vaters kommandierte, um mit deren Hilfe Tisserant nach beleidigenden Schimpftiraden hinauswerfen zu lassen.

Tisserant, der rauschebärtige Egomane, legte sich auch mit vielen hochrangigen Prälaten im Vatikan an. Sprichwörtlich war sein »Basta!«, eine für jedermann unmißverständliche und unwiderrufliche Entscheidung, wie einer seiner deutschen Ordensbrüder, der Großkreuzritter und Rechtsanwalt Lorenz Höcker, schrieb. Er war eigensinnig und beschritt oft ungewöhnliche Wege, wenn er überzeugt war, daß es der »heiligen Sache« nützen könnte.

»Der heilige Purpur irrt sich nie«, zitiert »Herr Augustinus«, Heinrich Graf Henckel von Donnersmarck, »graue Eminenz« der deutschen Grabesritter, seinen väterlichen Freund, der ihn 1961 zum Priester weihte und dann 1967 in Mailand zum Ritter vom Heiligen Grabe investierte. Deshalb auch läßt »Herr Augustinus« nichts auf Eugène Tisserant kommen: »Er war eine starke Persönlichkeit ... und wußte genau, was der Orden tun sollte und was nicht.«

✳

Ein Wiener Vorort. Leopold Ledl hat sich längst einen neuen Namen zugelegt. Seine Villa gleicht einer Festung: Alarmanlage, schußsichere Fenster und hünenhafte Killerhunde, zwei Mastino Napolitano. Der Mann ist vorsichtig, seit einige seiner früheren Mafiafreunde unter merkwürdigen Umständen ums Leben gekommen sind. Verschiedene Gaunereien haben Ledl ein paar Jahre Gefängnis, ein paar gut gefüllte Bankkonten – aber auch ein paar nachtragende Feinde eingebracht. Daß an seiner rechten Hand drei Finger fehlen, ist indes kein Zeugnis später Rache, sondern früher Ungeschicklichkeit: Ledl begann seine Karriere als Metzger.

Der Kardinal »war mir gegenüber stets jovial, umgänglich, ja witzig«, erinnert sich Ledl, der nach eigener Darstellung zu seinem 35. Geburtstag von Tisserant ein goldenes, vom Papst geweihtes, etwas überproportioniertes Kreuz mit Halskette geschenkt bekam, das er noch heute trägt, sogar über dem T-Shirt. Der österreichische Ganove hat sich nach eigenem Bekunden häufig mit dem mächtigen Großmeister des Ritterordens im Vatikan zum Pfefferminztee getroffen, um über »Geschäfte verschiedenster Art zu sprechen, für die man nicht unbedingt einen Klosterbruder oder die Mutter Teresa« einsetzen konnte. »Er begrüßte mich fast stereotyp mit den Worten: ›Ach, mein guter Freund Johann Strauß aus Wien ist hier. Erzählt mir einen guten Witz!‹«

Ende 1968 habe er seine »Weihe zum Strohmann des Vatikans« erhalten, behauptet Ledl, der sich darauf berufen kann, daß er seine Aussagen zum »Fall Tisserant« später vor italienischen Untersuchungsrichtern gemacht hat und daß seine Darstellung im wesentlichen durch Ermittlungsergebnisse des FBI gedeckt wird, über die der amerikanische Journalist Richard Hammer 1982 berichtete – unter Verwendung der Abhörprotokolle aus dem Münchner Hotel Palace. »Herr Augustinus« indes, den wir hier noch einmal zitieren möchten und der Hammers Buch über die Affären seines geistlichen Ziehvaters natürlich gelesen hat, steht dem Kardinal-Großmeister gleichwohl post mortem bei: Was das FBI behauptet, formuliert er volkstümlich, sei ja nicht »unbedingt erste Sahne«. Und er habe sicher »die ein wenig besseren Quellen im Vatikan«.

Als er nach umfangreicher Überprüfung seiner nicht sonderlich katholischen Vita »als würdig befunden« wurde, »im Auftrag des Vatikans Finanzierungsmöglichkeiten zu erkunden«, hätten ihn seine Auftraggeber mit den nötigen Dokumenten ausgestattet, sagt Ledl. Tisserant habe ihm geraten, »bei harmlosen Reisen« seinen österreichischen Reisepaß, »bei Geldtransporten« seinen Diplomatenpaß der Republik Burundi zu benutzen, den er ein Jahr zuvor, neben seinem Doktortitel, dank guter Geschäftsverbindungen von der Regierung des ostafrikanischen Zwergstaates erhalten hatte; und »zur Sicherheit« habe ihm der Kardinal auch noch einen roten Diplomatenpaß des Vatikanstaates ausgehändigt.

Das erste Geschäft, das dem Heiligen Stuhl einen erklecklichen Gewinn brachte, wickelte Ledl wenige Monate nach der berüchtigten Enzyklika *Humanae vitae,* in der Paul VI. die Verwendung der Antibabypille geißelte, ab. Es ging dabei – Treppenwitz der Kirchengeschichte – um eine stattliche Lieferung von Antibabypillen. Drei Millionen Tabletten sollten von Frankreich über Andorra ins erzkatholische Franco-Spanien geschmuggelt werden. Ledl: »Nachdem ich dem Kardinal versichert hatte, daß ich für eine umsichtige Organisation des Tarntransports sorgen würde, willigte er ein, ohne irgendwelche moralischen Bedenken anzumelden«, und händigte den Betrag – 100 000 Dollar – zur Finanzierung des Deals aus.

Als Ledl Wochen später nach Rom zurückkehrte, brachte er in seinem braunen Krokodillederkoffer 200 000 Dollar mit; die verabredete Provision von 20 000 Dollar hatte er schon abgezweigt. »Freudestrahlend« habe Tisserant das Geld in Empfang genommen und in seinem Schreibtisch verstaut. Es folgten weitere Aktionen, auch Waffengeschäfte, die der Großmeister des Ritterordens finanzierte und die dem Vatikan bis zu dessen Tod, wie Ledl behauptet, rund 35 Millionen Dollar eintrugen.

＊

Der Brief war explosiven Inhalts: Im Juni 1969, zeitgleich mit Ledls ersten Operationen im Auftrag des Vatikans, wandte sich ein französischer Grabesritter an einen deutschen Konfrater und berichtete ihm über ein Gespräch mit dem Generalgouverneur des Ordens in Rom, Großkreuzritter Nicolò Rizzi. Dieser habe dabei die Überzeugung geäußert, daß Kardinal Tisserant aus nicht ganz offensichtlichen Gründen »sehr viel Geld« benötige. Anläßlich einer Investiturfeier in München sei dem Großmeister vom deutschen Statthalter, Alois Hundhammer, dem erzkonservativen bayerischen Staatsminister a. D. und Gegenspieler von Franz Josef Strauß in der CSU, ein »Scheck über 50 000 DM und ein bißchen mehr« zugesteckt worden.

Es war offenbar nicht das erste Mal: Schon bei einer Ordensfeier im Juni 1965 in Aachen, als der damalige Bundeskanzler Konrad Adenauer in den Ritterorden aufgenommen wurde, will ein Augenzeuge beobachtet haben, wie ein deutscher Konfrater Tisserant einen Umschlag, prall gefüllt mit Bargeld, zuschob, was dieser mit den Worten quittierte, es werde »von einem Kardinal wohl keine Spendenbescheinigung erwartet«.

*

Wozu brauchte der mächtige Kurienkardinal das Geld? Und vor allem: Woher stammten die Summen? Handelte es sich um private Zuwendungen vermögender Ritter, kleinere Kollekten oder Gelder ungeklärten Ursprungs?

Angeblich wollte Tisserant einen Teil »kirchlichen Hilfswerken in der Dritten Welt zukommen lassen«, erinnert sich Ledl. Sicherlich ging es auch darum, daß der Vatikan, wie die mafiosen Bankgeschäfte beweisen, auf die man sich später, nach Tisserants Tod, einließ, immer knapp bei Kasse war. Und womöglich gab es noch andere, inoffizielle Aufgaben, die Tisserant finanzieren mußte. Der französische Kurienkardinal und oberste Grabesritter nahm jedenfalls, was er kriegen konnte, und schlug dabei auch Wege der eher wundersamen Geldvermehrung ein.

Das merkwürdige Finanzgebaren des Ordensgroßmeisters eskalierte im Sommer 1967, als die deutschen Grabesritter eine Sammlung organisierten, um, nach dem Sechstagekrieg mit Israel, jordanische Flüchtlinge zu unterstützen. Mehr als eine Million DM kam dabei zusammen, darunter ein Betrag von 53 000 DM der Bayer AG. Ein Großteil verschwand jedoch auf ungeklärte Weise im römischen Großmeisteramt, unter Tisserants Soutane gewissermaßen.

Auch Einzelspenden, die für konkrete Hilfsprojekte zum Beispiel in Amman vorgesehen waren, kamen nie dort an. Dabei war die Not groß, wie der Ordensritter und damalige deutsche Botschafter in Jordanien, Konfrater Karl Graf von Spreti, seinen Mitbrüdern berichtete: »Die Westbank und Jerusalem leiden unter dem Druck der Besatzungsmächte, der immer unerträglicher wird, und sie versuchen sich auch in die kirchlichen Angelegenheiten einzumischen.«

Die offensichtliche Zweckentfremdung der Spendengelder führte zu vorsichtigen Anfragen einiger deutscher Grabesritter in Rom. Natürlich traute sich niemand, dem Kardinal Unterschlagung vorzuwerfen, nicht einmal hinter vorgehaltener Hand. Aber die Grabesritter kannten die »alte Gegnerschaft« ihres Großmeisters zum katholischen Patriarchat in Jerusalem, wie es in einem Brief aus dieser Zeit heißt. Versuchte Tisserant also, mit den Spendengeldern Politik zu machen und gleichzeitig die Löcher in den Kassen des Vatikans zu stopfen?

Auch Tisserants Generalgouverneur Rizzi trauten viele deutsche Mitbrüder nicht über den Weg; einige unterstellten ihm sogar, Gelder veruntreut zu haben. Der Großmeister reagierte auf die Anwürfe mit der ihm eigenen Art: Er wies die Verdächtigungen als »Propaganda« zurück und verlangte absoluten Gehorsam. Alle Ordensstatthaltereien in der Welt hätten den Anweisungen aus Rom unbedingte Folge zu leisten.

Der deutsche Statthalter, Großkreuzritter Lorenz Höcker, trat daraufhin von seinem Amt zurück – »in die Reihen der Ritterschaft«, wie er es formulierte. Als Nachfolger war der Chef der Deutschen Bank, Konfrater Hermann Josef Abs, von der Bruderschaft ausersehen worden. Doch dieser verknüpfte seine Zustimmung mit Bedingungen, forderte im Oktober 1967 in einem Brief an das Großmeisteramt nicht nur »einen international besetzten Ausschuß, der zu prüfen hätte, welche Einnahmen erzielt und wofür diese verwendet worden sind«, sondern verwahrte sich darüber hinaus gegen eine »falsche Auslese von Mitgliedern«, seien es auch »die reichsten und spendenfreudigsten«. Abs pochte überdies darauf, daß der Orden in Deutschland politischer sein müsse, weil das Land »weit gezogene Grenzen zu Gebieten des kommunistischen Ostens besitzt«, was der Organisation »Verpflichtungen« auferlege. Keine Frage: Der mächtige Mann aus der Bankenwelt, der seit langem über eigene Beziehungen zum Vatikan verfügte, probte den Aufstand.

Wochenlang kam keine Antwort aus Rom, nur über inoffizielle Kanäle drangen Gerüchte über einen wütenden Großmeister an die deutsche Ritterschaft. Dann las Tisserants Generalgouverneur Rizzi seinem Konfrater Abs die Leviten: »Die Regeln des vom Heiligen Vater gegebenen Status«, schrieb er, seien »zwingend und verpflichtend auch für alle Ritter Deutschlands ... Eine Übertretung oder Nichtbeachtung« sei »nicht einmal denkbar«. Mit anderen Worten: Hermann Josef Abs möge sich fügen – oder austreten.

Einige Monate später ließ Großmeister Eugène Kardinal Tisserant verkünden, nicht Abs, sondern Alois Hundhammer sei als neuer deutscher Statthalter erwählt worden. Basta!

✳

Irgendwann im Sommer 1970 lud Kardinal Tisserant seinen »Johann Strauß aus Wien«, Leopold Ledl, wieder einmal zu einem Treffen in den Vatikan ein. »Wie immer«, so erinnert sich dieser, »lag das Flugticket beim Schalter der Alitalia im Flughafen Schwechat bereit.« In Rom war ein Zimmer im Hotel Columbus reserviert, das dem Ritterorden gehört und in dem, in einem Seitenflügel, das Großmeisteramt untergebracht ist. Doch der Kardinal lud nicht in seine dortigen Räumlichkeiten, sondern in seine Residenz im Vatikan, mit den kunstvoll handgewirkten französischen Gobelins an den Wänden, die meist Jagdszenen darstellten und aus Tisserants Familienbesitz stammten.

Ledl berichtete später, wie das damalige Treffen ablief: Ohne Umschweife sei der Kardinal auf die verheerende Finanzmisere des Heiligen Stuhls zu sprechen gekommen, ausgelöst durch Steuerforderungen des italienischen Staates. Er habe sich deshalb entschlossen, Wertpapiere zu erwerben, gefälschte selbstverständlich, die man zu einem Bruchteil ihres Nennwertes kaufen und bei einer Bank als Sicherheit für einen Großkredit deponieren könne. Ledl entgegnete, daß »seine amerikanischen Freunde« keine Krauter seien und sich »nur auf ein solches Geschäft einlassen würden, wenn es sich dabei um einen entsprechend großen und auch für sie lohnenden Brocken handelt«: Unter mehreren hundert Millionen Dollar laufe da nichts. Seine Eminenz war nicht schockiert, erinnert sich Ledl, sondern meinte, er wolle dies mit seinen Vertrauensleuten im Vatikan, Kardinal Giovanni Benelli und Erzbischof Paul Marcinkus, dem Chef der Vatikanbank IOR, bereden.

Einige Wochen später gab Tisserant grünes Licht. Ledl wurde beauftragt, den Einkauf von gefälschten Zertifikaten im Nominalwert von 950 Millionen Dollar zu organisieren – zu einem Preis von 625 Millionen, zahlbar in DM oder Schweizer Franken. Für Ledl und seine Leute sollten 150 Millionen Dollar herausspringen, die gleiche Summe wollte der Kardinal unter dem Strich erlösen, indem er das gesamte Paket bei der Banca di Roma deponierte. Deren Direktor, Mario Barone, so erfuhr Ledl, sei einer von seinen Grabesrittern.

Offenbar hatte Barone der betrügerischen Transaktion bereits seinen Segen geben müssen. Der Bankdirektor, dessen Institut Jahre später mit Hunderten von Dollarmillionen das Finanzimperium seines Schulfreundes, des Mafia-Bankiers Michele Sindona, unterstützte, wurde danach von den italienischen Behörden wegen der kriminellen Transaktionen verhaftet. Aber das ist eine andere Geschichte, über die noch zu berichten sein wird.

✳

Leopold Ledl, Jahrgang 1935, ein Mann mit grobschlächtigem Charme, hatte seine ersten geschäftlichen Erfolge »mit einer selbsterfundenen Teppich-Shampoonier-Bürste«, heißt es im Klappentext seiner Memoiren *Im Auftrag des Vatikans*. Sein Weg war eine »jener steilen, schillernden Karrieren an der Grenze der Legalität, wie die fünfziger und sechziger Jahre sie hervorbrachten«: vom Metzgerlehrling zum Generalkonsul. Freundschaften mit einem griechisch-orthodoxen Erzbischof und dem »lebenslustigen König« von Burundi brachten Ledl allerlei Titel ein, mit denen er einen regen Handel begann. Einmal im zwielichtigen Milieu, knüpfte der Wiener gute Beziehungen zu vielen internationalen »Nachtgestalten«, schließlich auch zur amerikanischen Mafia.

Ledl sitzt im Wintergarten seiner Villa, eingerahmt von Yuccapalmen, Alm-Barock und Christusfiguren. Er sei immer »gläubiger Christ, wenn auch nicht praktizierender Katholik« gewesen und in all den Jahren nicht aus der Kirche ausgetreten. Auch wolle er dem Vatikan nicht schaden – aber die Wahrheit müsse nun einmal gesagt werden. Im Vorwort seiner 1989 erschienenen Autobiographie zitiert er Hermann Hesse: »Der Kirchengott und die Kirche schützen den Menschen, bis hinauf zu den höchsten Beamten der Kirche, vor den gröbsten moralischen Entgleisungen keineswegs.«

Er habe bei diesem von Kurienkardinal Tisserant eingefädelten Coup mit den falschen Wertpapieren von seinen Geschäftspartnern im geistlichen Gewand keinerlei Loyalität erfahren. Der heilige Purpur sei nur an der Ware und an seinem Schweigen interessiert gewesen, vor allem später, als die Sache zu kippen anfing. Und dann kommt der Schlemihl auf den Ritterorden vom Heiligen Grabe zu sprechen. Es sei gewiß kein Zufall, meint er, daß viele Mitspieler bei diesem Millionending Mitglieder in Tisserants Orden waren. Der Großmeister durfte seit Ende 1967, als Papst Paul VI. eine neue Satzung des Ritterordens abgesegnet hatte, jährlich bis zu 30 Aufnahmen und Beförderungen (»motu proprio«), also unter Ausschaltung der jeweiligen Statthaltereien, aussprechen. Die Regelung war ebenso auf Tisserants Bedürfnisse zugeschnitten wie der Verzicht auf ordnungsgemäße Verwendungsnachweise für Spenden und Kollekten. Der Kardinal machte von seinen neuen Befugnissen in der Folgezeit reichlich Gebrauch, nahm offenbar vor allem solche Persönlichkeiten unter seine Ordensfittiche, deren Hilfe er bei den heiklen Transaktionen benötigte.

Er habe damals das Angebot des Großmeisters abgelehnt, als Konfrater in den Orden einzutreten, sagt Ledl; solche Bruderschaften mit Männern in weißen Gewändern, das sei nichts für ihn, habe er Seiner Eminenz beschieden, und die habe dies sehr bedauert. »Ich muß Ihnen sagen«, räumt er in breitestem Wiener Dialekt ein, »da war die Kirche schon so weise, daß sie sich diese Leute und auch das Schweigen erkauft hat mit dem, daß sie sie haben schwören lassen, daß sie nirgends ein Wort oder dergleichen verlauten lassen.« Ein solches Gelöbnis lag Schlitzohr Ledl fern. Man konnte ja nie wissen.

✳

Am Tag des Festes der Apostel Petrus und Paulus, am 29. Juni 1971, trafen sich die Kardinäle Tisserant und Benelli erneut mit ihrem Wiener Freund im Vatikan: Es gab unerwartete Komplikationen. Ricky Jacobs, der Mann von der Mafia in Los Angeles, weigerte sich, für die hochgeistliche Kundschaft in Rom eine Mustersendung im Nominalwert von 200 Millionen Dollar anfertigen zu lassen; er war allenfalls zu einer Probelieferung gefälschter Zertifikate für knapp 15 Millionen bereit. Schließlich hatte er nichts in der Hand. Die Ware sollte danach in vier Partien geliefert werden, die letzte, im Gegenwert von 450 Millionen Dollar, Mitte November 1971.

Um seine amerikanischen Hintermänner zu beruhigen, verlangte Ledl von den katholischen Würdenträgern eine Art Auftragsbestätigung. Sie sollte einerseits zur Beruhigung der Mafia dienen, mußte im Falle eines Falles dem Vatikan aber die Möglichkeit geben, die Echtheit des Papiers in Zweifel ziehen zu können. In dieser Situation sei Eugène Tisserant, glaubt Ledl, ein geradezu genialer Trick eingefallen. Er ließ eine Bescheinigung (»To whom it may concern«) auf einem Briefbogen der »Heiligen Kongregation der Ordensleute« (»Sacra Congregazione dei Religiosi«) ausstellen, in der er vom »Kauf des kompletten Bestandes der Ware bis zu einer Summe von 950 Millionen Dollar« sprach. Das Briefpapier war echt, aber nicht mehr in Gebrauch. Zeitgleich mit der Satzungsänderung des Ritterordens hatte Paul VI. nämlich Ende 1967 auch eine Umbenennung der Kongregation verfügt; sie trug seitdem den Zusatz »... und Säkularinstitute« (» ... e gli Instituti Secolari«). Bei einer eventuellen Entlarvung des Deals mit der Mafia konnte der Vatikan auf diesen Umstand hinweisen und damit behaupten, das Dokument sei eine Fälschung.

Tisserant und Benelli ließen dann die Auftragsbestätigung »höheren Ortes«, wie sie es bezeichneten, unterschreiben. Ledl konnte sich angesichts der hohen Stellung des Kardinals und seines kaum minder mächtigen Kollegen »nur schwer vorstellen, daß sie mit dieser Bezeichnung jemand anderen meinen könnten als den Papst«. Dann wurde ihm der Brief ausgehändigt: Auf der Bestellung für die Mafia war, erinnert sich Ledl, »der zwar etwas verzerrte, aber noch immer deutlich lesbare Namenszug des Kardinalstaatssekretärs Jean Villot« zu lesen.

＊

Der Großmeister ließ keine Zweifel aufkommen, wo er politisch stand: Jedem Katholiken, der einen Kandidaten der Kommunistischen Partei wähle, müsse die Kirche Beichte und Absolution verweigern, und Kommunisten selbst dürften »kein christliches Begräbnis erhalten oder in geweihter Erde begraben werden«.

Der Antikommunismus des Heiligen Stuhls nahm Anfang der siebziger Jahre geradezu groteske Formen an. Überall sah der Klerus die von Moskau ferngesteuerten Roten im Vormarsch: In Chile hatte Salvador Allendes Partei »Frente de Acción Popular« die Wahlen gewonnen, in Deutschland regierten inzwischen die Sozialdemokraten, in Frankreich und Italien gingen die Kommunisten gestärkt aus den Urnengängen hervor. Weil man sich im Feindbild gegen die Bolschewiken mit den Braunen einig wußte, hatte der Vatikan schon den Faschismus Hitlers und Mussolinis akzeptiert, hatte aus dem gleichen Grund nach dem Kriege, zur Zeit des »Kommunistenfressers« Joseph R. McCarthy, eine Allianz mit der CIA geschmiedet. Durch Vermittlung des New Yorker Erzbischofs Francis Kardinal Spellman, Grabesritter wie Tisserant, waren dem Vatikan von den Amerikanern hohe Schwarzgeldbeträge zugeschoben worden, die aus beschlagnahmten Nazivermögen stammten, darunter Geld und Gold, das die Faschisten zwanzig Jahre zuvor reichen Juden abgenommen hatten. Mit den Mitteln wurden dann nicht nur antikommunistische Propaganda-Maßnahmen finanziert, sondern sie wurden für weit heiklere Geheimoperationen eingesetzt.

Auch jetzt wieder, 1970/71, gab es offenbar verstärkt eine finanzielle Unterstützung des Vatikans für neofaschistische, antikommunistische Gruppierungen in Italien wie die »Comitati Civici« oder die »Avanguardia Nazionale« (AN), die darüber hinaus von dem Großindustriellen Carlo Pesenti ausgehalten wurde, einem einflußreichen Christdemokraten und engen Freund von Kurienkardinal Benelli. Mitglieder der AN, darunter der »schwarze Terrorist« Stefano Delle Chiaie, waren im Dezember 1970 an dem geplanten Rechtsputsch des Prinzen Junio Valerio Borghese beteiligt, der erst in letzter Minute vereitelt wurde.

Eine wichtige Rolle in den rechten, vom Vatikan gestützten Zirkeln Italiens spielte daneben der mächtige Chef des Geheimdienstes SIFAR, General Giovanni de Lorenzo, der in den sechziger Jahren einen Geheimbund namens »La Rosa Dei Venti« (»Windrose«) aufgebaut hatte, deren Mitglieder im Falle einer sowjetischen Intervention oder eines kommunistischen Putsches in den Untergrund gehen sollten; später wurde diese Organisation, die es auch in anderen NATO-Mitgliedsstaaten gab, unter dem Namen »Gladio« bekannt.

Dienten die kriminellen Geschäfte der beiden Purpurträger Tisserant und Benelli mit Leo Ledl und Konsorten womöglich auch dazu, neofaschistische Kreise in Italien zu finanzieren? Ließ sich Tisserant deshalb in seinem Feldzug gegen die Kommunisten, die Ungläubigen, unter der Hand Bargeld von führenden Ordensmitgliedern zustecken, wie 1969 von seinem deutschen Statthalter, dem ehemaligen bayerischen CSU-Minister Alois Hundhammer?

＊

Eine andere, ältere Connection des Kurienkardinals muß in diesem Zusammenhang noch erwähnt werden – jene zum Bundesnachrichtendienst. Dessen erster Chef, General Reinhard Gehlen, unter Hitler Leiter der Generalstabsabteilung »Fremde Heere Ost«, hatte nach dem Ende des Krieges alte Nazi-Kameraden um sich geschart, die vor allem treue Ergebenheit und blinder Gehorsam auszeichnete. Bei ihnen und bei vatikantreuen Katholiken glaubte Gehlen darüber hinaus das zu finden, was damals ebenso Pflicht war: bedingungsloser Antikommunismus.

Der Physiker Dr. Johannes Gehlen, des Generals Halbbruder, Deckname »Giovanni«, wurde erster BND-Resident in Rom (Dienststellenleiter AK 14). Dabei traf es sich, daß »Giovanni« nicht nur Sekretär des Souveränen Malteserordens war, sondern daneben über exzellente Verbindungen verfügte, zum Heiligen Stuhl im allgemeinen und Großmeister Tisserant im besonderen. Auf diese Weise gewann Gehlen manch exklusive Information aus dem Vatikan und über den Vatikan aus aller Welt, die er meist umgehend an die BND-Zentrale in Pullach weiterleitete. In den sechziger Jahren waren die Führungsspitze des Geheimdienstes und die rechten CDU- und CSU-Politiker in Bonn an der vatikanischen Ostpolitik der Päpste Johannes XXIII. und seit 1963 Paul VI. brennend interessiert. »Giovanni« führte mit Aristide

Brunello (Deckname »Bruno«) einen Prälaten der Kurie als Agenten, schöpfte hochgestellte Persönlichkeiten der römischen Society wie auch Kommunisten ab, um über Entwicklungen innerhalb der KPI auf dem laufenden zu sein.

Johannes »Giovanni« Gehlen, General de Lorenzo und Eugène Kardinal Tisserant zählten überdies zu den sogenannten »Abendländlern«, einem elitären Kreis rechtsgesinnter Zeitgenossen, der sich in erster Linie aus dem deutschen und italienischen Hochadel rekrutierte, über den »Unsinn« der Demokratie diskutierte und über maßgebliche Veränderungen in der deutschen Verfassung nachdachte. »Sie alle standen … in einem – mehr oder minder – engen finanziellen Verhältnis zum Bundesnachrichtendienst«, heißt es in einem Bericht über die »Die Affäre Langemann«.

Dr. Hans Langemann, ein BND-Aussteiger, der zehn Jahre später die deutsche Politik in Atem hielt, war lange Zeit Operationschef des sogenannten »Strategischen Dienstes«, der Westaufklärung. Diese Einheit war Mitte der fünfziger Jahre mit Hilfe der »Abendländischen Gesellschaft« aufgebaut worden. Zuträger für Pullach sollen auch die prominenten Abendländler und Grabesritter Konfrater Friedrich August Freiherr von der Heydte, Statthalter bis 1965, Konfrater Lorenz Kardinal Jaeger, Großprior bis 1965, und Konfrater Alois Hundhammer, Statthalter seit 1968, gewesen sein. Sie alle versorgten, so heißt es, die BND-Präsidenten Reinhard Gehlen und, seit Mai 1968, Gerhard Wessel mit Geheimnissen aus der westlichen Welt (siehe S. 99).

✳

»Ah, ich sehe, Sie haben alles mitgebracht«, sagte der Großmeister.

»Jawohl, Eminenz, Sie können die Ware gern selber prüfen«, entgegnete der Ganove.

Mitte Juli 1971, drei Wochen nachdem drei der höchsten Würdenträger in der katholischen Kirche, die Kurienkardinäle Tisserant, Bellini und Villot, ihrem Geschäftsfreund Leopold Ledl die Auftragsbestätigung für gefälschte Obligationen im Nennwert von fast einer Milliarde Dollar ausgestellt hatten, musterte Eugène Tisserant in seiner Vatikan-Residenz die Probelieferung von Ricky Jacobs aus Los Angeles. Nach der Prüfung legte er die Wertpapiere »sichtlich zufrieden«, als könne er echte Coca-Cola-blue-chips von falschen unterscheiden, in den Aktenkoffer zurück – so Ledl in seinen Memoiren. Doch dann nahmen die Ereignisse plötzlich eine unerwartete Wendung: Die Kardinäle wollten, entgegen der ursprünglichen Vereinbarung, nicht mehr in DM oder Schweizer Franken zahlen, sondern in Lire. Bischof Marcinkus in der Vatikanbank IOR habe die Summe schon bereitliegen.

»Wenn ich mich nicht täusche, bekommen Sie von uns insgesamt dreieinhalb Milliarden Lire«, bemerkte Erzbischof Giovanni Bellini, nachdem auch er die amerikanische Ware begutachtet hatte.

Leopold Ledl, sonst nicht leicht aus der Ruhe zu bringen, hatte Mühe, sich zu beherrschen. Planten die beiden katholischen Würdenträger, ihn übers Ohr zu hauen? Wollten sie »Lire-Beträge loswerden, die sie von der italienischen Mafia eingekauft hatten«? Unter seinen römischen Bekannten sei es damals kein Geheimnis gewesen, daß sich der Heilige Stuhl für

gigantische Geldwaschaktionen der Cosa Nostra einspannen ließ, um seine Finanzsituation zu verbes-
sern, erinnert sich Ledl. Später sollten tatsächlich,
wiederum unter Beteiligung italienischer Grabesritter, riesige Transaktionen der Vatikanbank mit der
Mafia auffliegen.

»Aber wir haben doch Deutsche Mark oder Schweizer Franken vereinbart, Eminenz«, entfuhr es dem
Wiener, der seine Felle davonschwimmen sah. Bellini
und Tisserant berieten kurz miteinander, schlugen
dann vor, die Summe in der gewünschten Währung am
nächsten Tag in Turin auszuzahlen, von einem Ver-
trauensmann in einem Nonnenkloster. Doch tatsächlich hatten sich beide Kardinäle schon vorher darüber
verständigt, sofort den Rückzug anzutreten, wenn sie
bei dem Geschäft ihre Lire nicht loswerden konnten.
Ledl und seine Leute wurden erst nach Turin, dann
nach Mailand gelotst. Geld gab es nirgendwo, weder
Lire noch Franken. Das Geschäft war geplatzt.

Zwei Wochen später, am 11. August 1971, wurde
Konsul Dr. Leopold Ledl in Wien verhaftet. Anlaß war
nicht etwa seine Geschäftsbeziehung zur Mafia, sondern der Vorwurf des Betruges und der Nötigung:
Zwei österreichische Möchtegern-Diplomaten, die
von ihm mit dem fiktiven Titel eines Honorarkonsuls
des Königreiches Burundi geleimt worden waren, hatten Anzeige erstattet. Im Zuge der Ermittlungen wurde auch Ledls Haus durchsucht und sein Safe geöffnet.
Dabei stieß die Polizei auf weiteres belastendes Mate-
rial, darunter je hundert gefälschte Anteilscheine von
IBM. Nach fast einjähriger Untersuchungshaft wurde
Leopold Ledl im September 1972 wegen verschiedenster Delikte zu drei Jahren Gefängnis verurteilt.

Zwar gibt es keine Anhaltspunkte dafür, daß Ledls Verhaftung durch den Vatikan ausgelöst wurde, aber sie kam den Kardinälen in Rom sehr recht. Tisserant, Bellini und Marcinkus hatten nämlich längst einen neuen Makler ausgeguckt.

✳

Bei dem neuen Auserkorenen handelte es sich um einen windigen italienischen Geschäftsmann namens Mario Foligni, der über gleichermaßen gute Beziehungen zur römischen Halbwelt, zum Präsidentenpalast Quirinal und zum Vatikan verfügte sowie zudem enger Freund des lombardischen Zement- und Finanz-Tycoons Carlo Pesenti war, der mit seinen Geldern die faschistische Terrororganisation »Avanguardia Nazionale« unterstützte. Diese Verbindung zum rechtsextremen politischen Spektrum stützt den Verdacht, daß es bei den dunklen Geschäften Tisserants tatsächlich auch um die verdeckte Finanzierung antikommunistischen, rechten Terrors in Italien ging.

Foligni, der den bombastischen Titel eines »Grafen von San Francisco« trug, kümmerte sich erst einmal um Rickys Musterlieferung, die noch immer in Ledls Koffer in der Vatikanbank IOR lag, und versuchte, ein Paket bei der Handelsbank in Zürich zu Bargeld zu machen. Doch die Schweizer Banker waren vorsichtig und ließen die Obligationen in New York überprüfen, wo sie natürlich prompt als Fälschungen entlarvt wurden. Foligni setzte sich, als er von der nicht vorgesehenen amerikanischen Begutachtung erfuhr, sofort nach Italien ab und konsultierte Paul Marcinkus von der Vatikanbank. Der Bischof blieb cool: »Wir haben in der Schweiz einen Fehler gemacht, in Zukunft werden wir vorsichtiger sein müssen.«

Foligni deponierte deshalb ein zweites Paket der Musterlieferung, wie ursprünglich geplant, bei der Banca di Roma, deren Direktor, Grabesritter Mario Barone, natürlich vorab informiert wurde. Doch ein übereifriger Bankbeamter leitete, entgegen sonstigen Gepflogenheiten, die Prüfung der Obligationen in New York in die Wege, ohne mit Barone Rücksprache zu nehmen. Das war das endgültige Ende der Hoffnungen, Rickys Papiere zu Geld zu machen. Die römischen Behörden nahmen die Ermittlungen auf, erhoben später jedoch aus undurchsichtigen Gründen keine Anklage gegen Mario Foligni und dessen Helfershelfer.

Daß der rechte Industrielle Carlo Pesenti hinter den Kulissen an den Machenschaften beteiligt war, legt ein Vorgang nahe, der sich im März 1972 ereignete. Foligni und Pesenti schlugen dem Vatikan ein gemeinsames Geschäft über 300 Millionen Dollar vor, das ihr Freund, Kardinal Giovanni Benelli, direkt dem Heiligen Vater, Papst Paul VI., vortrug. Bischof Marcinkus beschwerte sich, als er davon erfuhr, umgehend bei Benelli, »daß in Zukunft alle finanziellen Dinge über mich und nicht über den Papst in die Wege geleitet werden sollten«.

Eugène Kardinal Tisserant war zu diesem Zeitpunkt bereits tot.

＊

Die Begräbnisfeierlichkeiten in der Peterskirche fanden am Vormittag des 24. Februar 1972 statt, drei

Tage nach dem Ableben Tisserants. Neben dem Papst und den Mitgliedern des Kardinalskollegiums nahmen daran zahlreiche prominente Gäste teil, darunter Grabesritter aus aller Welt. Lediglich der langjährige Sekretär und Vertraute Tisserants, Monsignore Georges Roche, fehlte, angeblich wegen einer Erkältung. Seine Abwesenheit schürte Gerüchte, die seit dem plötzlichen und unerwarteten Tod nicht verstummen wollten – Gerüchte über Verstimmungen im Umfeld des französischen Kurienkardinals in den Monaten vor dessen Tod, insbesondere im Verhältnis zu Kardinal Giovanni Benelli und Bischof Paul Marcinkus, über die letzten Stunden in der Klinik Regina Apostolorum, vor allem aber über die mysteriösen Tagebücher, die, so war inzwischen bekanntgeworden, Pater Roche kurz vor dem Tod an sich genommen hatte und die womöglich manches Vatikan-Geheimnis der letzten Jahrzehnte bargen.

Eine Woche später, am 1. März 1972, wurde Roche in den Vatikan gerufen, traf zunächst mit Staatssekretär Jean Kardinal Villot, danach mit Erzbischof Giovanni Benelli zusammen. Als der Monsignore hinterher von einem Reporter des italienischen Magazins *L'Europeo* über den Anlaß der Begegnung gefragt wurde, antwortete er: »Sicher haben wir nicht Karten gespielt. Ob wir vielleicht ein wenig geplaudert haben? Ich würde sagen, ja. Aber ich kann darüber nichts verraten … Sie wissen, daß ich ein Priester bin, der ein heiliger Priester sein will, … daß ich die Kirche liebe, für sie arbeite. Ich versprach, bis zu meinem Tod für die Mutter Kirche zu wirken. Mehr, verstehen Sie bitte, kann ich nicht sagen, Villot und Benelli sind meine Vorgesetzten.«

Aus den Ausführungen ließ sich unschwer der Inhalt seines Gespräches im Vatikan herauslesen: Pater Roche hatte Tisserants Aufzeichnungen abgeliefert. Ihm war dafür von Villot und Benelli eine Karriere in der katholischen Kirche in Aussicht gestellt oder sogar zugesagt worden. Heute, mehr als zwei Jahrzehnte nach Tisserants Ableben, sind seine Tagebücher noch immer unter Verschluß. Man darf deshalb vermuten, daß der Franzose darin auch Fakten über die gefälschten Wertpapiere der amerikanischen Mafia, über die Beteiligung von Villot, Benelli und Marcinkus an dem Deal, über die Rolle des Ritterordens vom Heiligen Grabe und über die finanzielle Unterstützung rechtsextremer Kreise festgehalten hat.

Leopold Ledl glaubt sogar, daß Tisserant keines natürlichen Todes gestorben ist, selbst wenn es dafür keinerlei glaubwürdige Anhaltspunkte gibt. Zwei Wochen vorher, macht Ledl geltend, sei die Sache mit den falschen Obligationen in den USA ruchbar geworden. Dann hätten Detective Joe Coffey und seine Kollegen vom FBI begonnen, Rizzos Telefon abzuhören. »Für mich ist deshalb klar: Tisserant wurde unter psychischen Druck gesetzt und höchstwahrscheinlich mit einem Gift, das keine Spuren hinterläßt, ermordet.«

In einem Nachruf schrieb der ehemalige deutsche Statthalter des Ordens, Großkreuzritter Konfrater Lorenz Höcker: »Cardinal-Großmeister Tisserant war ... ein Mann fester Standpunkte mit einer ausgesprochen charakterlichen Stärke und Festigkeit ... Ehre seinem Andenken!«

*

Nach der erfolgreichen Lauschaktion im Palace Hotel im Februar 1972 reiste Detective Sergeant Joseph Coffey im Mai noch mal nach München. Wieder wurde ein Hotelzimmer verwanzt, wieder traf sich Rizzo mit seinen deutschen Kollegen, wieder plauderten sie offenherzig über allerlei krumme Geschäfte. Zurück in New York, begab sich Coffey einige Wochen später in die Höhle des Löwen, in Jimmy's Lounge. Rizzo stand an der Bar. Es kam zu einem heftigen Wortgefecht, in dessen Verlauf der Mafioso dem »Hundesohn« von Polizeibeamten mehrfach drohte, er werde ihn kaltstellen, doch Coffey schob ihm nur die Vorladung über den Tresen und ging wieder.

Vincent Rizzo machte seine Drohungen wahr, und zwar umgehend. Er schnappte sich einen kleinen Ganoven, von dem jeder wußte, daß er ein FBI-Spitzel war, und beauftragte ihn, er solle bei den richtigen Leuten fallenlassen, daß ein Detective namens Joe Coffey ihm, Vincent Rizzo, soeben 50000 Dollar abgeknöpft habe.

Die nächsten Monate ermittelte das FBI gegen Coffey, doch der ließ sich davon wenig beeindrucken. Um die Weihnachtszeit hatten er und seine Kollegen die Ermittlungen für diverse Anklagepunkte abgeschlossen, darunter wegen Verschwörung, Erpressung, Rauschgifthandels, versuchten Mordes sowie diverser Falschgelddelikte; lediglich bei der Sache mit den Wertpapierfälschungen standen noch einige Vernehmungen in Italien aus – auch im Vatikan.

Anfang April 1973 lag eine diplomatische Note von Kardinal Jean Villot vor, der Heilige Stuhl sei bereit, in der Angelegenheit eine kleine amerikanische Delegation zu empfangen. Doch Coffey durfte nicht mit.

Entweder hatte der Vatikan dies intern zur Bedingung gemacht, oder die Nixon-Administration wollte den Papst nicht mit einem übereifrigen Beamten brüskieren. Die drei FBI-Leute, die schließlich am 25. April im Vatikan empfangen wurden, hatten sich bis dahin weder durch Detailkenntnisse noch durch besondere Hartnäckigkeit bei den Ermittlungen hervorgetan. Sie wurden in die Büros von Erzbischof Bellini geleitet, der jedoch nur ein paar Augenblicke blieb und die Sache dann an drei Patres seiner Abteilung delegierte.

Natürlich bestritten die Vatikanbeamten energisch jede Beteiligung an der Fälschung von Aktien und Obligationen. Sie räumten aber überraschenderweise ein, daß das Bestellschreiben der »Heiligen Kongregation der Ordensleute«, das Ledl als Sicherheit für Ricky Jacobs verlangt hatte und das noch in seinem Safe lag, als er Mitte August 1971 verhaftet wurde, echt sein könnte; jedenfalls sei der Briefkopf »identisch mit dem Briefkopf einer rechtmäßigen Heiligen Religionskongregation, die ihren Sitz im Vatikan hat«.

Am nächsten Tag hatten die amerikanischen Polizeibeamten einen Termin bei Bischof Paul Marcinkus, dem Chef der Vatikanbank IOR. Auch er leugnete jede Beteiligung an den Aktiengeschäften des Wiener Ganoven Ledl und des italienischen Geschäftsmanns Foligni. Alle anderslautenden Beschuldigungen gegen die führenden Kardinäle Tisserant, Benelli und Villot seien pure Verleumdung, teilte der amerikanische Priester seinen Landsleuten aus New York mit. Die hakten nicht nach, sondern gaben sich mit den Erklärungen zufrieden.

Selbstverständlich erklärte sich Marcinkus bereit, eine Liste mit den Nummern der gefälschten Wertpapiere von den Amerikanern anzunehmen, für den Fall, daß sie jemals auftauchen sollten. Dann war der Besuch der FBI-Leute beendet. Höflich, aber bestimmt wies man ihnen die Tür.

»Zu viele Leichen im Keller,
Eure Heiligkeit!«

*Von der Verstrickung
der Grabesritter in die
Skandale der Vatikanbank*

»Und fallen auch tausend an deiner Seite,
zu deiner Rechten zehntausend:
Dich wird es nicht treffen.«

Aus dem Gebetbuch *Miles Christi*
der Ritter vom Heiligen Grabe

Rom, im Juni 1989. Wie jeden Sommer drängen sich die Touristen auf dem Petersplatz und vor dem Eingang des Vatikanmuseums. Vor der Porta Angelica versperren Schweizergardisten in historischen Uniformen mit ihren Hellebarden den Zugang zum Vatikanstaat. Nur wer sich als Mitarbeiter des Heiligen Stuhls ausweisen kann oder anderweitig legitimiert ist, darf passieren. Zugang hat auch die exklusive Kundschaft der Vatikanbank, die in einem soliden Festungsturm aus dem 17. Jahrhundert, gegenüber der Postverwaltung, residiert.

Auf den ersten Blick scheint es eine Bank wie jede andere zu sein. Die rund ein Dutzend Angestellten, meist Laien, nehmen Einlagen entgegen, verrechnen Schecks und führen Geldüberweisungen durch. Doch daß die Vatikanbank kein Geldinstitut im üblichen Sinn ist, verrät schon der Name: »Institut für religiöse Werke«, kurz IOR (Instituto per le Opere di Religione).

Zugang zum IOR haben alle Mitarbeiter und Angestellten des Vatikanstaates, Diplomaten, die beim Heiligen Stuhl akkreditiert sind, Angehörige der Kurie und des italienischen Hochadels sowie Leiter religiöser Orden und Stiftungen. Ihnen ist es erlaubt, dort ein Konto zu führen. Dabei zahlt die Bank eher kärgliche Zinsen.

Prominentester Kontoinhaber ist der Papst. Sein Konto hat die Nummer 16/16. Die Vatikanbank arbeitet unabhängig. Gelder des IOR können also nicht verwendet werden, um etwa das große Finanzdefizit des Vatikans auszugleichen. Alle Aktivitäten des IOR sind von einer Mauer des Schweigens umgeben – Bilanzen werden grundsätzlich nicht veröffentlicht.

Um so mehr überraschte am 21. Juni 1989 die halbamtliche Vatikanzeitung *L'Osservatore Romano*, von Spöttern »Prawda des Papstes« genannt, mit einer knappen Meldung: »Aufsichtsrat für IOR«. Eine vom Heiligen Vater ernannte Kardinalskommission, so hieß es da, habe fünf international anerkannte Finanzexperten in das neu eingerichtete Aufsichtsgremium der Vatikanbank berufen.

Dies sei die Konsequenz aus »unglücklichen« Verwicklungen des IOR während der letzten Jahre, verlautete kurze Zeit später aus dem Vatikan.

»Damit scheinen Pannen für die Zukunft ausgeschlossen zu sein«, kommentierte die katholische Nachrichtenagentur KNA zuversichtlich. Die Vatikanbank verfüge mit dem fünfköpfigen Aufsichtsrat nunmehr über ein Kontrollorgan, das Mißbrauch verhindere. Zudem wolle das IOR, bemerkte der KNA-Bericht noch, keine Finanziers und Anleger mehr zulassen, deren Absichten man nicht genau kenne. Ein frommer Wunsch.

✳

Ein Postbeamter entdeckte die Leiche als erster. Der leblose Körper baumelte an einem Gerüst der Blackfriars Bridge im Herzen von London. Roberto Calvi,

Präsident der Mailänder Banco Ambrosiano, hatte in seinen Hosentaschen Backsteine, die offenbar sein Gewicht erhöhen sollten – und ein Flugticket nach Rio. Es war der 18. Juni 1982, ziemlich genau sieben Jahre vor der bemerkenswerten Neuorganisation der Vatikanbank IOR.

Am Tag zuvor hatte sich Calvis langjährige Sekretärin aus dem vierten Stock ihres Ambrosiano-Büros gestürzt. Sie hinterließ einen Zettel, auf dem stand: »Zweimal verflucht sei Calvi für das Unglück, das er über die Bank und ihre Angestellten gebracht hat.«

Calvi, der »Bankier Gottes«, wie er seit langem genannt wurde, hatte mit der Vatikanbank windige Transaktionen getätigt. Als eigenständiger Staat ist der Vatikan nicht an die italienischen Devisenbestimmungen gebunden. Auf diese Weise bot das IOR die ideale Möglichkeit, gigantische Lire-Beträge – meist aus illegalen Geschäften – ins Ausland zu schleusen. Das Verfahren war denkbar einfach: Bankangestellte nahmen Koffer voller Bargeld mit in die Vatikanbank, zahlten es dort auf das Konto eines Vertrauten ein, von dem aus es auf ein Schweizer oder Luxemburger Konto überwiesen wurde. Derlei Operationen hatten der Vatikanbank schon Anfang der siebziger Jahre, zu Zeiten des Kardinal-Großmeisters Eugène Tisserant, den Ruf eingebracht, die größte Geldwaschanlage der Cosa Nostra zu sein (siehe S. 175 ff.).

Darüber hinaus waren die Verantwortlichen der Vatikanbank, mit dem amerikanischen Bischof Paul Marcinkus an der Spitze, Calvi auch bei anderen zweifelhaften Finanztransaktionen behilflich gewesen. Die Ambrosiano-Bank hatte sich mit Hilfe von Bürgschaften des IOR überall Geld geliehen und es in karibischen Briefkastenfirmen verschwinden lassen. Als die Sache schließlich aufflog, klaffte ein Loch von 1,4 Milliarden Dollar im Etat der Mailänder Privatbank: betrügerischer Bankrott.

Als Calvi in London erhängt aufgefunden wurde, war die Sache schon nicht mehr zu retten. War es eine Verzweiflungstat oder kaltblütiger Mord? Hatten Killer der Mafia den »Bankier Gottes« zum Schweigen gebracht, im Auftrag des IOR? »Das waren die Priester des Vatikans«, meldete sich Calvis Witwe zu Wort, »das hatte Roberto uns schon prophezeit.«

✳

Daß sich Ritter vom Heiligen Grabe um die Geldgeschäfte des Vatikans kümmern, hat Tradition. Als Pius XII., der »deutsche Papst«, das IOR im Juni 1942 gründete, um »für den Schutz und die Verwaltung der für religiöse Werke bestimmten Gelder zu sorgen«, ernannte er mit dem damals vierzigjährigen Baron Massimo Spada einen getreuen Grabesritter zum sogenannten Laien-Delegato, einer Art weltlichen Geschäftsführer der Bank. Mehr als zwanzig Jahre lang hatte der römische Adlige diese Funktion inne, ehe er 1964 seinen Dienst beim IOR quittierte und als Aufsichtsrat in Banken des Sizilianers Michele Sindona wechselte, mit dem ihn eine lange Freundschaft verband. Sein Nachfolger in der Vatikanbank war Luigi Mennini, Konfrater des Ordens vom Heiligen Grabe auch er, und mit ihm wurde Pellegrino de Strobel, ein weiterer Mitbruder, zum Hauptbuchhalter ernannt.

Im Dezember 1967 starb Francis Kardinal Spellman, der Erzbischof der reichsten amerikanischen

Erzdiözese New York und potenteste Spendeneintreiber für den Heiligen Stuhl in den Vereinigten Staaten. Paul Marcinkus, ein 55jähriger Geistlicher aus Illinois, der seit einigen Jahren als persönlicher Reisemarschall und Bodyguard von Papst Paul VI. im Vatikan diente, erkannte damals die Gunst der Stunde. Er habe zahlreiche einflußreiche Bekannte in der Welt der Hochfinanz von New York und Chicago, prahlte er, und könne deshalb gewährleisten, daß die finanzielle Unterstützung, die nach Spellmans Tod deutlich abgeebbt war, wieder ansteige.

Marcinkus machte Karriere. Zunächst wurde er ins Sekretariat des IOR berufen; im Januar 1969 weihte Paul VI. ihn zum Bischof, 1971 stieg Bischof Paul Marcinkus sogar zum Präsidenten des IOR auf.

Der Amerikaner Marcinkus und sein Geschäftsführer Mennini hielten weiterhin engen Kontakt zu Baron Spada. Obwohl dieser keine offizielle Funktion im Vatikan mehr besaß, galt er als enger Vertrauter führender Kardinäle im Beraterstab Pauls VI. Mit Hilfe der Konfratres Spada und Mennini wurde der italienische Finanzakrobat und Banker Michele Sindona Anfang 1969 im Vatikan salonfähig. Schließlich stieg er sogar zu dessen inoffiziellem Sondervertreter für geschäftliche Angelegenheiten in den Vereinigten Staaten auf.

Paul VI. hatte beschlossen, eine Immobiliengesellschaft des Heiligen Stuhls zu veräußern, und er sah in Signore Sindona, den er aus seiner Zeit als Erzbischof von Mailand kannte und der ihm nun auch von Marcinkus, Spada und Mennini als Finanzgenie geschildert wurde, den richtigen Mann für dieses Manöver, das höchste Diskretion verlangte.

Allerdings waren alle Bilanzen und Dokumente, die Sindona von seinen neuen Partnern vorgelegt wurden, geschönt. Als er sich beim zuständigen Vorsitzenden des Kardinalsrats für die Finanzen des Vatikans, Giuseppe Kardinal Caprio, dem späteren Großmeister der Grabesritter, darüber beschwerte, weil er um seinen eigenen Vorteil fürchtete, versuchte dieser, den aufbrausenden Sizilianer mit einem breiten Lächeln und mit aufmunternden Worten zu beschwichtigen: »Ich verstehe Ihren Ärger, Avvocato Sindona«, aber »schauen Sie die Sache doch einmal von der anderen Seite an. Sie sind uns von Gott gesandt worden. Sie sind ein Mann Gottes!« Das überzeugte.

✳

Der Verlauf des Jahres 1974 glich einer Achterbahnfahrt. Im Januar hatte ihn US-Botschafter John Velpe im Amerikanischen Club in Rom noch zum »Mann des Jahres« gekürt, und im Juni wurde Michele Sindona wegen des Bankrotts seiner Banca Privata Finanziaria in Abwesenheit zu dreieinhalb Jahren Gefängnis verurteilt. Die Vatikanbank hatte Jahre zuvor Anteile an der Banca Privata gehalten. Sindonas Firmen- und Bankenimperium begann wie ein Kartenhaus in sich zusammenzufallen.

Zu diesem Zeitpunkt hatte sich Sindona längst in die USA abgesetzt und bastelte an seiner zweiten »Karriere«. Der Finanzjongleur griff dabei auf altbewährte Mittel zurück. Über die »Geldschleuse« Vatikanbank transferierte er 40 Millionen Dollar illegal ins Ausland und kaufte damit die Franklin National Bank, eine der größten US-Banken. Die amerikanischen Wirtschaftszeitungen bezeichneten ihn daraufhin als »den erfolgreichsten Italiener seit Benito Mussolini«.

Allerdings waren ihm auch in den USA bald die Staatsanwälte auf den Fersen: Sindona hatte seiner neuen US-Bank über 15 Millionen Dollar entnommen, um damit auf illegale Weise auf internationalen Finanzmärkten zu spekulieren. Letztendlich erhöhte sich der Schaden für die Franklin National Bank auf über 30 Millionen Dollar. Am 8. Oktober 1974 war auch sie bankrott. Es war bis dahin der größte Crash in der Bankengeschichte der USA. Gegen Sindona wurde Haftbefehl erlassen.

In Italien hatte zur selben Zeit, nämlich im März 1974, Untersuchungsrichter Giorgio Ambrosoli damit begonnen, sich intensiv mit den Unterlagen von Michele Sindonas bankrotter Banca Privata zu beschäftigen. Bald war ihm zumindest so viel klar, daß sich hinter dem Ruin der Bank ein ganz anderer Betrug, und zwar von weit größerem Ausmaß, verbarg. Offensichtlich steckten sie alle unter einer Decke: Sindona, Calvi, die drei IOR-Manager Marcinkus, Mennini und de Strobel. Selbst der alte Baron Spada tauchte in den Unterlagen immer wieder auf, meist als Aufsichtsrat oder Präsident irgendwelcher Sindona-Firmen. Ambrosoli beschloß, der Sache auf den Grund zu gehen.

Fünf Jahre später, am 9. Juli 1979, konnte der Untersuchungsrichter ein Konvolut von Unterlagen präsentieren, die bewiesen, daß sich Sindona, Calvi und die IOR-Manager gleich reihenweise Firmen und Banken unter den Nagel gerissen und dabei satte Provisionen in Millionenhöhe kassiert hatten. Von Sindona beispielsweise waren allein über die Fasco AG, eine Briefkastenfirma in Liechtenstein, mindestens fünf Banken und über 125 Gesellschaften in elf Ländern kontrolliert worden.

Ambrosoli fahndete auch jahrelang nach der sogenannten »Liste der 500«. Hinweisen zufolge hatte Sindona 500 Persönlichkeiten dabei geholfen, über die Vatikanbank große Summen Schwarzgeld ins Ausland zu verschieben. In 77 Fällen gelang es dem Richter auch tatsächlich, die Inhaber der geheimnisvollen IOR-Konten zu identifizieren. Darunter waren auch mehrere Grabesritter, beispielsweise Mennini, de Strobel und Spada.

Ambrosolis Ermittlungserkenntnisse waren eindeutig. Am Vormittag des 12. Juli 1979 wollte er seinen Abschlußbericht vorlegen. Als er am 11. Juli gegen Mitternacht zu seiner Mailänder Wohnung ging, warteten dort schon die Killer auf ihn. Er wurde von vier Kugeln getroffen und starb auf dem Weg ins Krankenhaus.

Kurz darauf verurteilte ein amerikanisches Gericht Sindona wegen des betrügerischen Bankrotts der Franklin National Bank zu 25 Jahren Gefängnis. Sein alter Freund Erzbischof Marcinkus wollte ihm noch aus der Bredouille helfen. Er hatte angekündigt, zwei hohe Geistliche des Vatikans – einer von ihnen sollte Giuseppe Caprio sein, der spätere Großmeister des Ritterordens vom Heiligen Grabe – würden in die USA fliegen, um vor Gericht zugunsten Sindonas auszusagen. Kardinalstaatssekretär Casaroli verhinderte das in letzter Minute. Und er verbot auch, ihre Aussagen auf Videoband aufnehmen zu lassen, wie es Sindonas Anwälte vorgeschlagen hatten.

In Italien überschlugen sich unterdessen die Ereignisse. Weil man Sindona hinter dem Attentat auf Ambrosoli vermutete, erhob die Staatsanwaltschaft Anklage wegen Mordes und beantragte in den USA Sindonas Auslieferung. Die Grabesritter Spada und Mennini wurden aufgrund ihrer Verwicklungen in den Finanzskandal verhaftet. Daß mit Mennini erstmals ein hoher Vatikanangestellter ins Gefängnis kam, ging in der Öffentlichkeit fast unter. Die italienische Bevölkerung beschäftigte sich mehr mit den dunklen Machenschaften der geheimen Freimaurerloge »Propaganda Due« (P2), deren Mitgliederliste gerade an die Öffentlichkeit gelangt war.

In der Loge hatte der Industrielle Licio Gelli Wirtschaftsbosse, Kardinäle, Militärs und Politiker um sich geschart. Mitglieder der P2 waren auch Michele Sindona und Roberto Calvi sowie mehrere Grabesritter, allen voran Umberto Ortolani, Gellis Stellvertreter. Auch der »ehrwürdige Meister« Gelli selbst, obwohl Protestant, war von Paul VI. ehrenhalber in den Orden vom Heiligen Grabe aufgenommen worden.

In seinem »Plan der Wiedergeburt« hatte der Großmeister der P2-Loge »einen unblutigen Staatsstreich mit Hilfe der Kirche« vorgesehen. Doch der Bombenanschlag von Bologna, bei dem 1980 85 Menschen starben, setzte allen derartigen Absichten ein Ende. Der Anschlag wurde der P2 zugeschrieben. Als bekannt wurde, daß auch Mitglieder der Regierungspartei in der P2 mitmischten, mußte Regierungschef Arnaldo Forlani – ebenfalls Grabesritter – zurücktreten. Die Geheimloge P2 wurde verboten.

Großmeister Gelli floh nach Argentinien, wo er beste Kontakte zu den Militärs besaß. Schließlich zählten auch argentinische Generäle zu den Mitgliedern seiner Putschistenloge P2.

Im September 1982 reiste Gelli von Buenos Aires über Madrid nach Genf. Er hatte sich einen Schnurrbart angeklebt und seine weißen Haare braun gefärbt. Bei der Schweizerischen Bankgesellschaft wollte er von einem Nummernkonto 50 Millionen Dollar abheben. Bei dieser Riesensumme schöpfte der Bankangestellte Verdacht und informierte die Polizei. Gelli wurde verhaftet und konnte trotz seiner Maskerade und eines falschen argentinischen Passes identifiziert werden. Er wurde ins Gefängnis Champ-Dollon, außerhalb von Genf, gebracht. Einige Monate später, kurz vor seiner Auslieferung an Italien, gelang ihm die Flucht aus dem modernen Sicherheitstrakt. Ein Wärter soll ihm dabei geholfen haben.

1988 kehrte Gelli freiwillig in die Schweiz zurück, ließ sich allerdings erst an Italien ausliefern, nachdem ihm zugesagt worden war, daß er sich nicht wegen der Bombenattentate vor Gericht verantworten müsse. Er lebt seitdem unter Hausarrest in seiner Villa in der Toskana.

Im April 1992 mußte sich Gelli zusammen mit Ortolani und anderen wegen der Ambrosiano-Affäre vor Gericht verantworten. Insgesamt wurden 33 Personen zu insgesamt 323 Jahren Gefängnis verurteilt. Gelli und Ortolani erhielten jeweils 18 Jahre, während ein weiterer Grabesritter, Orgazio Bagnasco, der Stellvertreter Calvis, mit sieben Jahren davonkam. Vollstreckt wurden die Urteile bislang nicht.

*

Michele Sindona war nach mehreren Anläufen im Jahre 1984 an Italien ausgeliefert worden. Viele ehemalige Freunde und Geschäftspartner fürchteten, daß er auspacken würde. Schließlich hatte Sindona nichts mehr zu verlieren, nachdem er bereits in den USA 25 Jahre Gefängnis aufgebrummt bekommen hatte. Um ihn vor möglichen Anschlägen zu schützen, versteckte man Sindona im Frauengefängnis von Voghera, 60 Kilometer südlich von Mailand. Zu den Verhandlungen, die im Dezember 1984 begannen, wurde er in einem Konvoi von sieben Polizeiautos zum Justizpalast gebracht. Aber Sindona schwieg.

Am 18. März 1986 wurde der Sizilianer zu einer lebenslangen Gefängnisstrafe verurteilt. Zwei Tage später brach Sindona nach einem Schluck aus seiner Kaffeetasse in der Gefängniszelle zusammen. 48 Stunden später war er tot. Die Obduktion der Leiche ergab, daß im Kaffee genügend Zyankali gewesen war, um eine ganze Elefantenherde auszurotten.

*

Als die Zusammenhänge der Ambrosiano-Affäre ans Tageslicht gekommen waren, hatte der Heilige Stuhl noch verkündet, die Vatikanbank sei unschuldig, sie sei vielmehr Opfer finsterer Machenschaften geworden. Nun wollte es niemand mehr so richtig glauben. Neben dem materiellen drohte dem Vatikan deshalb auch ideeller Schaden. Man beschloß also, in die Offensive zu gehen. Am 13. Juli 1982 verkündete der Vatikan, daß vier weltliche Experten Einblick in die Unterlagen des sonst so geheimen IOR erhalten würden. Anschließend sollten sie dann entscheiden, ob die Vatikanbank für den Milliarden-Bankrott der Banco Ambrosiano mitverantwortlich sei.

Einer der vier Experten war Hermann Josef Abs. Damit prüfte der Statthalter der deutschen Ritterschaft das Geschäftsgebaren seiner italienischen Konfratres Mennini und de Strobel. Das Ergebnis war am 1. Juni 1984 in *L'Osservatore Romano* zu lesen: »Das IOR trägt keine Verantwortung an dem Zusammenbruch der Banco Ambrosiano, in den es unfreiwillig verwickelt wurde. (. . .) Trotzdem hat das Institut nach Erwägung der objektiven Situation beschlossen, einen freiwilligen Betrag zu leisten, (. . .) im Geiste der gegenseitigen Versöhnung und Zusammenarbeit.«

Der »freiwillige Betrag« belief sich immerhin auf 243 Millionen Dollar. Allerdings wurde immer wieder betont, daß die Zahlung nicht als Schuldeingeständnis verstanden werden dürfe, sondern lediglich als Geste.

Die Mailänder Staatsanwaltschaft war anderer Ansicht. Sie setzte ihre Ermittlungen gegen die Vatikanbank-Manager fort. Im Februar 1987 erließ sie Haftbefehle gegen Mennini, de Strobel und Erzbischof Marcinkus. Der Vorwurf lautete: »Beihilfe zum betrügerischen Bankrott der Banco Ambrosiano.«

Doch das Trio flüchtete hinter die mittelalterlichen leoninischen Mauern des Vatikans. Dorthin hat kein italienischer Polizist Zutritt, weil der Vatikan ein souveräner Staat ist. Die drei Herren entzogen sich also ihrer Verhaftung. Die Staatsanwaltschaft stellte deshalb einen Auslieferungsantrag, der erwartungsgemäß abgelehnt wurde.

Allerdings wurde es für die drei ein unerhört langer Aufenthalt im Vatikan. Erst im Juni 1988 gelang es dem Vatikan unter Hinweis auf die Lateranverträge, die Haftbefehle vor dem italienischen Verfassungsgerichtshof für nichtig erklären zu lassen.

Marcinkus, Mennini und de Strobel führten auch während ihres unfreiwilligen Vatikanaufenthalts die Geschäfte der IOR-Bank weiter. Erst als der Aufsichtsrat im Sommer 1989 einberufen wurde, trat Erzbischof Marcinkus von seinem Posten als Präsident der Vatikanbank zurück. Seitdem lebt er in einer kleinen Gemeinde bei Chicago, wo er seinen Hobbys frönt: Whiskey, Zigaretten und Golf. Die beiden Grabesritter Mennini und de Strobel ließen sich pensionieren.

*

Nachdem im Juni 1989 *L'Osservatore Romano* die Namen der neuen Aufsichtsräte veröffentlicht hatte, war es für Theodor E. Pietzcker in Essen mit der Ruhe vorbei. Sein Telefon stand nicht mehr still. Plötzlich interessierten sich Journalisten aus ganz Deutschland für den pensionierten Bankdirektor. »Das ist für mich eine Ehre und Verpflichtung zugleich«, lautete seine erste Stellungnahme. Dem nächsten Anrufer verriet er: »Das wird keine leichte Sache werden.« Als ein Journalist allerdings fragte, ob Pietzcker eine Erklärung dafür habe, warum ausgerechnet er in den Aufsichtsrat der Vatikanbank berufen werde, antwortete er launig: »Ich bin katholisch!«

Die Frage lag natürlich auf der Hand. Schließlich war erwartet worden, daß sich der Vatikan die Unterstützung internationaler Spitzenmanager sichern würde, um mit deren Namen das eigene Renommee aufzupolieren. Theodor E. Pietzckers Referenzen waren eher schlicht. Zwar hatte er es als Direktor der Deutschen Bank in Essen zu zwei Aufsichtsratsposten gebracht. Aber an internationalen Finanzplätzen galt er als unbeschriebenes Blatt.

Hatte seine Berufung in den Aufsichtsrat des IOR etwas mit seiner Zugehörigkeit zum Ritterorden vom Heiligen Grabe zu tun? War Pietzcker von Hermann Josef Abs vorgeschlagen worden? Neben Theodor E. Pietzcker wurde noch ein anderer Grabesritter in den fünfköpfigen Aufsichtsrat berufen. Mit Thomas M. Macioce kam der ostamerikanische Statthalter des Ordens in den Aufsichtsrat der Vatikanbank. Selbst die großen amerikanischen Blätter wußten über Macioce lediglich zu berichten, daß er vor seiner Pensionierung einer der Präsidenten des amerikanischen Industriegiganten Allied Store Corp. gewesen und danach als Seniorpartner bei der New Yorker Anwaltskanzlei Shea & Gold eingestiegen war.

Für Macioce hatte Kardinal John J. O'Connor, Erzbischof von New York, plädiert. Er ist Großprior von USA/Ost und sitzt in jener Kardinalskommission der Vatikanbank, die den Aufsichtsrat einberief und dessen Arbeit überwachen sollte. Bis zu seinem Tod gehörte der fünfköpfigen Kommission auch Kardinal Maximilian de Fürstenberg an, der Nachfolger Eugène Tisserants als Kardinal-Großmeister der Grabesritter.

Die Kardinäle im Ritterorden hatten seit jeher erheblichen Einfluß auf den vatikanischen Finanzhaushalt. In den achtziger Jahren leitete Kurienkardinal Giuseppe Caprio das »Finanzministerium des Vatikans«, die »Präfektur für die wirtschaftlichen Angelegenheiten«. Caprio gehört zusammen mit O'Connor auch zum 15köpfigen »Kardinalsrat für das Studium der organisatorischen und wirtschaftlichen Probleme des Heiligen Stuhls«.

Beziehungen zum Opus Dei sollen eine Rolle gespielt haben, daß José A. Sanchez Asiain, Präsident der größten Privatbank Spaniens, der Banco Bilbao Vizcaia (BBV), in den Aufsichtsrat der Vatikanbank berufen wurde. Zum Vorsitzenden des neuen Gremiums wurde Angelo Caloia ernannt. Er ist Präsident der Mailänder Bank Mediocredito Lombardo, eines regionalen Spezialkreditinstituts für kleine und mittelständische Industrie, und verfügt offenbar über gute Verbindungen zum Opus Dei.

Komplettiert wird das Gremium durch den Schweizer Philippe de Weck. Der Sproß aus einem alten katholischen Freiburger Geschlecht war Vorstandsvorsitzender der größten eidgenössischen Bank, der Schweizerischen Bankgesellschaft (SBG). Er hatte schon 1982, zusammen mit Hermann Josef Abs, der vierköpfigen Expertengruppe angehört, die den Verbindungen des IOR zur bankrotten Banco Ambrosiano auf den Grund gehen sollte. »Meiner Meinung nach waren da naive Priester am Werk«, so lautete damals de Wecks Fazit, »die von anderen Drahtziehern ausgenutzt wurden.«

Mit diesem Urteil konnte der Heilige Stuhl leben. Das Aufsichtsratsmandat war womöglich ein kleines »Dankeschön« an den Schweizer Bankier.

＊

In Italien hat der Kampf gegen Korruption einen Namen: Operation »Saubere Hände«. Mutige Mailänder

Staatsanwälte ermitteln gegen mächtige Wirtschaftstycoons und prominente Politiker – beispielsweise die früheren Ministerpräsidenten Giulio Andreotti und Arnaldo Forlani. Andreotti wird verdächtigt, mit der Mafia kooperiert und einen Mord in Auftrag gegeben zu haben; Forlani ist in einen Schmiergeldskandal verstrickt. Aber die zwei haben noch andere Gemeinsamkeiten: Sie sind Ritter vom Heiligen Grabe.

Gelegentlich gelingt es den Staatsanwälten auch, verdächtige Konten der sonst so geheimen Vatikanbank zu knacken. So wurde im September 1993 ein Konto entdeckt, das dem katholischen Unternehmer Pietro Paolo Marenda gehört. Er trägt nicht nur den vatikanischen Titel »Ehrenmann seiner Heiligkeit« und ist Berater der Wirtschaftspräfektur, des »Finanzministeriums« im Vatikan, er ist auch Mitbruder des Ordens.

Über Marendas Konto liefen Schmiergeldzahlungen an christdemokratische Abgeordnete. Mehr als 300 000 DM wanderten auf diese Weise in die Taschen korrupter Politiker. Dafür erhielt die Turiner Firma Girardi, in der Marendas Bruder Vizedirektor war, lukrative staatliche Bauaufträge.

Aber die Gebrüder Marenda sind nur kleine Fische. Zwei Monate später, im November 1993, hatten die Staatsanwälte ein ganz anderes Kaliber am Haken: den Konzern Ferruzzi. Mit über 150 Millionen DM waren Politiker der einstigen Regierungsparteien »geschmiert« worden. Einer der Empfänger: Konfrater Arnaldo Forlani, der ehemalige italienische Ministerpräsident.

Bei der Vernehmung vor Gericht machte Forlani eine schlechte Figur. Er konnte sich partout nicht mehr daran erinnern, wann, wo und wie er 35 Millionen DM von den Konzernmanagern bekommen hatte. Der Staatsanwalt legte daraufhin Beweise auf den Tisch: Carlo Sama, Chef der Ferruzzi-Gruppe, Italiens zweitgrößtes Privatunternehmen, hatte 1991 eine Stiftung gegründet, die er »San Serafino« nannte – nach dem Vornamen des Firmeninhabers. Für seine Stiftung konnte Sama beim IOR einen karitativen Zweck geltend machen und durfte deshalb ein Konto eröffnen. In der Folgezeit erschien mehrmals Luigi Bisignani, einst Mitglied der Geheimloge P2, in der Vatikanbank. Im Auftrag des Ferruzzi-Managers übergab er den IOR-Bankern jeweils einen dicken Briefumschlag. Der Inhalt: Staatsschuldscheine. Die Vatikanbanker lösten die Wertpapiere anstandslos ein und schrieben das Geld auf dem Konto »San Serafino« gut. Anschließend wurden die Beträge auf insgesamt zwölf Bankkonten in Luxemburg, Genf, Lugano und Chiasso transferiert.

Wieder einmal – und trotz des neuen Aufsichtrats – steckte die Vatikanbank mitten im Korruptionssumpf. Erinnerungen an die Ambrosiano-Affäre wurden wach. »Jemand hat eine Summe hinterlegt, einen religiösen Zweck angegeben und dann etwas anderes damit gemacht«, erklärte Kardinal Rosalio Castillo Lara, Präsident der zuständigen Kardinals-Kommission. »Wir wurden für eine Operation benutzt, deren Zweck wir nicht kannten.«

Ferruzzi-Chef Carlo Sama sagte vor Gericht aus: Das IOR habe für die Geldwäsche neun bis zehn Millionen DM kassiert. Das wiederum stritt Kardinal Castillo Lara vehement ab – wenn auch nicht vor Gericht. Carlo Sama ging daraufhin mit weiteren Details an die Öffentlichkeit: IOR-Prälat Donato De Bonis habe ihm geraten, eine religiöse Stiftung zu gründen, damit er ein Konto beim IOR eröffnen dürfe. Der Prälat habe sich auch sehr um sein Seelenheil gesorgt, berichtete Sama, und ihn schließlich überredet, sich kirchlich trauen zu lassen. De Bonis selbst habe die Hochzeit attestiert. Sama könne dies beweisen – mit seiner Heiratsurkunde.

Prälat De Bonis arbeitete seit den fünfziger Jahren im IOR. Er überstand als einziger sämtliche Skandale der Vatikanbank. Doch im März 1993, ein halbes Jahr bevor die Schmiergeld-Affäre ans Licht kam, wurde er plötzlich von seinem Posten beim IOR abberufen und zum Bischof des Souveränen Malteserordens ernannt. Vermutlich hatte man im Vatikan von den Ermittlungen Wind bekommen und De Bonis rechtzeitig aus der Schußlinie genommen.

Vor seinem Abschied sorgte De Bonis noch für Aufsehen. Im Frühjahr 1993 wurde in der Kirche St. Giovanni dei Fiorentini in Rom, unmittelbar neben Giulio Andreottis Privatwohnung, eine Bischofsweihe abgehalten. Hierbei ließ sich De Bonis zu der Bemerkung hinreißen, er danke dem früheren Ministerpräsidenten Andreotti dafür, daß er der katholischen Kirche und dem IOR nicht nur während der Ambrosiano-Affäre tatkräftig beigestanden habe. Viele der Anwesenden waren über diese Sympathiebekundung erstaunt. Erst Tage zuvor hatte die Staatsanwaltschaft bekanntgegeben, sie ermittle gegen Andreotti wegen Verdachts auf Anstiftung zum Mord.

*

Bei ihren Ermittlungen kam den Mailänder Staatsanwälten ein Zufall zu Hilfe. In Genf war Giuseppe Garofano, Ex-Präsident des Chemiekonzerns Montedison SpA, einer Holding der Ferruzzi-Gruppe, verhaftet worden. Garofano, der wegen seiner Zugehörigkeit zum Opus Dei »Pippo, der Kardinal« genannt wird, ließ sich an Italien ausliefern und packte in unzähligen Verhören über die geheimen Geldströme zwischen den Konzernen, Banken, Steuerparadiesen und Parteien aus.

Die Manager des staatlichen ENI-Konzerns beispielsweise hatten sich von ihren Kollegen, den Ferruzzi-Managern, fürstlich dafür entlohnen lassen, daß sie absichtlich das schlechteste Geschäft ihres Lebens machten – auf Kosten der Staatskasse. Der ENI-Konzern kaufte dem privaten Ferruzzi-Konzern dessen Aktienanteile am Chemieunternehmen Enimont ab, und zwar zu einem astronomisch überhöhten Preis von drei Milliarden DM. Und dies, obwohl allgemein bekannt war, daß der Chemieriese Enimont in der Krise steckte und nur rote Zahlen schrieb.

Weil nun der ENI-Konzern ein staatliches Unternehmen ist, mußten die verantwortlichen Politiker ihre Zustimmung zu diesem Minusgeschäft geben. Grabesritter Forlani wurde mit 35 Millionen DM, Sozialistenchef Bruno Craxi mit 75 Millionen DM und ein paar andere Politiker wurden mit zusammen 40 Millionen DM bestochen.

Kurz nachdem der staatliche ENI-Konzern die Aktienanteile am Chemieriesen Enimont für teures Geld gekauft hatte, wurde das Unternehmen aufgelöst. Es war zu unrentabel. Und wie bei jedem Finanzskandal, bei dem die Banker des Vatikans ihre Hände im Spiel hatten, gab es auch diesmal Tote. Der frühere Ferruzzi-Chef Raul Gardini, Schwager des Stiftungsgründers Sama, nahm sich das Leben, und ENI-Chef Gabriele Cagliari wurde im Sommer 1993 tot in seiner Gefängniszelle gefunden. Angeblich war es Selbstmord.

Die Ehrenmänner
der Bruderschaft

*Wie sizilianische Grabesritter
mit der Mafia konspirierten*

»O Maria, erhabene Patronin unseres Ritterordens, erflehe allen, die den ehrenvollen Titel eines Ritters vom Heiligen Grabe tragen dürfen, den Geist der Hochherzigkeit, um mit beharrlichem Gebet und Opfer die irdische Heimat deines Sohnes zurückzugewinnen ... Glorreiche Königin von Palästina, bitte für die Streiter Christi, daß sie nach den Kämpfen dieses Lebens hinpilgern dürfen zum himmlischen Jerusalem, um vom König der Herrlichkeit die Krone des ewigen Lebens zu empfangen ... Schaue statt auf die Armseligkeit unserer Sünden auf unsere kindliche Liebe und Hingabe.«

Aus dem Gebetbuch *Miles Christi*
der Ritter vom Heiligen Grabe

Das Attentat war generalstabsmäßig geplant. Der Clan derer von Corleone mit seinem Paten, dem Boß der Bosse Salvatore (»Totò«) Riina, an der Spitze hatte in Zusammenarbeit mit acht befreundeten Familien den Mord von langer Hand vorbereitet. Der Tatort an der Autobahn vom Flughafen in die Innenstadt von Palermo war mit einer Tonne flüssigem Sprengstoff Tritol präpariert worden. Über Mobiltelefon meldete ein Anrufer die Ankunft des Opfers auf dem Airport. Jetzt brauchten die beiden *soldati mafiosi* nur noch abzuwarten. Als die gepanzerte Limousine die vorgesehene Stelle passierte, zündeten sie aus sicherer Entfernung die Explosion, drückten gelangweilt ihre Zigaretten auf dem Erdboden aus und machten sich aus dem Staub.

So starben am 23. Mai 1992 Italiens erfolgreichster Mafiajäger, Staatsanwalt Giovanni Falcone, dessen Frau und drei Leibwächter bei einem Bombenanschlag der Cosa Nostra. Wer hatte der Mafia den tödlichen Tip gegeben? War da im Sicherheitsapparat von Palermo einen »Maulwurf«, der Falcones Reisepläne verraten hatte?

Einige Wochen später explodierte in der Via Meriano D'Amelio eine Autobombe. Diesmal war Falcones Mitstreiter und enger Freund, Staatsanwalt Paolo Borsellino, das Opfer. Wenige Minuten nach dem Attentat wurde in unmittelbarer Nähe des Tatorts der Chef des Verfassungsschutzes SISDE in Sizilien gesehen: Dr. Bruno Contrada, Ritter vom Heiligen Grabe.

*

Mondello, ein Fischerdorf etwas außerhalb von Palermo. Der Blick von der weitläufigen Terrasse des Hotels La Torre auf die sonnenüberflutete Felsenbucht verheißt süditalienische Idylle. Ferienstimmung. Auf dem Wasser pendeln Boote und Jachten, es riecht nach Meer. Versteckt hinter rauschenden Palmen erkennt man den berühmten Monte Pellegrino. Weit in der Ferne ist eine Autosirene zu hören.

Auf der Terrasse tauchen plötzlich Männer auf, in weiten Sakkos und Westen, die Pistolenhalfter verbergen sollen, mit Mobiltelefonen in der Hand. Funkgeräte quäken. »Zwei Minuten«, ruft einer, der offenbar das Kommando führt, in die Runde, und durch sein Walkie-talkie hört man: »Oben alles okay!« Über die Bucht treibt der Wind das näher kommende Sirenengeheul heran.

Zwei Minuten später prescht ein Alfa Romeo vor den Hoteleingang, zwei Bodyguards springen heraus, blicken, ihre Maschinenpistolen entsichernd, aufgeregt umher. Dann steigt er aus dem Fond des Wagens: Leoluca Orlando, Kopf der Anti-Mafia-Partei »La Rete« und Bürgermeister von Palermo. Seit seiner ersten Amtsperiode, Mitte der achtziger Jahre, ist er die Nummer eins auf der Todesliste der Cosa Nostra und wohnt schwer bewacht an wechselnden Orten. Dennoch entging er Weihnachten 1992 nur knapp einem Attentat.

Orlando sieht müde aus, gehetzt, hat dunkle Ränder unter den Augen. Mit schnellen Schritten durchquert er das Hotelfoyer, auf Tuchfühlung mit seinen schwerbewaffneten Beschützern, eilt auf die Terrasse, begrüßt seinen Parteifreund, den ehemaligen Polizisten Carmine Mancuso, der »La Rete« als Senator im römischen Parlament vertritt und kurz vor ihm eingetroffen ist, und setzt sich auf einen Stuhl mit dem Rücken zum Meer. Sofort schiebt sich einer der Sicherheitsleute dazwischen, schirmt Orlando zum Wasser hin ab.

»Alles okay hier oben«, tönt es wieder aus einem der Funkgeräte. Ein Polizist, der vom Flachdach des Hotels Ausschau hält, hat sich gemeldet.

»Ich bin praktizierender Katholik«, sagt uns Orlando, »aber diesen Ritterorden muß die Kirche dichtmachen.«

Orlando weiß, wovon er spricht: Sein Vater, früher Dekan der Juristischen Fakultät der Universität Palermo, war Konfrater. Er steht noch im letzten Mitgliedsverzeichnis der sizilianischen Statthalterei, ist aber wegen der Mafia-Connection des Ordens inzwischen ausgetreten. Er habe erkannt, daß es »Feinde innerhalb der Kirche, oft als Bischöfe verkleidet«, zu bekämpfen gelte, »geheimbündlerische Logen wie die P2, das Opus Dei oder eben den Orden vom Heiligen Grabe«.

Orlando nimmt kein Blatt vor den Mund: Spätestens der Fall Contrada müsse allen gutgläubigen Grabesrittern deutlich gemacht haben, daß sie »nur Staffage oder Tarnung« seien für die Konspiration mit den sizilianischen Ehrenmännern, den *uomini d'onore.* Ordensbruder Contrada stehe ja nicht erst

233

seit dem Anschlag auf Falcone und Borsellino, sondern schon seit Jahren unter dem Verdacht, der langgesuchte Verräter innerhalb der Sicherheitsorgane zu sein. »Und er ist es ja nicht allein«, erbost sich der Bürgermeister, »schauen Sie sich die Leitfiguren des Ordens der letzten zehn Jahre an, wie den Conte Arturo Cassina oder den Erzbischof von Monreale, Salvatore Cassisa. Sind das Männer von Ehre«, fragt Orlando böse, »oder nur Ehrenmänner?«

✳

»Er sagt: ›Jetzt wißt ihr, worum es sich handelt. Wollt ihr also dieser Cosa Nostra angehören? Wenn ihr nicht dabeisein wollt, ist es noch Zeit dafür. Ihr könnt weggehen, auch wenn ihr uns schon kennengelernt habt. Es wird euch nichts geschehen. Wenn ihr aber beitreten wollt, müßt ihr eines immer im Kopf behalten: Der Cosa Nostra tritt man mit seinem Blut bei, und man verläßt sie auch nur mit seinem Blut! Aus der Cosa Nostra kann man nicht austreten. Tretet ihr aus, werdet ihr ebenfalls mit eurem Blut austreten – sie bringen euch um. Ihr könnt euch nicht davonmachen, könnt die Cosa Nostra nicht verraten, denn sie steht über allem. Sie steht im Zweifelsfall über eurem Vater und eurer Mutter, über eurer Frau und euren Kindern.‹«

Don Antonino Calderone, der hier seine Aufnahme in die sizilianische Mafia beschreibt, machte sich später doch davon, verriet die Cosa Nostra und lebt seitdem als einer der bedeutendsten Aussteiger *(pentiti)*, versteckt in einem französischen Kloster, unter ständiger Polizeibewachung.

Unmittelbare Folge der Zusammenarbeit des ehemaligen *uomo d'onore* mit den Behörden waren Haftbefehle gegen 160 Mafiosi wegen Mordes und wegen Bildung einer kriminellen Vereinigung. Seine fast 900 Seiten starke Vernehmung gab den Ermittlern überdies detaillierte Einblicke in die Struktur der »Ehrenwerten Gesellschaft« und deren Beziehungen zu Politik, Verwaltung und Kirche. Die Cosa Nostra ist streng katholisch ausgerichtet, was sich schon beim Schwur zeigt, den die neuen *uomini d'onore* zu leisten haben. Calderone berichtet:

Er »nahm eine Nadel, eine Art Haarnadel, und fragte mich: ›Mit welcher Hand schießt du?‹

›Mit der hier‹, antwortete ich.

Da stach er mich in einen Finger, ließ etwas Blut heraustropfen und auf ein Heiligenbildchen laufen. Ich warf einen Blick darauf. Es war das Bild der Jungfrau Maria, der Schutzpatronin der Cosa Nostra, deren Fest am 25. März stattfindet.

Er zündete ein Streichholz an und legte die Flamme an eine Ecke des Bildchens, dann forderte er mich auf, es in die Hand zu nehmen, bis es vollkommen verbrannt war. Ich machte die Hand zu einer Mulde – ich war aufgeregt und schwitzte – und sah zu, wie sich das Bild in Asche verwandelte. Währenddessen forderte er mich auf, gemeinsam mit ihm den Schwur zu sprechen. Nach dieser Formel muß ein Mitglied, das die Gebote verrät, verbrennen wie das Heiligenbildchen der Jungfrau Maria.«

Maria, die Muttergottes, ist die Schutzpatronin der Cosa Nostra wie auch der Ritter vom Heiligen Grabe.

✳

Die Kollegen kamen am Heiligen Abend – doch sie brachten keine frohe Botschaft. Am 24. Dezember 1992, ein halbes Jahr nach den Attentaten auf Giovanni Falcone und Paolo Borsellino, wurde Dr. Bruno Contrada, der früher in verschiedenen leitenden Positionen der Polizei in Palermo, seit zehn Jahren allwissender Chef des Inlandsgeheimdienstes SISDE auf Sizilien war, verhaftet.

Die Untersuchungsrichter hatten eine belastende Dokumentation von mehr als 2000 Seiten Umfang zusammengetragen: Contrada, so war ihre Überzeugung, sei ein Verräter, der nicht nur Falcone und Borsellino, sondern in den Jahren zuvor zahlreiche Anti-Mafia-Politiker, -Staatsanwälte und -Polizisten ans Messer geliefert, zudem untergetauchte Paten wie Totò Riina und dessen Schwager Leoluca Bagarella vor Aktionen der Carabinieri gewarnt habe.

Mit Contrada, der nach seiner Verhaftung aus Sicherheitsgründen sofort nach Rom geflogen und ins Militärgefängnis Forte Boccea gebracht wurde, geriet der Ritterorden vom Heiligen Grabe ins Visier der Fahnder. Contrada und seine Bruderschaft hatten nämlich schon einmal eine Rolle gespielt, im Januar 1988, im Zusammenhang mit dem Mord an dem damaligen Bürgermeister von Palermo, Giuseppe Insalaco. Aus Insalacos Aufzeichnungen, die nach dem Attentat gefunden wurden, ging hervor, daß er mafiosen Immobiliengeschäften auf der Spur gewesen war, die ihn zum Ritterorden geführt hatten. Doch der Bürgermeister vertraute sich nicht nur seinem Tagebuch, sondern auch dem Geheimdienstchef Contrada an, ohne zu ahnen, daß dieser Ritter war. Wenige Tage später starb Insalaco im Kugelhagel der Cosa Nostra.

Sechs Jahre vorher waren die ersten Verdachtsmomente aufgetaucht, daß jemand in den Reihen der Mafia-Bekämpfer ein Verräter sein müsse: Kurz nach dem Mord an Polizeipräfekt Carlo Alberto Dalla Chiesa am 3. September 1982 verschafften sich mehrere Männer, die sich als Polizisten ausgaben, Einlaß in dessen Wohnung und räumten den Safe leer, in dem Dalla Chiesa brisante Unterlagen aufbewahrt hatte. Dessen Sohn vermutete schon damals, einer der Einbrecher sei Bruno Contrada gewesen.

Drei Jahre später starb Polizeichef Ninni Cassaràs unter den Salven einer Kalaschnikow. Der Anschlag galt als erneuter Beleg für die Existenz eines »Maulwurfs«. Der Leiter der Einsatzpolizei hatte nämlich aus Sicherheitsgründen sechs Tage und Nächte ununterbrochen in seinem Büro verbracht, ehe er sich spontan entschloß, zum Abendessen heimzufahren. Minuten später setzte er sich in seine Alfetta und raste durch die menschenleeren Straßen Palermos nach Hause. Dort warteten schon die Killer auf ihn.

Der erste prominente Aussteiger der Cosa Nostra, Tommaso Buscetta, hatte Staatsanwalt Falcone bereits 1984 gewarnt, Contrada sei »ein faules Ei«, er pflege engen Kontakt zum *uomo d'onore* Rosario Riccobono. Dieser habe ihm, Buscetta, wörtlich gesagt: »Ich habe den Dottore Contrada, von dem ich alle Informationen beschaffen kann.« Falcone fand jedoch keine Beweise gegen den SISDE-Chef, die für eine Anklage reichten, mißtraute ihm aber seitdem und versuchte, ihn aus seinen Fällen herauszuhalten. Erst nach Falcones Tod bestätigten drei andere *pentiti* die Version, daß sich der »Dottore« jederzeit zur Verfügung hielt.

Die Glaubwürdigkeit der Zeugen stand für die Ermittlungsbeamten nie in Zweifel: Die entscheidenden Aussagen über geheime Telefonate und verschwiegene Treffen stimmten nahtlos überein. Eine Verschwörung oder gar ein Racheakt gegen den leitenden Verfassungsschützer war deshalb auszuschließen.

Bruno Contrada, der im November 1982, ziemlich genau zu jener Zeit, als er zum Leiter der SISDE aufstieg, in den Ritterorden vom Heiligen Grabe aufgenommen worden war, fand unter seinen Mitbrüdern erwartungsgemäß große Unterstützung. Der Großmeister in Rom, Kurienkardinal Giuseppe Caprio, ließ mitteilen, es sei »ein Akt christlicher Nächstenliebe«, von Contradas Unschuld auszugehen; seine Verbannung aus dem Orden komme schon deshalb nicht in Betracht, weil »selbst die einfachen Vorbereitungen für einen Ausschluß als ein Schuldeingeständnis ausgelegt werden könnten«. Und Conte Ludovico Carducci, Generalgouverneur des Ordens, hielt die Beschuldigungen »nur für Gerüchte«. Selbstverständlich unterstütze man die Ermittlungen der Staatsanwaltschaft Palermo in jeder Form, aber am Ende werde herauskommen, »daß es keine Beziehungen zur Mafia gibt«.

Auch Mitbrüder in Palermo standen ihrem Konfrater zur Seite. Er sei »ein Mann von unbestrittener Persönlichkeit und Moralität«, erklärte der pensionierte Polizeioffizier Procopio La Mattina, sah sich allerdings zu der Klarstellung veranlaßt, nicht er habe Contrada vorgeschlagen, sich um die Aufnahme in den Ritterorden zu bemühen, wie dieser behauptet hatte. Durch wen aber war Contrada dann vorgeschlagen worden?

Im Januar 1993 ging Totò Riina ins Netz, bezeichnenderweise wenige Tage nach der Verhaftung Contradas. Der Boß der Bosse der sizilianischen Cosa Nostra stand plötzlich ohne Schutzpatron in den Sicherheitsdiensten da. Mehr als zehn Jahre lang hatte Contrada in brenzligen Momenten rasch zum Telefonhörer gegriffen, um Riina zu warnen. Einer der Mafia-Aussteiger berichtete zum Beispiel, der »Dottore« habe Anfang 1981 seinen Onkel angerufen, um eine bevorstehende Razzia zu melden. Er sei daraufhin zum Versteck des Paten im Vorort Falsomiele geschickt worden. »Ich fuhr also zur Villa von Totò Riina, er packte sofort seine persönlichen Sachen zusammen und stieg mit seiner Frau und den Kindern in den weißen Mercedes.« Als die Carabinieri kamen, war das Nest leer.

*

Monreale, ein kleines Bergdorf mit engen Gassen, rund zehn Kilometer südlich von Palermo, dessen imposanter Normannendom als eine der schönsten Kirchen in ganz Italien gilt, ist die reichste Diözese Siziliens, noch reicher als die weitaus größeren Bistümer Palermo und Catania. Salvatore Cassisa, Erzbischof von Monreale, ein etwas untersetzter, weißhaariger Monsignore, stand der sizilianischen Sektion des Ritterordens vom Heiligen Grabe viele Jahre als Großprior vor, seit 1988, als der Großkreuzritter Graf Arturo Cassina wegen seiner Kontakte zur Cosa Nostra zurücktreten mußte, in Personalunion auch als weltlicher Statthalter. Später mußte der mächtige Priester, der sich seiner exzellenten Beziehungen zum Heiligen Stuhl stets zu rühmen wußte, allerdings auf Geheiß von Rom seine hohen Ordensämter aufgeben, weil auch er in Verdacht geraten war, mit der Mafia zu konspirieren.

Nachdem ein Pater der Anti-Mafia-Bewegung in Palermo auf offener Straße kaltblütig ermordet worden war, schrieben acht Priester, darunter der Geistliche Giuseppe Governanti, im September 1993 einen Brief an den Papst: Auch unter den Gottesmännern Siziliens seien Mitglieder oder Freunde der Cosa Nostra zu finden, klagten sie. Und einer der »ehrenwerten« Männer sei Erzbischof Cassisa. Mutig forderten Governanti und seine Mitstreiter dessen Amtsenthebung. Wahrscheinlich dienten die Konten der Diözese der Geldwäsche oder, schlimmer noch, der verdeckten Finanzierung des Vatikans durch die Mafia – so der Verdacht der acht Geistlichen.

Hintergrund dieser schweren Vorwürfe: Cassisa habe für ein angeblich 36 Hektar großes Grundstück umgerechnet 800 000 DM kassiert. Tatsächlich sei das Areal aber nur zwölf Hektar groß und der Käufer die rechte Hand des Paten Totò Riina gewesen. Überdies seien von dem Großprior der sizilianischen Grabesritter mehr als 200 Aufträge für die Renovierung des Doms an Baufirmen der Mafia vergeben und dafür beträchtliche Schmiergelder kassiert worden. Die Kritiker des Bischofs waren sogar auf Konten der skandalträchtigen Vatikanbank IOR gestoßen, über die Millionenbeträge aus Monreale liefen, mit denen sich Cassisa offenbar seinen Einfluß in der Kurie sicherte (siehe S. 213 ff.).

Rom schwieg zunächst zu den Anschuldigungen. Und der Erzbischof konnte das für eine Unterstützung seiner Person halten: Er habe zu den Vorwürfen nichts zu sagen, beschied er seine Kritiker, verbot aber Pater Governanti, dem Wortführer, weiterhin Messen zu lesen. Doch das Rad, einmal ins Rollen gebracht, war nicht mehr aufzuhalten. Aus allen Ecken meldeten sich Stimmen, die über eigene Erfahrungen mit dem »ehrenwerten« Monsignore aus Monreale verfügten. Die Staatsanwaltschaft nahm Ermittlungen auf, befragte abtrünnige Mafiosi und erfuhr von ihnen neue Einzelheiten.

Cassisa, so erinnerte man sich plötzlich, pflegte freundschaftliche Beziehungen zum vielfachen christdemokratischen Ministerpräsidenten Italiens Giulio Andreotti, einem Ordensbruder, der damals schon im Verdacht stand, mit der Cosa Nostra zusammenzuarbeiten. Überdies hatte er enge Kontakte zu Salvo Lima, dem früheren Bürgermeister von Palermo und späteren Abgeordneten der Democrazia Cristiana im Europa-Parlament. Auch über ihn kursierten allerlei Mafia-Gerüchte, die neue Nahrung erhielten, nachdem Lima am 12. März 1992 von zwei Killern auf einem Motorrad erschossen worden war. Schauplatz des Geschehens: eben jenes idyllisch gelegene Monreale an der Peripherie von Palermo.

✳

Im Haftbefehl gegen die Auftraggeber des Mordes aus dem Clan derer von Corleone, über die fünf reumütige Aussteiger ausgepackt hatten, wurden später alle Verbindungen zwischen der Mafia und den Andreotti-Gefolgsleuten auf Sizilien dargelegt. Lima war demzufolge Andreottis wichtigster Verbindungskanal zur »Ehrenwerten Gesellschaft«.

Ganz ähnlich steht es in einem Bericht der Parlamentarischen Anti-Mafia-Kommission in Rom. Dort heißt es ohne Umschweife, daß »Salvo Lima Vermittler bei Andreotti für alle Forderungen der Cosa Nostra war«, insbesondere wenn es »um die Beeinflussung von Prozessen« ging. Die Mafia beschaffte der Democrazia Cristiana Zehntausende von Stimmen als Gegenleistung für verschleppte Gerichtsverfahren. Auf diese Weise mußte so mancher *uomo d'onore* während der Berufung wegen Fristüberschreitungen aus der Haft entlassen werden. Lima, so hieß es, sei von den führenden Familien der Cosa Nostra zum Tode verurteilt worden, weil dieser Deal nicht mehr funktionierte. Er konnte der Mafia nicht mehr die »Absolution« der Justiz garantieren.

Für die Absolution der Kirche sei Bischof Cassisa zuständig gewesen, und nicht nur dafür, so behaupteten die *pentiti*. Er habe dieses teuflische Spiel bewußt mitgemacht und seinen Einfluß in Rom und im Vatikan zugunsten der Paten genutzt. Auffällig zudem: Ausgerechnet die Enkel Salvo Limas waren in die Unregelmäßigkeiten bei der Restaurierung des Doms von Monreale verwickelt.

Im Januar 1994 ging Salvatore Cassisa in die Offensive. Er wies alle Anschuldigungen empört zurück und sprach von einem Komplott: »Es sind völlig unbegründete, schändliche Attacken. Ich habe meine Aufgaben als Bischof immer erfüllt!« Dennoch wurde ihm von Rom nahegelegt, sein Amt als Großprior und Statthalter der sizilianischen Ritterschaft niederzulegen.

Allerdings ließ die Staatsanwaltschaft von Palermo nicht locker und nahm auch den Orden vom Heiligen Grabe unter die Lupe. Im Mitgliederverzeichnis stieß sie auf eine ganze Reihe von Namen, die nach ihren Erkenntnissen mit der Cosa Nostra in Zusammenhang standen.

Im Frühjahr 1994 erhielten die Ermittlungen gegen den Erzbischof eine neue Qualität. Bei einer Telefonüberwachung hatte sich herausgestellt, daß der flüchtige Pate Leoluca Bagarella, ein Schwager von Totò Riina, der seit dessen Verhaftung im Januar 1993 dem Führungsgremium aller Mafia-Familien, der Cupola, vorstand, regelmäßig längere Gespräche von einem Mobiltelefon führte. Es gehörte Pater Giuseppe Campisi, einem engen Mitarbeiter Cassisas. Campisi stritt auf Befragen der Ermittlungsbeamten energisch ab, sein »Handy« Bagarella zur Verfügung gestellt zu haben, und verstieg sich zu der Behauptung, das Gerät sei von Dritten manipuliert worden, um den Erzbischof in Mißkredit zu bringen.

Als am 5. Mai 1994 die ermittelnden Staatsanwälte von Palermo eines vor zehn Jahren von der Mafia ermordeten Kollegen gedachten, blieben sie nach der Kranzniederlegung auf dem Friedhof demonstrativ dem Gottesdienst fern, den Erzbischof Salvatore Cassisa im Dom von Monreale zelebrierte. Sie wollten nicht in Gewissenskonflikte geraten. Zwei Monate später standen sie wieder vor der Dompforte, mit einem Hausdurchsuchungsbefehl in der Hand. Sie ließen den Monsignore wissen, es werde nunmehr offiziell wegen Erpressung, Amtsmißbrauchs und Korruption gegen ihn ermittelt. Und sämtliche Aktivitäten des Ritterordens vom Heiligen Grabe in der Zeit seiner Regentschaft würden ebenfalls untersucht.

✳

Noch einmal zurück zur Terrasse des Hotels La Torre: Leoluca Orlando ist gegangen und mit ihm das Gros der Polizisten in Zivil, die sein Leben beschützen sollen. Carmine Mancuso, dessen einziger Bodyguard gerade an der Bar einen Espresso trinkt, kommt auf die geheime Macht und die kriminellen Machenschaften der Grabesritter auf Sizilien zu sprechen.

Er habe Erzbischof Cassisa einmal gesagt – »damals ahnte man noch nichts von dessen Verstrickung« –, eine solche Gemeinschaft wie der Orden, »in der es soviel Macht im politischen und wirtschaftlichen Sinne« gebe, sei »in Sizilien ohne die Mafia gar nicht denkbar«, erzählt er uns. An der spontanen Reaktion des Großpriors sei zu erkennen gewesen, daß er sich eine Antwort schon lange zurechtgelegt hatte: »Der Orden nimmt ausschließlich Mitglieder auf, die über jeden Verdacht erhaben sind.« – »So ein Unfug!« empört sich Mancuso, natürlich gebe es viele »unschuldige Vögel« im Orden, die »gute Werke tun wollen«, aber die seien doch nur ein »Schutzschirm« für »verdeckte Machtstrukturen parallel zu den demokratischen Regierungen«. Mancuso: »Natürlich werden sie keine *soldati mafiosi* unter den Ordensmitgliedern finden, sondern Repräsentanten der Macht und des Geldes mit engen Kontakten zur Cosa Nostra wie den Grafen Cassina, dessen Güter unlängst beschlagnahmt wurden.«

Großkreuzritter Graf Arturo Cassina, Konfrater seit 1951, der die sizilianische Statthalterei des Ritterordens 1981 zusammen mit Erzbischof Cassisa nach vielen Jahrzehnten wiederbelebte, ist einer der Großgrundbesitzer auf der Insel. Er war viele Jahre Generalunternehmer der Kommune Palermo für den

Bau und die Instandhaltung von Straßen und Kanalisation. Wo immer in der Stadt die Bagger anrollten, hatte Cassina seine Finger im Spiel und mit ihm, so munkelte man schon vor Jahren, die Mafia.

Anfang 1988, als die Gerüchte zunehmend zur Gewißheit wurden und »sich der Schatten über ihm und seinen Ordensrittern auszubreiten begann«, wie der *Corriere della Sera* damals schrieb, mußte Cassina auf Druck des römischen Großmeisteramtes vom Amt des Statthalters zurücktreten. Der Graf schob Altersgründe vor, immerhin sei er 78 Jahre alt. Doch Sohn Luciano, Grabesritter auch er, ließ keinen Zweifel daran, daß sein Vater »verärgert und enttäuscht« über die Haltung des Heiligen Stuhls gewesen sei.

Luciano und Arturo Cassina hatten schon 1971 Schlagzeilen gemacht. Totò Riina, damals Regent von Palermo, war seinerzeit gerade in einer finanziellen Notlage und hatte beschlossen, Söhne zu kidnappen, deren Väter aufgrund ihrer Beziehungen zur Cosa Nostra reich geworden waren, um auf diese Weise ein bißchen an deren Reichtum zu partizipieren. Eines der Opfer: Luciano Cassina. Riina persönlich verhandelte am Telefon mit dem Grafen über die Höhe des Lösegeldes – alles ging gut aus und war wohl auch nicht ganz ernst zu nehmen. Allerdings sei diese Entführung unter den sizilianischen Paten hinterher sehr umstritten gewesen, erinnerte sich Aussteiger Calderone später bei seinen Vernehmungen.

Das offensichtlich gute Verhältnis des Grafen zur »Ehrenwerten Gesellschaft« habe durch diese Episode keinen Schaden genommen, meint Senator Carmine Mancuso heftig gestikulierend, als wolle er die Bedeutung seiner Worte mit den Armen unterstreichen.

Es seien die geheimen Kanäle, darunter auch jene im Ritterorden, die in Sizilien Milliardengeschäfte wie jene Cassinas möglich machten und machen. »Warum sollten sich die Mächtigen Palermos sonst zusammentun«, fragt der Politiker, »doch wohl nicht, um das Heilige Grab in Jerusalem zu verteidigen?«

✳

Der General liebt theatralische Auftritte: Dr. Ignazio Millilo, Offizier der Carabinieri in Palermo, Interimsstatthalter der sizilianischen Ritter vom Heiligen Grabe, seit Erzbischof Salvatore Cassisa das Amt hatte quittieren müssen, rudert mit den Armen. Die Vorwürfe seien »ungeheuerliche Manipulationen« der Medien, empört sich Millilo in einem Gespräch mit uns. »Unsere Bruderschaft hat mit denen nicht das geringste zu tun!« Das Wort Cosa Nostra meidet er.

Treffpunkt: Die Ordenskapelle Santa Catarina im Herzen der Stadt. Erst nach längerer Bedenkzeit haben sich einige der Grabesritter von Palermo dazu durchgerungen, über die öffentliche Kritik an ihrem Orden zu reden. Das Wort führt jedoch nicht Millilo, ein Mann der großen Gesten, sondern der eher ruhige Konfrater Raffaello Rubino, Unternehmer und einfacher Ritter.

»Wir leben in einer schwierigen Zeit in Italien, einer Zeit der Wandlungen.« Auch der Orden habe sich dem zu stellen, führt Rubino aus. Man habe deshalb »unter großen Schmerzen« vereinbart, Mitbrüder auszuschließen, wenn sie wegen krimineller Machenschaften verurteilt würden.

»Aber erst dann!« fällt ihm General Millilo ins Wort.

»Aber sind die Aussagen diverser *pentiti* gegen Contrada nicht schwerwiegend genug?«

»Noch ist er unschuldig«, entgegnet Millilo nach kurzem Zögern, »und wenn dann etwas herauskommt, muß er sich schämen, nicht wir!«

Dann behauptet die versammelte Ritterschaft, der Ex-Geheimdienstchef sei gar nicht richtig investiert, sondern auf Geheiß des Großmeisters aus Rom ohne Ritterschlag aufgenommen worden. »Wir halten ihn nicht für gesegnet«, betont Rubino und erweckt damit den Eindruck, als baue der Orden längst Positionen für den Rückzug auf.

»Und Graf Cassina?«

Wieder schaufelt Konfrater Millilo mit beiden Händen Luft, bevor er antwortet. »Ein Mann von Ehre«, sagt er, dem »nichts nachgewiesen« wurde. Alles »üble Verdächtigungen«. Im übrigen sei Conte Cassina inzwischen aus dem Orden ausgeschieden, eine »honorige Geste, um Schaden von dem Orden fernzuhalten«, wie Raffaello Rubino findet.

»Und Giulio Andreotti?« Der siebenmalige Ministerpräsident, die beherrschende politische Figur Italiens der letzten Jahrzehnte, Senator auf Lebenszeit, der prominente Grabesritter und Freund des Erzbischofs von Monreale, Salvatore Cassisa, sieht sich inzwischen vielfältigen Vorwürfen ausgesetzt. Nicht weniger als acht Mafia-Überläufer, darunter der ehemalige Fahrer Totò Riinas, bezeugen übereinstimmend, Andreotti habe nicht nur »der Organisation sehr nahe« gestanden (»Wir nannten ihn fast zärtlich Onkel!«), sondern sich auch vertraulich mit dem Boß der Bosse getroffen. Beide hätten sich bei der Begrüßung sogar auf die Wange geküßt. Einige Aussteiger halten ihn für einen *punciuttu*, einen »Angestochenen«, also einen *uomo d'onore*, der den Blutschwur abgelegt hat; andere, wie Don Antonino Calderone, sehen in ihm eher einen Freund der »Familien«, der den Aufnahmeritus nicht mitzumachen brauchte.

Die Frage nach Andreotti löst unter den Rittern Empörung aus. Alle reden durcheinander. »Hören Sie«, setzt sich Rubinos Lautstärke durch, während Millilo das Mitgliedsverzeichnis schwenkt, »gehört der zur Ordenssektion von Palermo? Gehört er nicht! Also, was sollen wir dazu sagen?«

»Das sollen die in Rom beantworten, die sind für Andreotti zuständig!« fügt der General hinzu, als wolle er, der Großkreuzritter und Interimsstatthalter, gegenüber dem einfachen Ritter das letzte Wort behalten. Standesgemäß.

*

Verkehrte Welt. Leoluca Orlando, die Symbolfigur des Widerstandes gegen die Mafia in Sizilien, der 1991, damals noch in der Democrazia Cristiana, von seinem Parteifreund Andreotti gestürzte Volksheld, steht Ende 1994, nicht einmal ein Jahr nach seinem glänzenden Wahlsieg, im politischen Abseits. Seine Bewegung »La Rete« scheint am Ende. Engste Verbündete kehren ihm den Rücken.

»Er ist Gottvater geworden, hält sich für unfehlbar und hat jede Fähigkeit zum Dialog verloren«, kritisiert ihn Carmine Mancuso, einst einer seiner treuesten Gefolgsleute im Kampf gegen das organisierte Verbrechen.

Seine Anhänger werfen Orlando vor, er tummele

sich zuviel in Talk-Shows herum, anstatt die Probleme Palermos in Angriff zu nehmen. Er habe bislang noch keines seiner Wahlversprechen eingelöst: keine neuen Arbeitsplätze, keine Sanierung der heruntergekommenen Viertel. Dabei besitze Leoluca Orlando inzwischen weit größere Kompetenzen als irgendeiner seiner Vorgänger.

Der Niedergang des Bürgermeisters ist indes auch Ergebnis des veränderten politischen Klimas in Italien. Von dem noch Anfang 1994 spürbaren starken Erneuerungswillen ist nicht mehr viel übriggeblieben. Auseinandersetzungen um geheime Zirkel und verdeckt operierende Bünde wie den Orden vom Heiligen Grabe, ja selbst die Strafprozesse gegen die mafiaverdächtigen oder korrupten Mitglieder der alten Nomenklatura stoßen auf immer geringeres Interesse. Hätte nicht die Justiz an Selbstbewußtsein und Unabhängigkeit gewonnen, es stünde nicht gut um die Bekämpfung des organisierten Verbrechens in Italien.

Der politische Ruck nach rechts ist auch Zeugnis einer schweren Identitätskrise der italienischen Gesellschaft. Mafia und Korruption haben das Land zermürbt. Im November 1994 ließ sich der damalige Regierungschef Silvio Berlusconi mit der These vernehmen, Filme über die Mafia und nicht etwa die Straftaten der Mafia selbst seien schuld am schlechten Image Italiens im Ausland.

Aus dem Hochsicherheitstrakt einer verlassenen Insel im Mittelmeer meldete sich daraufhin der Pate Riina zu Wort: »Berlusconi hat vollkommen recht. Die Mafia ist sowieso nur eine Erfindung der Journaille.«

*

Und die Kirche? Etwa zur gleichen Zeit wie Leoluca Orlando sich ins Abseits manövrierte und Berlusconi das Problem der Cosa Nostra verniedlichte, kündigte der Papst bei einem Gottesdienst in Catania einen verschärften Kampf gegen die Mafia an: »Wer sich der Gewalttätigkeit schuldig macht und sich mit dem Blut von Menschen befleckt, wird sich dafür vor dem Urteil Gottes verantworten müssen.« In dieser Zeit sei unerschrockener Widerstand gefragt, dürfe »es keinen Platz geben für Kleinmut und Untätigkeit«, sagte Johannes Paul II. Es klang auch wie ein Schuldspruch über seinen Erzbischof in Monreale und die zwielichtigen sizilianischen Glaubensritter vom Heiligen Grabe.

Schon einmal, im Mai 1993, nach ersten Gerüchten über Contrada und Cassisa, hatte der Pontifex maximus die Mafia verdammt und vor jeglicher Apathie im Kampf gegen das Verbrechen gewarnt. Zwei Monate später kam es zu einer Serie von Bombenanschlägen gegen katholische Kirchen – nach Erkenntnissen der Staatsanwälte eine unmißverständliche Antwort der Cosa Nostra auf die veränderte Politik des Heiligen Stuhls: Kungeleien mit Paten in gemeinsamer Verehrung der Muttergottes wie zu Beginn der Ära Johannes Pauls II. sollte es offenbar nicht mehr geben.

Die Reaktion auf den neuerlichen Appell des Papstes fiel unzweideutig aus. Diesmal, im Herbst 1994, fand ein Gefängniskaplan aus einem Vorort von Palermo, der als entschiedener Gegner der Mafia gilt, vor seiner Tür den abgeschnittenen, blutenden Kopf eines Lammes. Auf einem beigefügten Zettel war zu lesen: »Auch Du wirst so enden!« Viele verstanden es als Warnung an den Heiligen Vater.

Stille Hilfe im Heiligen Land

*Das einseitige Engagement
des Ordens für
palästinensische Interessen*

»O Gott, der Du in wunderbarer Vorsehung alles ordnest, wir flehen Dich inständig an: Laß Palästina, das Heilige Land, wo Dein Eingeborener in unsagbarer Liebe die heiligen Geheimnisse der Erlösung vollbracht hat, auf die Fürsprache der allerseligsten Jungfrau Maria, der Königin von Palästina, vor allen Widerwärtigkeiten geschützt sein und Deiner Majestät im heiligen Bekenntnis würdig dienen ... «

Aus dem Gebetbuch *Miles Christi*
der Ritter vom Heiligen Grabe

Jerusalem, im Januar 1988. Ungewohnte Töne eilen der Prozession voraus, die sich durch die engen Gassen der Altstadt schlängelt: Dudelsackpfeifer blasen inbrünstig »Jingle Bells« – ein Relikt aus den Tagen des britischen Mandats. Michel Assad Sabbah, ein Araber, wird als katholischer Patriarch von Jerusalem feierlich in sein Amt eingeführt. Von seinem Amtssitz in der Nähe des Jaffa-Tores zur Grabeskirche säumen Andenkenläden den Weg, deren Aushängeschilder das gleiche blutige Jerusalemkreuz zieren wie die weißen Mäntel der hinter dem neuen Bischof herziehenden Ritter vom Heiligen Grabe.

Als Patriarch ist Sabbah qua Amt auch zweithöchster Würdenträger in der Hierarchie des Ritterordens und muß mit »Eure Seligkeit« angesprochen werden. Er sei zwar nicht »der erste Einheimische« auf diesem Posten, verkündet der neue Patriarch stolz, denn »auch der erste Bischof von Jerusalem, der Apostel Jakobus, wurde hier geboren«, das liege aber zugegebenermaßen schon recht viele Jahre zurück.

Rund 10 000 römisch-katholische Christen leben heute in Jerusalem, als religiöse Minderheit gegenüber Juden und Muslimen. Die Berufung Sabbahs auf den Bischofsstuhl der Heiligen Stadt gilt deshalb als politisches Signal, auch wenn der Vatikan später diesem Eindruck zu begegnen versucht.

Kurz vor der Ernennung des Palästinensers ist im Gazastreifen die Intifada ausgebrochen. Der Widerstand gegen die israelische Obrigkeit hat sich schnell auf die anderen besetzten Gebiete ausgebreitet und droht inzwischen zu eskalieren.

Die Palästinensische Befreiungsorganisation PLO zeigt sich in ersten Stellungnahmen begeistert und sieht die Entscheidung für Michel Sabbah als einen wichtigen politischen Schritt des Vatikans an: für die arabische Sache und gegen israelische Interessen.

Sehr viel distanzierter äußert sich das israelische Außenministerium. Es bringt zwar, diplomatischen Gepflogenheiten entsprechend, die Hoffnung zum Ausdruck, daß man eine »konstruktive und fruchtbare« Zusammenarbeit haben werde, »wie wir sie mit anderen Autoritäten der verschiedenen Kirchen in Israel pflegen«. Tatsächlich ist die Regierung vom Schritt des Vatikans überrascht und irritiert; sie muß ihn sogar wie einen wohlüberlegten Tritt vors Schienbein empfinden, denn natürlich ergreift der Papst mit seiner Personalentscheidung Partei für die Palästinenser, seien sie nun Katholiken oder Muslime.

Wie weiland die römischen Legionäre tragen christliche Pfadfinder ihre Standarten der Prozession voraus, dahinter folgen Vertreter der anderen um die Grabeskirche streitenden christlichen Glaubensrichtungen: die Griechisch-Orthodoxen, deren Oberhaupt sich als der wahre Patriarch von Jerusalem versteht, die Armenisch-Orthodoxen; und dahinter die Franziskaner, denen seit der Vertreibung der Kreuzritter im 14. Jahrhundert die Obhut der heiligen Stätten obliegt, schließlich Delegationen der Ritter vom Heiligen Grabe aus aller Welt und am Ende ein Trupp schwerbewaffneter israelischer Soldaten mit entsicherten Schnellfeuergewehren. Gewalttätige Demonstrationen sind wegen der Unruhen in den besetzten Gebieten nicht auszuschließen. Stunden vor der feierlichen Amtseinführung ist ein Großteil der palästinensischen Intellektuellen auf der Westbank verhaftet worden.

Seit jeher gibt es in Israel eine enge Verbundenheit der arabischen Christen mit den arabischen Muslimen. »Beide gehören einem Volk an, müssen das gleiche Leid ertragen«, erklärt Sabbah später, »und wenn man mit den gleichen Problemen zu kämpfen hat, schweißt das die Menschen natürlich zusammen.« Mit Ausnahme einiger hundert Judeo-Christen sind alle 120000 Christen im Heiligen Land, also in Israel, im Gazastreifen, auf der Westbank und in Jordanien, darunter etwa 65000 Katholiken lateinischen Ritus, Palästinenser.

Auf dem engen Platz vor der Grabeskirche gerät die Prozession ins Stocken. Sabbah muß auf die Wächter warten, die ihm die Grabeskirche aufschließen sollen. Diese Tradition stammt noch aus der Zeit des Osmanischen Reiches: Istanbul wollte damals den fortwährenden Streitigkeiten der Christen untereinander Einhalt gebieten. In historischen Uniformen mit prächtigen Krummschwertern und verzierten Zeremonienstöcken macht der »Schlüsseldienst« dem neuen Patriarchen seine Aufwartung, öffnet ihm dann das Portal und gibt den Blick frei auf den Salbungsstein, der jene Stelle markieren soll, an der der Leichnam Jesu vor der Grablegung gesalbt wurde.

Am Tage nach seiner Amtseinführung ist für Michel Sabbah die feierliche Stimmung verflogen. In der Umgebung des Patriarchats stehen gepanzerte Militärfahrzeuge, durch die Gassen patrouillieren martialisch anmutende Soldaten mit schußsicheren Helmen und langen Schlagstöcken. Die Palästinenser haben zu Trauerdemonstrationen aufgerufen, um der »im Widerstand gegen die israelischen Besatzer gefallenen Märtyrer« zu gedenken.

Wie soll Sabbah sich verhalten? Solidarität üben? Bei Ramallah auf der Westbank, so erfährt er wenig später, hat ein israelischer Militärtrupp einen seiner Priester in Soutane verprügelt. Und am Abend zeigt das jordanische Fernsehen brutale Szenen von israelischen Soldaten, die Tränengasgranaten in die El-Aqsa-Moschee im muslimischen Teil der Altstadt werfen.

Michel Assad Sabbah muß gegen die Ausschreitungen bei der israelischen Armee protestieren. Doch er läßt sich zwei Tage Zeit; er scheint der Entwicklung nicht gewachsen. Als der neue Patriarch auf den Ausbruch von Gewalt schließlich reagiert, zeugt seine Stellungnahme eher von Hilflosigkeit: »Alle zusammen sind wir hier in Gottes Land.« Und: »Unser Rat an alle lautet: Betet!«

✳

»Ober dem Grabe Christi ließ ich eine feierliche Messe de resurrectione Domini lesen, und einige meiner Gefährten nahmen mit Ehrfurcht den Leib des Herrn. Nach der Messe schlug ich ihrer zwei am Grabe zu Rittern, die Schwerter ihnen umgürtend und alles andere beobachtend, was bei Erteilung der Ritterschaft zu geschehen pflegt; der Admirat von Jerusalem hatte mir nämlich den Schlüssel zum Gemach des Grabes gegeben und ließ niemanden in die Grabeskirche eintreten, außer denen, die ich namentlich aufführte und zuließ, damit ich ruhiger mit den Meinigen der Andacht obliegen und in der Kirche das tun könnte, was mir zur Ehre Gottes zu passen schien.«

Dieser erste urkundliche Bericht über einen Ritterschlag am Heiligen Grabe stammt vom Mai 1335, als der niedersächsische Graf und Johanniter Wilhem von Boldensele während einer Pilgerfahrt zwei mit ihm in Jerusalem weilende Adlige zu Rittern schlug. So hat es Konfrater Valmar Cramer 1952 recherchiert, ein Historiker und Journalist, in den zwanziger Jahren Mitarbeiter des Kölner Oberbürgermeisters Konrad Adenauer, dessen Investitur in den Orden er allerdings nicht mehr erlebte.

Einen Beleg für die Behauptung, die Bruderschaft der Grabesritter lasse sich, ähnlich wie die der konkurrierenden Templer oder Malteser, auf die Zeit der Kreuzzüge oder gar auf Gottfried von Bouillon, Ende des 11. Jahrhunderts, zurückführen, konnte Cramer nicht entdecken. Vielmehr handele es sich um einen »weltlichen Orden, der den Charakter eines Ritterordens erst im Laufe des 16. Jahrhunderts« erhielt und »seine Entstehung einem Brauchtum der mittelalterlichen Ritterschaft des christlichen Abendlandes« verdanke, sich als Höhepunkt einer Pilgerfahrt vom Franziskaner-Guardian am Heiligen Grab »erhöhen« zu lassen.

Der Orden führt demnach keineswegs »seine Wurzeln bis in das 12. Jahrhundert zurück«, wie Großmeister Giuseppe Kardinal Caprio noch immer behauptet; ebensowenig zählten Päpste zu seinen Amtsvorgängern. Schließlich wurde sein »eigentliches Ziel«, so Caprio, »die christliche Minderheit im Heiligen

Land geistlich und materiell zu unterstützen«, erst im Juli 1847 zur primären Aufgabe, als das Lateinische Patriarchat von Jerusalem durch Papst Pius IX. nach 550jähriger Unterbrechung wiederhergestellt wurde. Die Griechisch-Orthodoxen hatten unter dem Einfluß Rußlands in der Heiligen Stadt stetig an Bedeutung gewonnen; überdies war von der preußischen und englischen Krone inzwischen ein anglikanisches Bistum errichtet worden. Der Vatikan wurde deshalb von Katholiken in aller Welt bedrängt, die Position des Heiligen Stuhls in Jerusalem zu stärken. Pius IX. entsandte daraufhin einen Monsignore als Patriarchen ins Heilige Land und stattete ihn mit der Vollmacht aus, Jerusalempilger zu Rittern vom Heiligen Grabe zu ernennen, gegen den Widerstand der Franziskaner, die dieses Privileg bis dahin besaßen.

»Wir verordnen, daß die Verleihung dieses Grades ausschließlich dem Patriarchen gehöre«, entschied der Papst damals. Dieser »aber soll von dieser Vollmacht nur Gebrauch machen zugunsten derer, die sich durch Reinheit des Wandels hervortun und alle übrigen Erfordernisse an sich tragen, um diese Ehrung zu erlangen«. Schließlich folgte noch ein Wort zum schnöden Mammon: »Die Geldmittel, welche von den Rittern dargebracht werden«, gehören »der Sitte gemäß in den Opferkasten für die Bedürfnisse des Heiligen Landes«.

＊

Elisabeth Verreet ist eine couragierte Ordensdame. Die über 70jährige Industriellenwitwe aus Meerbusch bei Düsseldorf engagiert sich aufopfernd für die Katholiken im Heiligen Land. Trotz widriger Bedingungen reiste sie während der Intifada immer wieder in die besetzten Gebiete, um tatkräftig zu helfen.

»Zababdeh, eine Ortschaft in den besetzten Gebieten mit 2350 Einwohnern, darunter 1610 Christen, habe ich unter schwierigsten Umständen besucht«, erinnert sie sich. »Minen auf der Straße, Steinwürfe ... Als ich in der Pfarrei ankam, standen alle unter Schock: Die Tante des Pastors war gerade ermordet worden. Zababdeh hatte weder fließendes Wasser noch Gas noch Elektrizität, auch kein Telefon. Die etwa 320 Schulkinder kamen morgens mit leerem Magen zur Schule.« Erst dank des »Nothilfefonds unseres Ordens konnte eine ›Schulspeisung‹ durchgeführt werden, und mit Spenden von Mitgliedern unserer Statthalterei wurde ein Generator aufgestellt, der die ganze Gemeinde mit Elektrizität fortan versorgt«.

Das soziale Engagement der resoluten Ordensschwester ist unstrittig. Aber welche Motive stecken hinter der Aufgabe, die katholischen Christen in Israel zu unterstützen?

Herbert Müller-Hartburg, ein renommierter Architekt aus Wien, Ritter vom Heiligen Grabe in der österreichischen Statthalterei, muß seinen Mitbrüdern wie ein Ketzer vorkommen, denn er hält die »vornehmste Aufgabe« seines Ordens, sich wie Elisabeth Verreet vor Ort zu engagieren, »für grundfalsch«, jedenfalls für ein »nicht vorrangiges Anliegen«. Man habe »manchmal den Eindruck, daß uns nichts so wichtig ist wie die Errichtung einer Schule in Gaza oder die Renovierung eines Pilgerhospizes in Jerusalem«, übt Müller-Hartburg Selbstkritik. Statt dessen plädiert er für soziales und gesellschaftliches Engagement »in der Heimat«. Man dürfe nicht »seine ganzen Kräfte auf solche Aufgaben im Heiligen Land verschwenden«, sonst habe man sich bald »verblutet«.

Elisabeth Verreet hält dem entgegen, daß die »gemeinsame Hilfe« der etwa 18 000 Ordensritter in Europa, Nord- und Südamerika und in Australien »den Christen in ihrer Heimat eine Überlebenschance geben«, ihrer »Emigration entgegenwirken« soll, da immer mehr Katholiken der heiligen Erde sonst den Rücken kehren würden, denn »das soziopolitische Umfeld zwingt die Christen geradezu zur Auswanderung«. Geht es also – fast 2000 Jahre nach Christus – um katholische Besitzansprüche in dieser Region?

Die von den 40 Statthaltereien des Ordens gesammelten Gelder werden zum überwiegenden Teil über Rom nach Jerusalem geleitet, 1992 waren das von insgesamt etwa 8,5 Millionen DM rund 90 Prozent. Ein Teil bleibt dabei im Vatikan hängen, mit einem weiteren Teil bestreiten der Patriarch, seine vier Bischöfe und 80 Priester ihren Lebensunterhalt. Das restliche Geld, oft mehr als vier Millionen DM pro Jahr, wird in etwa 60 Pfarreien, Missionsstationen und Konfessionsschulen investiert, die sich meist fest in der Hand der Rosenkranzschwestern befinden.

Die deutsche Ritterschaft, die ohnehin sehr spendabel ist, finanziert auch eigene Projekte auf direktem Wege, gewissermaßen am Heiligen Stuhl vorbei, und oft werden sie von Elisabeth Verreet initiiert; 1992 flossen aus diesem Etat mehr als 360 000 DM auf die Konten des Patriarchen. Allerdings werden die Zahlungen von deutscher Seite gelegentlich mit Auflagen verknüpft, deren Sinn sich den Rosenkranzschwestern entzieht. So wurde in einer Schule in Beit Hanina bei Jerusalem von der deutschen Statthalterei ein Sprachlabor eingerichtet – mit der Maßgabe, daß dort auch die deutsche Sprache gelehrt wird.

Die sozialen Einrichtungen des Ritterordens kommen dabei nicht nur den katholischen Palästinensern zugute, sondern auch den muslimischen: Von den rund 17 000 Schülern der 40 Patriarchatsschulen in Israel, in den besetzten Gebieten und in Jordanien, die vom Orden unterstützt werden, bekennen sich mehr als ein Drittel zum Islam; in der Schule in Gaza sind es sogar weit über 80 Prozent.

Im Konflikt zwischen Juden und Arabern »können die Christen nicht neutral sein«, schreibt Elisabeth Verreet. Werde von den Muslimen »ein Streiktag ausgerufen, und ein christlicher Ladenbesitzer folgt diesem Aufruf nicht«, laufe er Gefahr, daß die Muslime sein Geschäft verwüsten; »folgt er dem Streikaufruf, macht er sich bei den Israelis unbeliebt«.

Die fortwährenden Konflikte unter den israelischen Besatzern hätten die »Bande nationaler Solidarität zwischen christlichen und muslimischen Palästinensern« gefestigt, heißt es in einer vom ehemaligen deutschen Statthalter Johannes Binkowski herausgegebenen Abhandlung *Erbe und Aufgaben des Ritterordens vom Heiligen Grabe*. Diese Verbrüderung der beiden Religionen sei durch Beschlüsse des Heiligen Stuhls gedeckt, die »Christentum und Islam auf die gleiche Ebene« stellten. Deshalb auch müsse es als »Pflicht« gesehen werden, die »Rechte der katholischen Kirche im Heiligen Land« zu verteidigen – in Allianz mit den Muslimen.

Doch die Hilfe für die Palästinenser beschränkt

sich nicht auf Geld und gute Worte. Schon in der Zeit seiner Regentschaft in den achtziger Jahren seien aus einem Soforthilfefonds Anwälte bezahlt worden, räumt Binkowski ein, »um politische Gefangene, die von den Israelis doch nur wegen ihres Glaubens verhaftet wurden, aus dem Gefängnis herauszuholen«, sie manchmal regelrecht »freizukaufen«. Solidarität mit den Rechtgläubigen.

*

Der Kölner Weihbischof war nicht nur ein äußerst frommer Mann, das Heilige Land lag ihm besonders am Herzen: Wilhelm Cleven, Großprior der deutschen Statthalterei zwischen 1966 und 1974, sammelte nach dem Sechstagekrieg im Juni 1967 Geld, unter anderem für ein Pfarr- und Sozialzentrum in Marqa bei Amman. Die Schule mit mehr als eintausend jungen Palästinensern mußte dringend renoviert, der Kindergarten erweitert, überdies eine neue große Kirche gebaut werden, die auf den Wunsch des Bischofs den Namen »Maria, Mater Ecclesiae« erhielt. Allein im Jahre 1973 überwiesen Cleven und seine Mitbrüder fast eine Million DM nach Jordanien; zum Dank wurde die Einrichtung im selben Jahr zu Ehren des Gönners benannt: »Bischof-Cleven-Pfarr-und-Sozialzentrum«.

Seit März 1955 war Wilhelm Cleven überdies in einer anderen Organisation engagiert, die sich »Stille Hilfe« nannte, nicht etwa aus Bescheidenheit und Demut, sondern aus Sorge um die Freiheit derjenigen, denen der Verein in »christlicher Nächstenliebe« half: Kriegsverbrechern, SS-Schergen und Nazi-Größen. Sie wurden durch die »Stille Hilfe« außer Landes geschleust, nach Südamerika zumeist, gelegentlich auch dank falscher Pässe aus dem Vatikan, weil ihnen in Deutschland Prozesse bevorstanden (siehe S. 67).

War der Kölner Weihbischof also ein Sympathisant des Dritten Reiches, ein Antisemit gar? Oder war er nur blind und naiv? Steckt womöglich auch in seiner Hilfe für die Palästinenser ein Stück Judenfeindlichkeit, so wie neofaschistische Kreise in den Nachkriegsjahren häufig die Interessen der Araber vertraten, weil sie wie diese den Staat Israel bekämpften?

Bischof Anton Schlembach, heute Großprior und damit geistliches Oberhaupt der deutschen Ritter vom Heiligen Grabe, schließt aus, daß Wilhelm Cleven, einer seiner Vorgänger, unehrenwerte Motive hatte. Einen Bezug zwischen dessen Engagement in der »Stillen Hilfe« und den Aktivitäten des Ordens im Heiligen Land weist er entrüstet von sich. Man müsse doch fragen, ob es damals um Täter ging, »die wirklich so etwas wie Verbrechen begangen« hatten, oder ob »das mehr Mitläufer, Opportunisten« waren, als hätten Mitläufer und Opportunisten jemals außer Landes geschleust werden müssen. Doch Schlembach läßt das nicht gelten: »Ich würde nicht sagen, Nazi ist gleich Nazi!«

✻

Sonntagmorgen, kurz vor fünf Uhr. Die Altstadt von Jerusalem wirkt noch wie ausgestorben. Um diese Zeit verirrt sich kaum jemand in die engen Gassen. Nur ein paar Gläubige sind auf dem Weg zur Grabeskirche, um den ersten Gottesdienst zu besuchen.

Die Messe findet in der Rotunde statt, deren 50 Meter hohe Kuppel die Kapelle mit dem Grab Christi überspannt. Die Franziskaner in ihren braunen Kutten, rund ein Dutzend an der Zahl, singen das *Tedeum.* »Großer Gott, wir loben dich!« Ein Meßdiener, dunkelhäutig und bunt gewandet, als sei er dem Märchen *Tausendundeinenacht* entsprungen, wieselt von einer Ecke zur anderen. Andächtig beten einheimische Palästinenser, eine alte, offenbar blinde Frau und eine Handvoll Feriengäste oder Pilger nebeneinander, an einer der heiligsten Stätten der Christenheit.

Dann geht alles hektisch zu. Eine Messe folgt der anderen. Nach dem Gottesdienst der römischen Katholiken räumen der flinke Afrikaner und die Mönche behende schwere Gobelinteppiche und Holzbänke beiseite, während auf der Rückseite des Heiligen Grabes, vor einer winzigen Kapelle, die mit vielen Ikonen geschmückt ist, der Geistliche der Kopten bereits seinen eigenartigen Singsang anstimmt.

Die Besitzansprüche der verschiedenen christlichen Konfessionen und Gemeinschaften an der Grabeskirche wurden 1852 durch die osmanische Regierung per Gesetz festgelegt: Rotunde, Grabeskapelle und Salbungsstein gehören den Griechisch-Orthodoxen, den Armeniern und den Lateinern gemeinsam; die Kopten, Syrer und Äthiopier verfügen nur über einzelne Kapellen, die Russisch-Orthodoxen haben gar keinen Besitz in der Grabeskirche.

Einige Gläubige ziehen weiter durch die verwinkelte Grabeskirche, knien vor dem Kreuzigungsaltar nieder, in dessen unmittelbarer Nähe die ehemaligen Grabstätten der ersten beiden christlichen Beherrscher von Jerusalem liegen: jene des Ritters Gottfried von Bouillon, Vogt des Heiligen Grabes von 1099 bis 1100, auf den sich der Orden zu Unrecht beruft, auf den sich möglicherweise jedoch das Jerusalemkreuz, das noch heute die weißen Rittermäntel ziert, zurückführen läßt, und jene des Balduin von Boulogne, König von Jerusalem von 1100 bis 1118.

Wenige Stunden später, in der Kirche des Lateinischen Patriarchats: Unter prächtigen Deckengemälden, deren Renovierung die Grabesritter ein Vermögen gekostet haben muß, nimmt Bischof Michel Sabbah eine Firmung junger Palästinenser vor, teils in lateinischer, teils in arabischer Sprache. Auf der Empore singt lautstark ein Frauenchor. Nach der Messe versammeln sich Gemeinde, Firmlinge und Patriarch im Innenhof zum Erinnerungsfoto.

Das angrenzende Gebäude erweckt den Eindruck eines Klosters mit einem langen, dunklen Gang, an dessen Ende sich ein Besucherzimmer befindet, das an einen Rittersaal erinnert. An der Stirnseite hängen zwei historische Gemälde, auf denen die Investitur eines Grabesritters und einer Ordensdame zu sehen ist. Außerdem gibt es Büsten, Fotos des Patriarchen mit dem Heiligen Vater und, vor samtrotem Vorhang, einen steinernen Thron, auf dem Michel Sabbah gerade Platz genommen hat und dessen Armlehnen dem schmächtigen Patriarchen fast bis unter die Achseln reichen.

»Was leisten die Ritter vom Heiligen Grabe, um die Fahne der katholischen Kirche im Heiligen Lande hochzuhalten, Eminenz?«

»Über Geld rede ich nicht«, sagt Sabbah kurz und bündig, und fast klingt es, als habe irgendeiner seiner

spendablen Konfratres die Steuerfahndung im Nak-
ken. Dann erzählt er aber doch, daß sich der Orden
zwar »nicht in die Politik einmische«, aber »jeder Ritter natürlich in seinem Leben, je nach Stellung und
Beruf, alles tut, was er kann, um eine positive Entwicklung zu erreichen«. Das hätte ein langjährig ge-
schulter Diplomat nicht besser sagen können.

Bischof Sabbah gilt als ruhiger, gebildeter Theologe.
Er hat an der Universität Beirut Arabistik studiert
und an der Pariser Sorbonne promoviert – ein Intel-
lektueller auf dem Bischofsstuhl. Seit seiner Amts-
übernahme im Jahre 1988 erwies sich der Mann mit
der Hornbrille allerdings nicht nur als strenger Katholik, sondern auch als getreuer Araber, als Anwalt für
die Politik des Vatikans und der PLO. Da konnte es
kaum ausbleiben, daß er bei den Israelis ganz undiplo-
matisch in viele Fettnäpfchen trat. Erst verstieg er
sich zu der Behauptung, der aufkeimende Antisemitismus in Europa sei die Konsequenz der israelischen
Politik; dann klagte er im *L'Osservatore Romano*,
»daß Jerusalem nicht die Stadt des Friedens sein kann,
wenn ihr nicht ein eigenes Statut zugemessen wird«;
und schließlich ergriff er aus Anlaß der Deportation
fundamentalistischer Palästinenser für die Terrororganisation Hamas Partei. »Man wird sagen, die Aus-
gewiesenen sind von Hamas, einer radikalen Bewegung«, verkündete Sabbah 1992 in seiner Weihnachtsbotschaft. »Aber die Antwort ist sehr einfach und eindeutig: Alle Muslime und alle Hamas-Anhänger sind
Kinder Gottes und deshalb unsere Brüder.«

✳

Die Einigung war erwartet worden, kam letztlich aber doch überraschend: Ende Dezember 1993 unterzeichneten der Heilige Stuhl und Israel in Jerusalem einen Grundlagenvertrag, einen historischen Pakt zwischen dem jüdischen und dem katholischen Staat, nicht aber zwischen den beiden Religionen. 46 Jahre nach der Gründung des Judenstaates nahm endlich auch der Vatikan diplomatische Beziehungen auf.

Die Übereinkunft war möglich geworden, weil beide Seiten während der 18monatigen Verhandlungen auf Positionen verzichtet, Zugeständnisse gemacht und Kompromisse geschlossen hatten. Den Israelis lag insbesondere eine Erklärung des Vatikans zu Antisemitismus und Holocaust am Herzen, ein Bekenntnis zu Mitschuld und Reue. Schließlich hatte die katholische Kirche dem Massenmord an Millionen Juden nicht nur weitgehend tatenlos zugesehen, sondern den Faschismus in Deutschland und Italien sogar unterstützt, um ein Bollwerk gegen die »gottlosen« Kommunisten aufzubauen.

Es lasse sich nicht leugnen, so die Sprachregelung, die der Heilige Stuhl fand, »daß der Holocaust in Gebieten stattfand, die im wesentlichen christlich waren und zum größten Teil katholisch«. Im Vertrag bekräftigte der Vatikan schließlich sinngemäß diese Formel, indem er »Haß, Verfolgung und jede andere Erscheinungsform des Antisemitismus, gerichtet gegen das jüdische Volk oder einzelne Juden überall, zu jeder Zeit und durch jede Person« verurteilte. Mehr Vergangenheitsbewältigung war offenbar nicht drin.

Dafür bestätigte Israel nicht nur den Anspruch Roms auf die heiligen Stätten sowie Kirchen, Klöster und Friedhöfe, sondern auch »das Recht der katholischen Kirche auf Eigentum«.

Glaubt man dem orthodoxen Rabbi Adin Steinsaltz, dann ging es dem Vatikan ohnehin in erster Linie »um Geld, Grundstücke, Steuern«. Die katholische Kirche habe klare »Interessen« im Lande, so gesehen sei »die Anerkennung Israels keine religiöse Geste« gewesen. Der jüdische Geistliche geht sogar noch weiter: »Wenn der Papst heute den Antisemitismus bekämpft, ist das eine nette Geste, wie wenn er die Armut bekämpft: Auch sie hält er für ein Übel.«

Die Beziehungen zwischen Juden und Christen sind von jeher belastet. Zwar ließ Johannes Paul II. aus der Neufassung des Weltkatechismus jene Passagen streichen, die den Juden indirekt die Verantwortung für den Tod Jesu unterstellten; überdies bezeichnete er die Juden wiederholt demonstrativ als »unsere älteren Brüder«. Viele Ressentiments blieben jedoch. Insbesondere die einseitige Unterstützung der Positionen der PLO durch den Heiligen Stuhl sowie die Fürsprache des Lateinischen Patriarchen für die terroristische Hamas nährten unter den Juden den Verdacht, der Vatikan sei an einer echten Aussöhnung gar nicht ernsthaft interessiert, sondern wolle lediglich seine Besitzstände wahren, zumal die Orden in Israel »unabhängiger sind, als dem Vatikan lieb ist«, so Rabbi Steinsaltz.

Auch nach dem Grundlagenvertrag blieben deshalb viele Juden skeptisch: Ein Grundsatzpapier des Vatikans zu den religiösen Aspekten, in das er Einblick gehabt habe, sei »ein Meisterstück der Art, wie man auf sechs Seiten nichts Neues sagen kann, sondern nur alte Positionen wiederholt«, kritisierte Steinsaltz. Es könne deshalb trotz Normalisierung des Verhältnisses zwischen Israel und dem Vatikan »keinen Frieden« geben zwischen Juden und Christen, »und auch keinen Dialog«.

∗

Der Pontifex maximus nutze die Veranstaltung zu einigen grundsätzlichen Anmerkungen. Die Ordensfrau Edith Stein sei »in der strengen Schule der Traditionen Israels« aufgewachsen und habe sich mit 14 Jahren bewußt von der jüdischen Religion abgekehrt, um danach »nicht nur geistig, sondern auch blutsmäßig zu Christus zu gehören«. Später sei sie im Konzentrationslager Auschwitz »als Tochter ihres gemarterten Volkes« umgekommen, als Opfer jener »wahnsinnigen Ideologie«, die »im Namen eines unseligen Rassismus« den Plan zur Ausrottung der Juden gefaßt und »mit gnadenloser Konsequenz durchgeführt« habe.

Am 1. Mai 1987 sprach Johannes Paul II. Edith Stein selig, während einer Deutschlandreise, im Köln-Müngersdorfer Fußballstadion vor 75 000 Gläubigen, darunter Bundeskanzler Helmut Kohl und Minister seines Kabinetts. Die 1891 in Breslau geborene Jüdin hatte nach dem Abitur Philosophie studiert, war 1922 zum katholischen Glauben konvertiert, nach der Machtergreifung der Nationalsozialisten 1933 als Nonne ins Karmeliterinnen-Kloster gegangen, Anfang August 1942 durch die Gestapo verhaftet, nach Auschwitz verschleppt und dort schon wenige Tage später ermordet worden.

Einige Tage nach der Seligsprechung besuchte der

Papst die Domstadt Speyer, zu der Edith Stein in einem besonderen Verhältnis gestanden hatte: In Speyer wurde sie gefirmt, dort lebte und wirkte sie acht Jahre lang als Lehrerin bei den Dominikanerinnen.

Bischof Anton Schlembach, Hausherr in Speyer, Großprior der deutschen Ritter vom Heiligen Grabe und Gastgeber seiner Heiligkeit, mochte bei seiner Bewertung der Märtyrerin nicht hinter den Ausführungen Johannes Pauls II. zurückstehen. Edith Stein sei »im Judentum und Christentum gleichermaßen zu Hause« gewesen, schrieb der Bischof, sie könnte deshalb »Brückenfunktion haben« zwischen den beiden Religionen. »Gerade in jüngerer Zeit entdecken wir – von neuem – das Judentum, den Alten Bund, als Wurzelgrund unseres Glaubens«, bekundete Konfrater Schlembach, das Martyrium der Edith Stein mahne überdies »zum Einsatz für die menschliche Würde, für wirklichen Frieden und Versöhnung«.

Doch wie ernst gemeint waren diese Worte angesichts der Aktivitäten seines Ordens in Israel? Muß nicht die Unterstützung auch fundamentalistisch muslimischer Palästinenser von den Juden als wenig friedensstiftend und versöhnend, sondern als gezielter Affront empfunden werden?

Ritter Anton Schlembach, der nach eigenem Bekenntnis seit seiner Bischofsweihe noch nie im Heiligen Land war, räumt ein, daß die Israelis sicherlich »nicht alles gerne sehen, was wir da tun und was wir da möchten«. Das mit den Schulen des Ordens, die auch Muslimen offenstünden, sei gewiß »eine ganz delikate Sache«.

»Aber diesem Konflikt mit den Israelis würden Sie auch nicht aus dem Wege gehen?«

»Im Gegenteil«, antwortet der Ordens-Großprior. Er sucht nach einer passenden Metapher. Man könne nicht auf jeden Streit »um des lieben Friedens willen« verzichten, sondern müsse »unter Umständen auch einmal etwas durchfechten«! Und dann läßt der höchste geistliche Grabesritter Deutschlands seine Gedanken treiben und gerät ins Schwadronieren über den Einfluß seiner Mitbrüder: Zwar mache der Orden ja »nicht direkt Politik im eigentlichen Sinne«, aber er sei durchaus dafür, daß seine Ordensritter, die »Beziehungen zum Außenministerium« haben, zum Beispiel »über die diplomatische Vertretung«, in Israel auf gewisse Dinge »diskret hinweisen« lassen, gewissermaßen Lobbyarbeit für den Heiligen Stuhl betreiben. All dies wäre wenig Aufregung wert, wüßte man nicht, daß die Ritterschaft einseitig Partei ergreift für die palästinensische Sache. Statt eines klaren Wortes über die berechtigten Anspüche der Juden kommen nur Bekenntnisse über die Rechte der Christen und Muslime. Und manche Formulierung über die ritterliche Hilfe ist irritiernd: »Daß wir natürlich auf diese Weise auch gewisse falsche politische Systeme unterlaufen wollen, das ist ganz klar«, rutscht dem Bischof heraus.

Ist also allen Bezeugungen über die Aussöhnung mit den Juden zum Trotz, der Staat Israel in seinen Augen ein »falsches politisches System«, das es zu bekämpfen gilt? Oder hat sich Eminenz lediglich mißverständlich ausgedrückt?

Wenige Wochen später schreibt Anton Schlembach einen Brief an die Israelische Botschaft in Bonn und stellt klar, daß ihm nichts fremder sei, als die Berechtigung des Staates Israel in Frage zu stellen.

Nachwort

»Wer ein Amt hat, widme sich dem Amte.«
Aus dem Gebetbuch *Miles Christi*
der Ritter vom Heiligen Grabe

Der Ritterorden vom Heiligen Grabe wirkt gern im verborgenen. Aber daraus dürfe man keine falschen Schlüsse ziehen, sagt Statthalter Peter Heidinger, und verweist auf das finanzielle Engagement des Ordens im »Heiligen Land«: Man leiste dort nämlich »einen aktiven Beitrag zum friedlichen Zusammenleben von Christen und Muslims« (sic!).

Doch wer genau hinschaut, entdeckt hinter der karitativen Fassade oft eine antiisraelische Gesinnung. Von den Juden und ihren Rechten beispielsweise ist nur äußerst selten die Rede; der Staat Israel kommt im Sprachgebrauch der Ritterschaft überhaupt nicht vor – die Konfratres sprechen stets nur von »ihrem« Heiligen Land.

Angesichts dieser Ordenspolitik kann es nicht verwundern, daß so mancher Grabesritter unter seinem weißen Mantel eine braune Vergangenheit oder rechtsextremes Gedankengut verbirgt. Als wir Peter Heidinger, Statthalter der deutschen Grabesritter, mit unseren Rechercheergebnissen konfrontierten, wollte er über die Verfehlungen seiner Mitbrüder lieber »den Mantel der christlichen Nächstenliebe decken, nicht nur meinen Rittermantel«.

Nach unserer ARD-Sendung und der Veröffentlichung in der *Zeit* entschloß sich Heidinger, mit heruntergelassenem Visier in die Offensive zu gehen. Bei einer Investitur im Mai 1994 lud er zur Pressekonferenz und verstieg sich zu der Behauptung, die Vorwürfe seien unredlich, und »schwarze Schafe« gebe es überall.

Wohl wahr. Allerdings stellt sich dann die Frage: Wie viele »schwarze Schafe« verträgt eine selbsternannte Elite, deren Mitglieder sich – ganz unbescheiden – als die »Besten der Besten« bezeichnen?

Überdies sind die »schwarzen Schafe« dem Orden ja nicht einfach zugelaufen, vielmehr wurden sie behutsam ausgewählt, ein Jahr lang geprüft und schließlich in den Ritterorden aufgenommen. Und nicht selten sind es ausgerechnet die »schwarzen Schafe«, die in der Ordenshierarchie ganz oben stehen. Ist das nur Zufall?

Zumindest ist es nicht unwesentlich. Schließlich haben »Befehl« und »Gehorsam« im Ritterorden eine große Bedeutung. Dabei wird die Hierarchie im Berufsleben auf den Kopf gestellt: So haben beispielsweise Bankdirektoren im Orden oft Befehlsgewalt über ihrem Vorstandsvorsitzenden. Hat dies auch Auswirkungen auf das Berufsleben?

Natürlich glauben wir nicht, daß alle Mitglieder des Ordens unehrenhaft sind. Im Gegenteil: Wir haben eine Reihe von Grabesrittern kennengelernt, die sich für die vermeintlich gute Sache mit Leib und Seele engagieren. Aber viele sind unbedarft, mitunter sogar blind gegenüber den Machenschaften ihrer Mitbrüder.

Trotzdem denken wir, daß die aufgezeigten Beispiele zumindest eines belegen: Hinter der frommen Fassade des Ordens agiert eine unselige Allianz von wirtschaftlichen und politischen Kräften, um im Schutz eines päpstlichen Ordens ihre nicht immer demokratischen Ziele zu verfolgen.

Wir denken auch, daß es einer Verharmlosung gleichkommt, nur von ein paar »schwarzen Schafen« zu sprechen. Es sind nicht nur die prominenten Beispiele wie Filbinger, Streibl, Bossle und Freiherr von der Heydte, die im Ritterorden für ein äußerst rechtes Gedankengut stehen. Auch im Heer der namenlosen Glaubenskrieger stolpert man ständig über Kämpfer für die »rechte Sache«. Zum Beispiel: Jörg Schill.

Schill wurde am 19. Mai 1990 in Bonn in den Orden aufgenommen. Damals war er noch Vorstandsvorsitzender der Deutschen Babock Borsig AG in Berlin und saß in diversen Aufsichtsgremien, etwa bei der Dresdner Bank und der Westdeutschen Landesbank Girozentrale.

Im Sommer 1994 kam es in Berlin zu einer Regierungskrise. Auslöser war der Pressesprecher des Innensenators, der regelmäßig an einer sogenannnten »Dienstagsrunde« teilgenommen hatte. Diese »Dienstagsrunde« war vom Verfassungsschutz observiert worden, weil sich dort »mehrere Mitglieder der Republikaner« sowie »eine Auswahl von Kapital und Intelligenz der rechten Szene« getroffen hatten. Auf der Teilnehmerliste der »Dienstagsrunde« stand auch Jörg Schill, Ritter vom Heiligen Grabe.

Anhang

Deutsche Ordensritter in der Berufswelt

Banken

Dr. Hermann J. Abs (†1994)
Deutsche Bank AG i. R.
Kollarritter

Dr. Gottfried Wolff
Dresdner Bank AG
Großkreuzritter

N.N.*
Bankhaus Schliep & Co.
Komtur mit Stern

N.N.* Dredsner Bank AG *Komtur*	N.N.* Allbank AG *Komtur*	N.N.* Commerzbank AG *Komtur*	Heinz Krebs Bankhaus Krebs *Komtur*	Dr. Norbert Fischer Landesbank NRW a. D. *Komtur*
N.N.* Dresdner Bank AG *Ritter*		N.N.* Commerzbank AG *Ritter*		N.N.* Kreissparkasse Aachen *Ritter*
N.N.* Dresdner Bank AG *Ritter*		Dr. Kurt Hochheuser Commerzbank AG *Ritter*		Dr. Herbert Geist Landesbank Rhein- land-Pfalz *Ritter*
N.N.* Dresdner Bank AG *Ritter*				N.N.* Kreissparkasse Ravensburg *Ritter*
N.N.* Dresdner Bank AG Luxemburg *Ritter*				N.N.* G&S Société ano- nyme d'investisse- ment Luxembourg *Ritter*
N.N.* Dresdner Bank AG *Ritter*				
N.N.* Dresdner Bank AG *Ritter*				

* Namen und Funktionen sind den Autoren bekannt.
Quelle, auch für die folgenden Seiten: Mitgliedsverzeichnis IX/1989, Deutsche Statthalterei des Ordens vor Heiligen Grabe zu Jerusalem (auszugsweise)

Wirtschaft

August Brenninkmeyer
C&A Miteigentümer
Großkreuzritter

Prof. Dr. Karl Tacke
Textilfabrikant
Großkreuzritter

Dr. Hans Heinrich Faßbender
ARAG AG
Großkreuzritter

Prof. Dr. Ing. Peter Heidinger
Energieversorgung Schwaben AG i. R.
Komtur mit Stern (Statthalter)

Max Werhahn
Unternehmer
Komtur mit Stern

Kurt Alberts
Karstadt AG
Komtur

N. N.*
Ruhrgas AG
Komtur

Dr. Johannes Berentzen
Getränke-Industrie
Berentzen
Komtur

N. N.*
Messerschmidt, Bölkow
Blohm GmbH
Komtur

N. N.*
Brown, Boverie
& Cie AG i. R.
Komtur

N. N.*
Brown, Boverie
& Cie AG
Komtur

N. N.*
BASF AG
Komtur

N. N.*
Thyssen AG i. R.
Komtur

N. N.*
Daimler Benz AG
Rom
Ritter

Freiherr Dr. Victor
von Baillou
Merck OHG
Ritter

Dr. Rudolf Bossle
Deutsche Nestlé GmbH
i. R.
Ritter

Dr. Heinz Kriwet
Thyssen AG
Ritter

N. N.*
Deutsche Continental-
Gas-Gesellschaft
Ritter

Dr. Franz Josef Dazert
Salamander AG
Ritter

Albert Falke
Strumpffabrikant
Ritter

Max-Josef Frotz
Gerling AG i. R.
Ritter

Heinrich Heddergott
Eternit AG
Ritter

N. N.*
Uhde GmbH
Ritter

Helmut Lübke
COR-Polstermöbel
Ritter

N. N.*
Pharmawerke Grünen-
thal GmbH
Ritter

Karl Gilles
Rolex Uhren GmbH
Ritter

Erhard Bouillon
Hoechst AG i. R.
Ritter

N. N.*
Siemens AG
Ritter

N. N.*
Nixdorf Computer AG
i. R.
Ritter

N. N.*
Energie Ober-
franken AG
Ritter

N. N.*
Hoechst AG
Ritter

N. N.*
Bewag AG
Ritter

N. N.*
Papierwerke Schickedanz
& Co.
Ritter

N. N.*
ARAL AG
Ritter

N. N.*
BASF AG
Ritter

Walter Kordes
Presse- und Informationsamt
der Bundesregierung a.D.
Komtur mit Stern

Max Streibl
Ministerpräsident a.D.
Komtur mit Stern

Dr. Walther Gase
Staatssekretär a.D.
Komtur mit Stern

Prof. Dr. Hans Filbinger
Ministerpräsident a.D.
Komtur

Paul Piazolo
Staatssekretär
Komtur

Ludwig Martin
Generalbundesanwalt
a.D.
Komtur

Prof. Dr. Otto Sauer
Finanzgericht Nürnberg
Komtur

Dr. Franz-Egon Humborg
Oberverwaltungsgericht
Münster
Komtur

Dr. Ewald Thul
Landgericht Koblenz
Komtur

Franz Sackmann
Staatssekretär a.D.
Komtur

Dr. Oscar Schneider
Bundesminister a.D.
Komtur

N.N.*
Bundesamt f. Wehrtechnik
Ritter

Dr. Egbert Möcklinghoff
Landesminister a.D.
Ritter

Dr. Heribert Benz
Oberlandesgericht
Koblenz
Ritter

Dr. Adolf Klein
Oberlandesgericht Köln
Ritter

N.N.*
Wehrbereichsverwaltung Hannover
Ritter

Dr. Fritz Pirkl († 1994)
Staatsminister a.D.
Ritter

Werner Köppe
Verwaltungsgericht
Augsburg
Ritter

Wolfgang Rübsam
Landgericht Hildesheim
Ritter

N.N.*
Bundesverteidigungsministerium
Ritter

Aenne Brauksiepe
Bundesministerin a.D.
Ordensdame

N.N.*
BM f. Arbeit u. Soziales
Ritter

Dr. Otto Reiser
Landesarbeitsgericht
Nürnberg
Ritter

N.N.*
Bundesgerichtshof
Ritter

N.N.*
Sozialgericht Würzburg
Ritter

N.N.*
Bundesverteidigungsministerium
Ritter

N.N.*
Niedersächsisches Sozialministerium
Ritter

Dr. Leopold Adams
Generalstaatsanwalt a.D.
Ritter

N.N.*
Bundeswehrfachhochschule
Ritter

Severin Bartos
Landrat Cochem-Zell
Ritter

N.N.*
Verwaltungsgericht Arnsberg
Ritter

N.N.*
Auswärtiges Amt
Ritter

Konrad Regler
Landrat Eichstätt
Ritter

Heinz Korbach
Regierungspräsident Koblenz
Ritter

Karl L. Krampol
Regierungspräsident
Oberpfalz
Ritter

Dr. Karl Miltner
Regierungspräsident
Karlsruhe
Ritter

Öffentliches Leben

Peter Reichsgraf Wolff-Metternich zur Gracht
Vizegeneralgouverneur des *Ritterordens*
Kollarritter

Prof. Dr. Johannes Binkowski	Prof. Dr. Friedrich v. d. Heydte († 1994)	Herzog Albrecht von Bayern
Verleger i. R.	Universität Würzburg i. R.	*Großkreuzritter*
Großkreuzritter	*Großkreuzritter*	

Dr. Anton Schlembach
Bischof von Speyer
Komtur mit Stern (Großprior)

Prof. Dr. Hubert Rohde	Prof. Dr. Lothar Bossle	Johannes Degenhardt	Dr. Johannes Dyba
Intendant a. D.	Universität Würzburg	Erzbischof von Paderborn	Erzbischof von Fulda
Komtur mit Stern	*Komtur mit Stern*	*Komtur mit Stern*	*Komtur mit Stern*
Franz Bachem	Prof. Dr. med. Karl	Dr. Josef Stimpfle	Joachim Meisner
Verleger i. R.	Kremer	Bischof von Augsburg i. R.	Erzbischof von Köln,
Komtur mit Stern	Uni-Klinik Düsseldorf	*Komtur mit Stern*	Kardinal
	Komtur mit Stern		*Komtur mit Stern*
N.N.*	N.N.* Ordinarius	Manfred Müller	Dr. Bernhard Stein
Verleger	Universität München	Bischof von Regensburg	Bischof von Trier
Komtur mit Stern	*Komtur mit Stern*	*Komtur mit Stern*	*Komtur mit Stern*

Heinrich M. Graf Henckel v. Donnersmarck
Katholisches Büro b. d. Landesregierung NRW
Komtur mit Stern

Prof. Dr. Karl Holzamer	N.N.* Ordinarius
Intendant a. D.	Klinikum Bamberg
Komtur	*Komtur*
Rudolf Terheyden	Prof. Dr. med. Edgar Un-
BV Deutscher Zeitungs-	geheuer, Uni-Klinikum
verleger	Frankfurt
Komtur	*Komtur*

Dr. Hermann Herder-	N.N.*	Prof. Dr. med. Lutwin	N.N.* Ordinarius
Dorneich	Akademie der Wissen-	Beck, Uni-Klinikum	Universität Würzburg
Verleger	schaften	Düsseldorf,	*Ritter*
Ritter	*Ritter*	*Ritter*	N.N.* Ordinarius
Hans-Peter Scherrer	Dr. med. Paul Odenbach	N.N.* Ordinarius, Uni-	Universität Münster
Axel-Springer-Verlag	Bundesärztekammer	Klinikum Bonn, *Ritter*	*Ritter*
Ritter	*Ritter*	Prof. Dr. med. Hubert	N.N.* Ordinarius
		Poliwoda, Medizinische	Universität Köln
		Hochschule Hannover	*Ritter*
		Ritter	

Satzung des Ritterordens vom
Heiligen Grab zu Jerusalem
(Auszüge)

Vorwort

»Ihr sollt meine Zeugen sein in Jerusalem,
in ganz Judäa und Samaria,
ja bis an die Grenzen der Erde« (Apg 1/8).

✳

Rittertum fordert Selbstdisziplin, Großmut und Tapferkeit.
Wer nicht den festen Willen hat, diese Haltung in seinem Leben zu entfalten und zu vertiefen, wird nie Mitbruder werden.
Die Bereitschaft zum Selbstverzicht inmitten dieser Gesellschaft des Überflusses, die großzügige Hilfe für die Schwachen und Unbeschützten, das mutige Streben nach Gerechtigkeit und Frieden sind die charakteristischen Merkmale des Ordens vom Heiligen Grab.

Die Verbundenheit mit Jerusalem, die sich im Orden offenbart, und die wirksame Mitverantwortung für die heiligen Stätten richten unsere Sehnsucht nach dem himmlischen Jerusalem (Gal 4/26).

Das Heilige Grab ist Symbol des Leidens mit Jesus und auch unserer Hoffnung auf die Auferstehung (Phil 3/10).

Das Kreuz, das wir tragen, ist kein Juwel, sondern Zeugnis unserer Unterwerfung unter das Gesetz des Kreuzes Christi. Die Form des Kreuzes unseres Ordens erinnert uns an die Wundmale des Herrn und an die Wunden, aus denen das Heilige Land noch heute blutet.

Die Pilgermuschel erinnert an die Pflicht, den Notleidenden zu helfen, und an die Tatsache, Pilger auf dieser Erde zu sein.

Moralische Lebensführung und christliches Empfinden sind die ersten Erfordernisse für die Aufnahme in den Orden. Die Ausübung des christlichen Glaubens muß sich offenbaren im

286

Schoße der eigenen Familie, am Arbeitsplatz, im Gehorsam gegenüber dem Heiligen Vater und in der Mitarbeit bei den kirchlichen Aufgaben innerhalb der eigenen Pfarrei und der eigenen Diözese.

Diese Auszeichnung des Ordens fordert von seinen Mitgliedern:

— religiöse Hingabe,
— Teilnahme an den Aktivitäten der Kirche,
— Laienapostolat und Bereitschaft für den Dienst in der Kirche,
— Pflege des ökumenischen Geistes, vor allem durch ein lebendiges Interesse für die konfessionellen Probleme in Palästina.

Die Besonderheit des Ordens besteht in seinem Bemühen für die heiligen Stätten von Jerusalem und in seinen Verpflichtungen gegenüber der Kirche in Palästina. Man kann nicht genug darauf hinweisen, daß die karitative Tätigkeit des Ordens seine Wurzeln in der Spiritualität seiner Mitglieder hat.

Ursprung und rechtliche Natur des Ordens

Artikel 1
(Institution)

Der »Ritterorden vom Heiligen Grab zu Jerusalem«, der sehr alten Ursprungs ist und von Päpsten neu geordnet und mit Privilegien bereichert worden ist, steht aufgrund historischer, rechtlicher und geistiger Bande unter dem gütigen Schutze des Heiligen Stuhls.

Gemäß den Apostolischen Briefen Seiner Heiligkeit Pius XII. vom 14. September 1949 und Seiner Heiligkeit Johannes XXIII. vom 8. Dezember 1962 ist der Orden eine juristische Person des kanonischen Rechts.

287

Artikel 2
(Ziele)

Der Orden verfolgt folgende Ziele:

1. Förderung der christlichen Lebensführung bei seinen Mitgliedern in absoluter Treue zum Papst und gemäß den Lehren der Kirche unter Beachtung der Prinzipien der Nächstenliebe. Im Dienst dieser Prinzipien ist der Orden ein wesentliches Mittel und ein Faktor für die Hilfe zugunsten des Heiligen Landes;
2. Unterstützung und Förderung der religiösen, wohltätigen, kulturellen und sozialen Aktivitäten und Einrichtungen der katholischen Kirche im Heiligen Land, insbesondere die des Lateinischen Patriarchats von Jerusalem, mit dem der Orden traditionelle Bande unterhält;
3. die Erhaltung und Verbreitung des Glaubens im Heiligen Lande durch Teilnahme aller auf der Welt zerstreuten Katholiken, insbesondere derjenigen, welche in der Nächstenliebe durch das Symbol des Ordens vereint sind;
4. die Verteidigung der Rechte der katholischen Kirche im Heiligen Land.

Artikel 3
(Wesen)

Infolge seines Wesens und wegen seiner ausschließlich religiösen und karitativen Zielsetzung steht der Orden jeglicher Bewegung oder Veranstaltung politischen Charakters fern. Die Mitglieder des Ordens dürfen an Aktivitäten von Institutionen, Organisationen und Vereinen nicht teilnehmen, deren Charakter, Ziele und Programme zur Lehre und zu den Unterweisungen der katholischen Kirche im Widerspruch stehen, sowie keinem sogenannten Orden oder Institutionen mit vermeintlich ritterlichem Charakter angehören, die nicht vom Heiligen Stuhl anerkannt oder von souveränen Staaten zugelassen wurden.

Artikel 4
(Sitz)

Der Orden hat seinen Sitz in dem Kloster neben der Kirche S. Onofrio al Gianicolo gemäß dem »motu proprio« Seiner Heiligkeit Pius XII. vom 15. August 1945.

Mit Jerusalem und den heiligen Stätten ist die Geschichte und das jetzige Leben des Ordens eng verbunden.

Die Ordensmitglieder

Artikel 5
(Klassen und Rangstufen)

1. Der Orden besteht aus Rittern und Damen, die in folgende drei Klassen eingeteilt sind:
   a) Klasse der Kollar-Ritter und Kollar-Damen;
   b) Klasse der Ritter mit folgenden Rangstufen:
   – Großkreuz-Ritter
   – Komtur mit Stern (Großoffizier)
   – Komtur
   – Ritter
   c) Klasse der Damen mit folgenden Rangstufen:
   – Großkreuz-Dame
   – Komtur-Dame mit Stern
   – Komtur-Dame
   – Dame
2. Die Ritter und Damen werden unter Persönlichkeiten katholischen Glaubens sowie einwandfreier sittlicher Lebensführung ausgewählt, die sich in besonderer Weise um die katholischen Einrichtungen im Heiligen Land und um den Orden verdient gemacht haben und sich verpflichten, dies auch in der Zukunft zu tun.

Artikel 6
(Aufnahmen und Beförderungen)

1. Ritter und Damen werden vom Kardinal-Großmeister ernannt.
2. Die Aufnahmen und Beförderungen der Ritter und Damen jeder Rangstufe werden vom Kardinal-Großmeister durch eine hierfür vorgesehene und von ihm unterzeichnete Ernennungsurkunde verfügt, die sein Siegel und das Siegel des Ordens trägt.
3. Diese Urkunde muß den Sichtvermerk und das Siegel des Staatssekretariats tragen.

Artikel 7
(Verfahren für die Aufnahmen und Beförderungen)

1. Die Vorschläge für Aufnahme in den Orden und Beförderungen müssen von den Statthaltern oder den Magistraldelegierten, in deren Jurisdiktionsbereich der Kandidat ansässig ist, nach Anhörung der jeweiligen Räte an den Kardinal-Großmeister gerichtet werden.
   Diese Vorschläge sind mit den in Anlage A aufgeführten Dokumenten zu versehen.
2. Bevor die Vorschläge dem Kardinal-Großmeister unterbreitet werden, müssen sie von der Kommission für die Prüfung von Ernennungs- und Beförderungsvorschlägen geprüft und mit ihrem Gutachten versehen werden.
3. Die Aufnahmen in den Orden erfolgen mit der anfänglichen Rangstufe eines Ritters oder einer Dame.
4. Die Beförderungen erfolgen Rangstufe für Rangstufe nach mindestens drei Jahren Zugehörigkeit zum vorhergehenden Rang.
5. Von dieser Bestimmung kann nur wegen bewiesener außerordentlicher Verdienste oder aus außerordentlich wichtigen Gründen abgewichen werden.
6. Die einzelnen Bestimmungen der Anlage A können entwe-

der bei der Abfassung der Allgemeinen Richtlinien (Regolamento Generale) oder durch Mitteilungen des Großmeisteramtes gemäß den vom Kardinal-Großmeister erhaltenen Direktiven modifiziert werden.

Artikel 8
(Ernennungen »Motu Proprio«)

Der Kardinal-Großmeister hat die Befugnis, in besonderen Fällen nach seinem Ermessen *Motu-Proprio*-Aufnahmen in den Orden und Beförderungen vorzunehmen. Er setzt den Statthalter oder den Magistraldelegierten des Wohnsitzes des Kandidaten sowie das Ordinariat davon in Kenntnis.

Artikel 9
(Ernennungen durch das Großmeisteramt)

Das Großmeisteramt kann in ganz außerordentlichen Fällen, die als solche vom Kardinal-Großmeister anerkannt wurden, Ernennungen vorschlagen.

Artikel 10
(Befugnisse des Lateinischen Patriarchen von Jerusalem)

Der Lateinische Patriarch von Jerusalem, Großprior des Ordens, hat das Recht, die Kapitular-Domherren der Basilika vom Heiligen Grab mit dem ihrer Würde entsprechenden Rang und auch die Mitglieder des weltlichen und geistlichen Klerus, wenn sie das Nihil obstat ihres Oberen erhalten haben, sowie Laien in den Orden aufzunehmen. Sie müssen ihren ständigen Wohnsitz in dem Gebiet des Lateinischen Patriarchats haben und besondere Verdienste um das Patriarchat, seine Werke und

Institutionen und den Schutz des Heiligen Landes oder seiner heiligen Stätten erworben haben.

Die Aufnahmen, die mit einer Ernennungsurkunde des Patriarchen wirksam werden, müssen zusammen mit den dazugehörigen Unterlagen dem Kardinal-Großmeister vorgelegt werden, der sie mit Ausstellung der Urkunde bestätigt.

Artikel 11
(Investituren)

1. Dem Kardinal-Großmeister steht es zu, die Investituren vorzunehmen; ist er abwesend, dann sind die Großprioren der jeweiligen Statthaltereien aufgrund ihrer Vollmachten zuständig. Die Großprioren ihrerseits können andere kirchliche Behörden dazu bevollmächtigen.

2. Die Investitur stärkt in den Rittern und Damen die Verpflichtung, den Glauben öffentlich zu bekennen und die christlichen Pflichten aktiv zu erfüllen, insbesondere zur Erreichung der Ziele des Ordens.

3. Die Ritter und Damen erhalten die Investitur nach dem »Cerimoniale per l'Investitura dei Cavalieri dell'Ordine Equestre del Santo Sepolcro di Gerusalemme« (Zeremoniar für die Investitur der Ritter des Ritterordens vom Heiligen Grab zu Jerusalem), das von der Sacra Congregazione dei Riti (Heilige Ritenkongregation) am 17. Juni 1986 gebilligt wurde, und kommen in den Genuß der geistlichen Vergünstigungen, die dem Orden durch die Päpste verliehen wurden und im Anhang I aufgeführt sind.

Artikel 12
*(Teilnahme an Zeremonien
und Versammlungen)*

Ritter und Damen haben die Pflicht, an den Zusammenkünften, Zeremonien, religiösen Veranstaltungen und auch an den geistlichen und karitativen Tätigkeiten, die der Orden initiiert, teilzunehmen.

Artikel 13
(Auszeichnungen al Merito)

1. Der Kardinal-Großmeister ist nach Befragung des örtlich zuständigen Statthalters oder Magistraldelegierten befugt, die Auszeichnung »al Merito« an Personen zu verleihen, die, obwohl sie die bei einer Investitur den Rittern oder Damen auferlegten Pflichten nicht übernehmen können, mit einer einwandfreien sittlichen Lebensführung sich insbesondere in karitativer Hinsicht um das Heilige Land verdient gemacht haben. Folgende drei Klassen sind zu unterscheiden:
   a) Verdienstkreuz al Merito vom Heiligen Grab zu Jerusalem,
   b) Verdienstkreuz al Merito vom Heiligen Grab zu Jerusalem mit silbernem Stern,
   c) Verdienstkreuz al Merito vom Heiligen Grab zu Jerusalem mit goldenem Stern.
2. Die Ausgezeichneten werden nicht Mitglieder des Ordens.

Artikel 14
(Besondere Auszeichnungen)

Besondere Auszeichnungen des Ordens sind:
1. Die Palme von Jerusalem (in Gold, Silber, Bronze); sie wird vom Kardinal-Großmeister an Personen von einwandfreier sittlicher Lebensführung verliehen, die sich besondere Verdienste um den Orden oder um das Heilige Land erworben haben. Die Palme von Jerusalem kann aus denselben Gründen und bei Bestehen derselben Bedingungen in besonderen Fällen vom Patriarch-Großprior des Ordens an Personen mit ständigem Wohnsitz im Heiligen Land sowie in Ausnahmefällen an Personen, die das Heilige Land durchreisen, verlie-

hen werden. Der Patriarch gibt dem Großmeisteramt davon ordnungsgemäß Kenntnis und sendet ihm die entsprechenden Unterlagen.

2. Die Pilgermuschel, die vom Kardinal-Großmeister oder vom Lateinischen Patriarchen von Jerusalem den Rittern und Damen gewährt wird, die eine fromme Pilgerfahrt ins Heilige Land unternommen haben.

Artikel 15
(Vertretung des Ordens)

1. Der Kardinal-Großmeister repräsentiert den Orden.
2. Der Kardinal-Großmeister bestimmt die Vertretung des Ordens bei den päpstlichen Zeremonien.
3. Der Kardinal-Großmeister verfügt die vertretungsweise Teilnahme des Ordens an internationalen Veranstaltungen religiösen, karitativen, weltlichen oder kulturellen Charakters.
4. Die Statthaltereien und Magistral-Delegationen bestimmen die vertretungsweise Teilnahme des Ordens an nationalen und örtlichen Veranstaltungen religiösen, weltlichen, karitativen oder kulturellen Charakters.
5. Der Generalgouverneur des Ordens vertritt den Orden vor Gericht.

Geistliche Vergünstigungen
des Papstes für den Orden

Hl. Apostolische Poenitentiarie

Heiliger Vater!

Der Leiter des Ritterordens vom Heiligen Grab zu Jerusalem
– – – bittet ehrfurchtsvoll, daß entsprechend der Apostolischen
Konstitution »Indulgentiarum doctrina« vom 1. Januar 1967,
Nr. 14, die Ablässe, die dem genannten Orden vom Heiligen
Stuhl gewährt wurden, bestätigt werden.

Et Deus etc.

Am 23. September 1967

Die HEILIGE POENITENTIARIE, kraft besonderer und ausdrück-
licher Vollmacht des Heiligen Stuhles, gewährt gütig, daß die
obengenannten Mitglieder einen vollkommenen Ablaß gewinnen können, sofern sie die üblichen Bedingungen (Beichte,
Kommunion und Gebet nach der Meinung des Heiligen Vaters)
gewissenhaft erfüllen und ihr Versprechen, die Statuten des
Ordens treu zu erfüllen, wenigstens privatim abgelegt oder er-
neuert haben:

1. am Tag ihrer Aufnahme;
2. an folgenden Festtagen:
   - Allerseligste Jungfrau Maria, Königin von Palästina
     (22. August)
   - Kreuzerhöhung (14. September)
   - Hl. Pius X. (21. August)
   - Hl. Helena (18. August)

Dies wird jetzt für immer gewährt ohne Ausfertigung ir-
gendeines Apostolischen Breve.

Alle eventuellen gegenteiligen Verordnungen sind außer
Kraft.

IM AUFTRAG SEINER EMINENZ

Hinweise zur Wappenfrage
und Rangordnung

Das Kreuz Gottfrieds von Bouillon

Das Kreuz, das am Ende eines jeden Armes einen Querbalken hat, heißt verstärktes Kreuz.

Zur Zeit der Kreuzzüge gehörte das verstärkte Kreuz durch die Hinzufügung von vier kleineren Kreuzen in den vier Ecken zur Kleidung und zum Kennzeichen des Ordens vom Heiligen Grab.

Dieses Kreuz wurde das Kreuz von Jerusalem oder Gottfrieds von Bouillon genannt, weil der Eroberer von Jerusalem nach der Tradition als erster dieses Kreuz getragen hat.

Es wurde auch das fünffache Kreuz genannt. Denn es erinnert an die fünf Wundmale Christi. Die rote Emailarbeit des Abzeichens der Ritter ist eine fromme Erinnerung an das Blut, das auf dem Kalvarienberg vergossen wurde.

Das Kreuz aus Gold (Wappen des Königreiches von Jerusalem, von Palästina und von Zypern) bildet ein Symbol des unermeßlichen Wertes des Erlöserleidens.

In dem alten Statut des Ritterordens vom Heiligen Grab zu Jerusalem (1099), das im Jahre 1573 zu Lyon von Anton Regnault veröffentlicht wurde, finden wir im Artikel 4 folgende Aufzeichnung:

»Zu Ehren des Leidens unseres Herrn Jesus Christus und aus Verehrung, die wir gegenüber dem Heiligen Vater und dem Apostolischen Stuhl empfinden, wie auch in Unterordnung unter die Stellvertreter Gottes auf Erden und die Bischöfe der großen Stadt Rom haben wir in Demut die ›verehrungswürdigen Kreuze‹ übernommen, mit denen wir uns selber und unsere Soldaten zu Ehren der fünf Wunden unseres Herrn Jesus Christus gekennzeichnet haben, um in größerer Einheit gegen Ungläubige aufzutreten und um uns in den Ländern der Ungläubigen im Leben und im Tode als christliches Volk erkennbar zu machen. Mehr noch, wir haben Einsicht genommen und beschlossen, den Orden vom Heiligen Grab in unserer Stadt Jerusalem zu gründen zu Ehren und aus Ehrfurcht vor der heiligsten Auferstehung. Unserem christlichen Namen haben wir die Würde des Primates des genannten Ordens hinzugefügt und festgesetzt, daß die genannten fünf Kreuze zu Ehren der Wunden, die unserem Herrn Jesus Christus angetan wurden, von den Rittern des genannten Ordens getragen werden. Viele haben wir damit ausgezeichnet und sie mit diesen Kreuzen gekennzeichnet, damit sie von uns und von den Ungläubigen erkannt werden können für den Fall, daß sie zersprengt würden oder es ihnen unmöglich gemacht würde, im Heeresdienst zu verbleiben.«

Artikel 1
(Wappen und Siegel)

1. Der Orden führt nach alter Überlieferung das Wappen, das dem Lateinischen Königreich von Jerusalem zugeschrieben wird. Dieses ist aus Silber, hingeordnet auf das goldene Kreuz von Jerusalem und eingefaßt in blutrote Emailarbeit. Der goldene Helm ist überragt von der Dornenkrone unseres Herrn Jesus Christus. Als Helmschmuck dient die Erdkugel, auf der das Kreuz steht; zu beiden Seiten die beiden Banner aus Silber mit dem purpurroten Kreuz von Jerusalem in der Mitte.
Begleitung: Zwei Engel in roter Dalmatica; der Engel zur Rechten hält das Kreuzzugsbanner und jener zur Linken den Pilgerstab und die Pilgermuschel.
Leitmotiv: »Deus lo vult« in großen lateinischen Buchstaben auf gegabeltem Band unter der Spitze des Wappenschildes.

2. *Das Siegel* des Ordens, mandelförmig, eingefaßt von einem goldenen Rahmen mit der Dornenkrone unseres Herrn Jesus Christus, stellt – gegossen in Silber oder eingeprägt in Wachs – die Gestalt Christi dar, der aus dem Grabe aufersteht.

Artikel 2
(Wappen des Kardinal-Großmeisters)

Der Kardinal-Großmeister fügt sein eigenes Wappen in das Wappen des Ordens ein: Es ist von Silber, das goldene Kreuz aus Gold, emailliert in blutroter Farbe, überragt vom Roten Kardinalshut, und in Ermächtigung seines Amtes die Dornenkrone als Helmschmuck. Das Wappen hängt von der Dornenkrone herab, die überragt wird von dem Federbusch des Helmes. Der Wappenschild ist eingefaßt von dem Kollar des Ordens.

Der Kardinal-Großmeister gebraucht sein Wappen des Jerusalemkreuzes in seinem Rittermantel.

Artikel 3
(Wappen-Vorrechte)

Die Erzbischöfe, die Bischöfe und die Prälaten, die das Privileg haben, ein Wappen zu führen, wie auch die Ritter, denen ein Adelstitel verliehen wurde, können:

a) als kirchliche Persönlichkeiten ihr eigenes Wappen in das Kreuz von Jerusalem einarbeiten;

b) als Laien in ihr eigenes Wappen das Kreuz des Ordens einfügen, ein nicht übertragbares Privileg.

Auch die Ordensdamen, die einen Adelstitel führen, können zu ihrem Wappen das Kreuz des Ordens hinzunehmen.

Adelige Ritter und Ordensdamen, die ein eigenes Wappen führen, können das Ordenskreuz unter der Spitze des Wappens anhängen, und zwar:

– Ritter mit einem schwarzen Band;

– Komture können das Ordenskreuz an einem schwarzen Band unter dem Wappen aufhängen;

– Komture mit Stern und einem Ehrenzeichen, das an einem schwarzen Band hängt, tragen das Ordenskreuz an der Außenseite des Wappens;

– Großkreuzritter machen das Wappen mit dem Ordensband, an dem das Ordenskreuz mit dem Ehrenzeichen hängt, fest;

– Kollar-Ritter, die Mitglieder des Großmeisteramtes, die

diensttuenden Statthalter und die Ehrenstatthalter wie auch die Großpriore stimmen das Kreuz von Jerusalem ab mit dem Kreuzzugabzeichen an der rechten Seite.

Der Patriarch-Großprior und der Assessor machen Gebrauch von der Spitze des Jerusalemkreuzes.

Die Ritter und Ordensdamen, die kein eigenes Wappen führen, sind berechtigt, sich mit dem Ordenskreuz zu schmücken.

Artikel 4
(Verzeichnis der Rangordnung)

Die Rangordnung unter den Mitgliedern, die im Orden ein besonderes Amt bekleiden, ist folgende:

1. Der Kardinal-Großmeister
2. der Patriarch-Großprior
3. der Assessor
4. der General-Statthalter
5. der General-Gouverneur
6. die Vize-Generalgouverneure
7. der Kanzler des Ordens
8. der Zeremoniar des Ordens
9. die übrigen Mitglieder des Großmeisteramtes
10. die übrigen Mitglieder der Consulta
11. die Statthalter
12. die Großpriore der Statthaltereien
13. die Leiter der Statthaltereien
14. die Magistral-Delegierten
15. die Großpriore der Magistral-Delegationen
16. die Leiter der Magistral-Delegationen
17. die Koadjutor-Priore der Statthaltereien oder Magistral-Delegationen
18. die Präsidenten der Provinzen
19. die Priore der Provinzen
20. die Leitenden Komture
21. die Priore der Komtureien

Wenn Amt und Stufe der Rangordnung gleich sind, ist das Jahr der Ernennung zum Amt ausschlaggebend.

Uniformen und Insignien

Artikel 5
(Uniformen und Rangabzeichen)

1. Es ist für die Mitglieder nicht mehr verbindlich, eine Uniform zu tragen. Nach wie vor hingegen wird die Verwendung des Mantels und des Baretts, deren Gestaltung im folgenden beschrieben wird, wieder bekräftigt.

2. *Der Mantel* ist aus elfenbeinweißem Tuch in Form eines Vollrades geschnitten; er soll 10 cm unter das Knie reichen, mit Kragen aus weißem Samt, Verschnürungen aus weißer Kordel, Aufschlag aus weißem Atlasstoff, mit einem 25 cm hohen Kreuz von Gottfried von Bouillon aus scharlachrotem Tuch unter der linken Schulter. Der Mantel soll über einem Frack mit Ehrenzeichen bzw. über einem dunklen Anzug ohne Ehrenzeichen – je nach Anlaß – ohne Hut getragen werden.

In beiden Fällen kann der Ordensritter das Barett aus schwarzem Samt tragen mit dem im folgenden Punkt 3 beschriebenen Rangabzeichen.

Anläßlich von Gottesdiensten und anderen Zeremonien dürfen Generalstatthalter, Generalgouverneur, Vizegeneralgouverneure, Angehörige des Großmeisteramtes und amtierende sowie ehrenamtliche Statthalter den im folgenden beschriebenen Kapitularmantel tragen: Dieser Mantel ist weit, in Form eines großen Rades aus weißem Tuch geschnitten und reicht bis zum Boden; er hat einen nach außen gewendeten Kragen, ein scharlachrotes Kreuz von Gottfried von Bouillon unter der linken Schulter, das in der Größe dem Kreuz des Rittermantels gleicht, und eine geflochtene goldene Kordel mit goldenen Quasten und verschiebbarer Schlinge, deren Länge die Hälfte der Mantellänge beträgt. Der Mantel wird vorne an seiner Öffnung (etwa 50 cm) unter seinem Kragen geschlossen.

Mit dem Kapitularmantel trägt man das Barett aus schwarzem Samt mit dem Rangabzeichen.

3. *Das Barett* hat die Form einer Mütze aus schwarzem Samt und wird rechts durch ein Band aus dem gleichen Samt gehalten. Die hochgeklappte Krempe, die die Haube umfaßt, verjüngt sich links, bis ihre Höhe nur noch 4 cm beträgt. An den vom Band gebildeten zwei Spitzen von 12 cm ist die Kokarde angebracht mit folgenden Rangunterscheidungszeichen:

   − *Ritter*
      scharlachrotes Kreuz von Gottfried von Bouillon auf silbernem Schild (Abmessungen des Schildes: 40 x 37,5 mm);
   − *Komtur*
      scharlachrotes Kreuz von Gottfried von Bouillon auf silbernem Schild, beides auf einer Scheibe aus schwarzem Samt (6 cm), umfaßt von einer goldenen gestickten Litze (3 mm);
   − *Komtur mit Stern (Großoffizier)*
      scharlachrotes Kreuz von Gottfried von Bouillon auf silbernem Schild, beides auf einer Scheibe aus schwarzem Samt (7,5 cm), umfaßt von zwei goldenen gestickten Litzen (3 mm);
   − *Großkreuz-Ritter*
      scharlachrotes Kreuz von Gottfried von Bouillon auf silbernem Schild, beides auf einer Scheibe aus schwarzem Samt (7,5 cm), umfaßt von einer goldenen gestickten Litze (3 mm).
      Der Schild ist umrahmt von einem mit Gold bestickten Kranz aus Olivenblättern;
   − *Kollar-Ritter*
      scharlachrotes Kreuz von Gottfried von Bouillon auf silbernem Schild, beides auf einer Scheibe aus schwarzem Samt (7,5 cm), umfaßt von einer goldenen gestickten Litze (3 mm).
      Der Schild ist umrahmt von einem Kranz aus Dornengeflecht.

4. *Ordensdamen* tragen ein hochgeschlossenes schwarzes Kleid mit langen Ärmeln, auf dem Haupt einen schwarzen

Schleier und einen Mantel aus schwarzem Seidensamt, ge-
füttert mit schwarzer Seide. Auf der linken Seite des Mantels unterhalb der Schulter ist ein Kreuz von Gottfried von
Bouillon aus scharlachrotem, goldverbrämtem Tuch angebracht.

Artikel 8
(Gebrauch der Uniform)

Die Ritter dürfen weder die Uniform noch den Mantel des Ordens während öffentlicher Gottesdienste und Zeremonien tragen, ohne vorher die Genehmigung des für sie zuständigen
Statthalters bzw. der Magistraldelegation oder des Statthalters
bzw. der Magistraldelegation des Landes, in dem der Gottesdienst bzw. die Zeremonie stattfindet, eingeholt zu haben.
Die gleiche Regel gilt auch für den Gebrauch des Ordensman-
tels durch die Damen.

ORDO EQUESTRIS S. SEPULCRI HIEROSOLYMITANI

KANZLEI
DER DEUTSCHEN PROVINZ

KÖLN, 28. April 1933
Steinfeldergasse 17

Wir beehren uns, Ihnen in der Anlage einen Fragebogen mit der Bitte um gefl. Antwort zu überreichen.

Wie Sie aus dem Bogen ersehen wollen, handelt es sich um Auskünfte, die uns in die Lage versetzen sollen, eine geordnete Kartei der neu errichteten Deutschen Provinz des Ritterordens vom Hl. Grabe zu Jerusalem einzurichten und damit den Ausbau der Provinz zu ermöglichen.

Nachdem der Unterzeichnete durch das Wohlwollen des hohen Administrators des Ordens, Se. Excellenz des Herrn Lateinischen Patriarchen von Jerusalem, zum Statthalter der Deutschen Provinz bestellt worden ist, wird sein Bestreben dahin gehen, der neuen Provinz recht bald die durch die allgemeinen Statuten vorgeschriebene äußere Form zu geben und sie auch innerlich so auszubauen, daß sie in jeder Weise den Vergleich mit ihren älteren Schwestern aushalten kann.

Wir bitten deshalb alle Mitglieder des Ordens recht dringend, diesen Fragebogen so genau und deutlich wie nur eben möglich auszufüllen, da weitere Nachfragen nur einen unnötigen Zeitverlust bedeuten würden.

Kanzlei der deutschen Ordensprovinz

Der Statthalter:

Der Sekretär:

ORDO EQUESTRIS S. SEPULCRI HIEROSOLYMITANI

KANZLER
DER DEUTSCHEN PROVINZ

KÖLN, 10. Februar 1934.
Steinfeldergasse 17.

An die

Mitglieder des Ritterordens vom Hl. Grabe zu Jerusalem!

Der Vertreter des Lateinischen Patriarchen in Jerusalem, der Referendar des Ordens, Se. Excellenz Mario Mocchi ladet zusammen mit unserm Statthalter Se. Durchlaucht Fürst zu Salm-Reifferscheidt, die deutschen Mitglieder des Ordens zu den Jubiläumsfeierlichkeiten des Anno Santo ein, die in Rom am 24., 25. und 26. Februar a. c. stattfinden.

Bei dieser Gelegenheit sind auch Empfänge beim König von Italien und bei Mussolini vorgesehen. Genaue Daten hierfür können noch nicht angegeben werden.

Der Sammelpunkt aller Ritter und Damen in Rom ist das Grand Hotel de Rome, ein erstrangiges Hotel, von dessen Direktion die Mitglieder des Ordens eine Ermäßigung von 30 – 40 % bewilligt bekommen. Ein Zimmer mit Bad und Frühstück, sowie einer Hauptmahlzeit, nach Wahl mittags oder abends, kostet nach Abzug der Ermäßigung ca. 60 ital. Lire = Rm 13.–.

Die Kanzlei, in Verbindung mit dem Generalsecretariat des Deutschen Vereins vom Hl. Lande, stellt sich den Mitgliedern des Ordens zur Verfügung, sowohl zur Ausarbeitung von Pauschalreisen nach Rom wie auch zur Beschaffung von Hotelquartieren, Fahrkarten etc. Ich darf hinzufügen, daß das genannte Generalsecretariat ein ausgesprochenes Pilger- und Reisebüro unterhält und in der Lage ist, schnellstens allen Anforderungen gerecht zu werden.

✠

ORDO EQUESTRIS S. SEPULCRI HIEROSOLYMITANI

KANZLEI
DER DEUTSCHEN PROVINZ

KÖLN, 14. November 1939
Steinfeldergasse 17
Fernruf 21 42 04

An die

Mitglieder der Deutschen Ordens-Provinz!

Gemäß dem Beschluß des letzten Ordenskapitels findet auch in diesem Jahre unsere

Jahresversammlung

in der Oktav des Festes Mariä-Empfängnis, am Montag, den 11. Dezember 1939 in Köln statt.

Hierdurch werden alle Ritter und Damen unserer Provinz recht herzlich zur Teilnahme eingeladen und gebeten, mit ihren erwachsenen Angehörigen zu erscheinen.

Wir glaubten auch trotz der augenblicklichen Verhältnisse von unserem traditionellen Brauch nicht Abstand nehmen zu sollen und würden uns sehr freuen, wenn sich gerade in diesem Jahre recht viele unserer Ordensmitglieder zur Jahresversammlung einfinden würden. Wir bitten die beiliegende Anmeldekarte bis zum 1. Dezember 1939 der Kanzlei zugehen zu lassen.

Mit ordensbrüderlichen Grüßen

Der Ordensrat der Deutschen Provinz

Franz

Fürst u. Altgraf zu Salm-Reifferscheidt

Nationalſozialiſtiſche Deutſche Arbeiterpartei

Der Stellvertreter des Führers   München   27.Juli 1938
                                         Braunes Haus

Stabsleiter

                                                   Streng vertraulich

R u n d s c h r e i b e n   Nr.103/38
(Nicht zur Veröffentlichung)

Anlässlich einer Dekanatskonferenz der Diözese Paderborn
haben die Geistlichen Richtlinien über die weitere Arbeit
der Katholischen Aktion bekommen. Hierin werden die Geistlichen angehalten, in Zukunft eine Zusammenarbeit mit den
Parteiorganisationen anzustreben, die Gläubigen im Sinne
der Partei zu beeinflussen, den Gedanken des Volkes stär-
ker herauszukehren und Einfluss auf die Bewegung und vor
allem auf die weltanschauliche Durchdringung der Bewegung
zu nehmen, ohne es dabei zu weltanschaulichen Auseinandersetzungen kommen zu lassen, die sogar strengstens vermie-
den werden sollen. Weiterhin werden die Katholiken aufgefordert, in die Organisationen der Partei einzutreten,
Parteiuniformen und Parteiabzeichen bei Prozessionen und
kirchlichen Anlässen zu tragen und zu den Führern der örtlichen Wehrmacht engere Fühlung aufzunehmen. Eine stärkere
Beteiligung bei allen Spenden und Sammlungen der Partei
soll angestrebt und ausschliesslich der Deutsche Gruss
verwandt werden.

Ich gebe dies streng vertraulich zur Kenntnis.

Derartige Versuche der Katholischen Aktion sind schärf-
stens zu beobachten. Entsprechende Massnahmen, welche die
beabsichtigte Unterminierarbeit der Katholischen Aktion

                                                          -2-

verhindern, sind von Fall zu Fall vom zuständigen Hoheits-
träger nach vorheriger Rückfrage beim Gauleiter, in schwerwiegenden Fällen beim Stellvertreter des Führers, in möglichst
unauffälliger Form zu treffen. Dem Stellvertreter des Führers
ist jeweils entsprechende Meldung zu machen.

Ich bitte die Gauleiter, ihre Kreisleiter <u>mündlich</u> bei der
nächsten Besprechung zu unterrichten. Die Kreisleiter haben
ihre Ortsgruppenleiter ebenfalls <u>mündlich</u> zu unterrichten.

gez. M. B o r m a n n .

F.d.R.:

friedrichs.

<u>Verteiler:</u> II D

SACRA CONGREGAZIONE
DEI RELIGIOSI

To whom it may concern:

Following our meeting whic took place today, we wish to confirm the following points:

1) We are willing to buy the complete stock of the merchandise up to the sum of $ 950, - mio.

2) We are agreed upon the terms and dates of consignment, as indicated bellow:

9.8.71 per 100
10.9.71 " 200
10.10.71 " 200
10.11.71 " 250
10.12.71 " 200

It is understood that the last two consignments, most probably, could be made together on the 10.11.71.

3) We guarantee that the merchandise will not be resord up to and not after 1.6.1972.

Yours faithfully

Rome, Jun. 29. 1971.

Rechtsanwalt
Dr. Erich Führer
Verteidiger in Strafsachen
Wien 1, Teinfaltstraße 4
Fernruf 63 15 63, 63 14 94
Postscheck-Konto Wien 125.300

Wien, den 7.7.1978

Herrn
Leopold L e d l
W i e n 11.,
Koplgasse 1/172/5

Sehr geehrter Herr Ledl.

Betrifft: Meine Nchfrage bei Oblgr.Dr.Salomon,
          bezüglich der verschwundenen Vatikan-Papiere und Fotos.

Herr Dr. Salomon hat mir mitgeteilt,dass er pers.mit Ihnen,im
Gerichts-Akten-Depot war und sich über das Fehlen der verschiedener
 Unterlagen aus Ihren Akt sehr wunderte.Es ist ihn unvorstellbar,wie
soetwas möglich sein kann,dass gerade Ihr Vatikan-Dipl.Pass sowie
mindestens 2o - 25 Fotos,die Sie mit versch.hohen geistlichen Herren
zusammen sieht,ebenso div.Vatikan-Papiere,die ich auch alle noch
selbst bei den versch.Akteneinsichten vorfand,fehlen können.-
Ich bicx ebenso erstaunt wie verwundert über diesen Vorfall.
Es tut mir leid,dass ich Ihnen keine bessere Nachricht senden
kann,aber ich nehme an und hoffe Sie werden die Fotos und Papiere
Vatikan.nach Ihren Erfahrungen mit Ihre "Freunden" nicht mehr
benötigen.-

Herr Dr.Salomon teilte mir aber mit,er wird nichts unversucht
lassen und nachforschen wo die verschwundenen Papiere- Fotos-
Diphomatenpass aus Ihren Akt verblieben sind.
Sollte er diese Papiere finden,würde er mich umgehend verständigen
und ich könnte diese dann für Sie in Empfang nehmen,davon werde
ich Sie aber noch benachrichtigen wenn Herr Dr. Salomon
Erfolg hatte.-

Bis auf weiteres verbleibe ich mit freundlichen Grüssen,

N.S. Ich bin aber bis zur ersten September Woche in Urlaub

und werde mich dann sofort mit Ihnen in Verbindung setzen

Bis dahin

Bibliographie

Da Zeitungs- und Zeitschriftenartikel häufig ohne Autoren-
namen publiziert werden, sind die Literaturangaben hier im
wesentlichen nach Themenbereichen bzw. nach den Erschei-
nungsdaten geordnet und nicht wie sonst üblich alphabe-
tisch.

Vorwort

*Miles Christi, Vademekum für die Ritter deutscher Zunge im
Ritterorden vom Heiligen Grabe zu Jerusalem;* ohne Datum

Egmont R. Koch /Oliver Schröm, »Das Geheimnis der Grabesritter«, *ARD/WDR*, Sendung v. 24. 3. 1994, 20.15 Uhr

Egmont R. Koch /Oliver Schröm, »Dunkle Ritter im weißen
Gewand«, *Die Zeit* v. 25. 3. 1994

Egmont R. Koch /Oliver Schröm, »Der unheimliche Orden –
Bayerns Bosse und der Papst«, *Abendzeitung* v. 25. 3. 1994

Egmont R. Koch/Oliver Schröm, »Über die Ritter von der trau-
rigen Gestalt«, *Imprimatur* 4/1994

Gottfried Wolff, »Stellungnahme zu ›Das Geheimnis der Grabesritter‹«, Köln, 27. 3. 1994

Hermann Münzel, Erhard Bertel, Dr. Peter Goergen, Heribert
Hürter, Wilhelm Klein, Irmgard Kraus, Dr. Werner Müller,
Dr. Benno Rech, Irmgard Rech, Schreiben v. 6. 4. 1994

Peter Heidinger, Schreiben v. 25. 4. 1994 an Hermann Münzel

»Macht oder Caritas«, Leserbriefe zum Dossier »Ritter vom
Heiligen Grab zu Jerusalem«, *Die Zeit* v. 29. 4. 1994

Neue Soldaten für die »Miliz Christi«

Teilnehmerliste und Unterlagen zur Investiturfeier der Deutschen Statthalterei des Ritterordens vom Heiligen Grabe zu Jerusalem, 1. bis 3.10. 1993 in Köln

Teilnehmerliste und Unterlagen der Investiturfeier des Ritterordens vom Heiligen Grabe zu Jerusalem, Deutsche Statthalterei, 27. bis 29.5. 1994 in Ulm

Johannes Paul II., »Die besondere Berufung der Laien im Ordensstand«, L'Osservatore Romano v. 21.3. 1986

Kaspar Elm, »Kanoniker und Ritter vom Heiligen Grabe«, in: Die geistlichen Ritterorden Europas, Sigmaringen 1980

Wolfgang Schneider, Peregrinatio Hierosolymitana – Studien zum spätmittelalterlichen Jerusalembrauchtum, Münster 1982

Fritz Wiesenthal, »Der Ritterorden des Heiligen Grabes zu Jerusalem – Geschichte, Gegenwart, Aufgabe«, März 1972

Marchese Mario Mocchi, Rede im Rahmen der Kapitelsitzung am 16.12. 1962

Helmut Haller, »Herz Jesu 6. Flotte«, Konkret 8/1984

Bernt Engelmann, Wir Untertanen, Gütersloh 1974

Bernt Engelmann, Die Macht am Rhein, München 1983

Who's Who in the Catholic World, 1. Ausgabe 1967/68

Theodor Doble, »Segen für 5000 DM«, Forbes v. 1.8. 1990

Elmar Bordfeld, »Geschichte des Ritterordens vom Heiligen Grab zu Jerusalem«, Die Waage, Oktober 1993

Valmar Cramer, Der Ritterorden vom Hl. Grabe von den Kreuzzügen bis zur Gegenwart, erweiterte Auflage, Köln 1983

Ordo Equestris Sancti Sepulcri Hierosolymitani, Annuario 1993, Rom

Karl H.W. Tacke, »Die Werke des Ordens«, in: Erbe und Aufgabe – Der Ritterorden vom Heiligen Grab zu Jerusalem, Köln 1981

Alfred Cohausz, »Die Geschichte der Deutschen Statthalterei«, in: Erbe und Aufgabe – Der Ritterorden vom Heiligen Grab zu Jerusalem, Köln 1981

Egmont R. Koch/Oliver Schröm, »Das Geheimnis der Grabes-
ritter«, *ARD/WDR*, Sendung v. 24. 3. 1994, 20.15 Uhr
Egmont R. Koch/Oliver Schröm, »Dunkle Ritter im weißen
Gewand«, *Die Zeit* v. 25. 3. 1994
»Ritterlich«, *Die Zeit* v. 10. 6. 1994
Augustinus Graf Henckel v. Donnersmarck, »Wenn Lopez
Schule macht, ist das eine Katastrophe«, *Wirtschaftswoche*
v. 30.4. 1993
Peter Heimerzheim, »Chefs und Knechte: Henckel von Don-
nersmarck über den Sinn der Arbeit«, *Deutsches Allgemei-
nes Sonntagsblatt* v. 12. 3. 1993
Augustinus Graf Henckel v. Donnersmarck, »Wenn aus Polit-
Arroganz der Scheiterhaufen brennt«, *Die Welt* v. 8. 4. 1989
Augustinus Heinrich Graf Henckel von Donnersmarck, »Ist
verantwortbar, was hier geschieht?«, *manager magazin*
6/1987
Gianfrancesco Turano, »Poteri Occulti«, *Il Mondo* v. 1. 3. 1993
Großmeisteramt: Zahlungen der Statthattereien 1992

Glaubenskrieger unterm Hakenkreuz

Egmont R. Koch/Oliver Schröm, »Das Geheimnis der Grabes-
ritter«, *ARD/WDR*, Sendung v. 24. 3. 1994, 20.15 Uhr
Egmont R. Koch/Oliver Schröm, »Dunkle Ritter im weißen
Gewand«, *Die Zeit* v. 25. 3. 1994
»Der Ritterorden vom Heiligen Grabe zu Jerusalem«, *Kölni-
sche Volkszeitung* v. 7. 12. 1933
»Im Zeichen des fünffachen Kreuzes«, *Vereinigte Zeitungen
»Der Niederrhein«* v. 9. 12. 1933
»Der Ritterorden vom Heiligen Grabe«, *Der Feuerreiter* v.
16. 12. 1933
»Der Ritterorden vom Heiligen Grabe«, *Weltwerte* v. 31. 12.
1933
»Papstkrönungsfeier im Dom zu Köln«, *Köln am Rhein* v.
11. 2. 1935
»Abschied von Kardinal Schulte«, *Der Feuerreiter* v. 29.3. 1941

»Abschied von Kardinal Schulte«, *Weltwerte* v. 30. 3. 1941
Der Nürnberger Prozeß, Köln/Berlin 1960
Das Urteil von Nürnberg 1946, München 1961
Guenter Lewy, »Mit festem Schritt ins Neue Reich«, *Der Spiegel* 8–15/1965
Guenter Lewy, *Die katholische Kirche und das Dritte Reich*, München 1965
Franz von Papen, *Vom Scheitern einer Demokratie*, Mainz 1968
Gerhard Kraiker, *Politischer Katholizismus in der BRD*, Stuttgart 1972
Wolfgang Huber/Gerhard Liedke, *Christentum und Militarismus*, Stuttgart/München 1974
Karlheinz Deschner, *Ein Jahrhundert Heilsgeschichte*, Bd. 2: *Die Politik der Päpste im Zeitalter der Weltkriege*, Köln 1983
Valmar Cramer, *Der Ritterorden vom Heiligen Grabe – Von den Kreuzzügen bis zur Gegenwart*, erweiterte Auflage, Köln 1983
Christopher Simpson, *Der amerikanische Bumerang, NS-Kriegsverbrecher im Sold der USA*, Wien 1988
Karlheinz Deschner, *Mit Gott und dem Führer*, Köln 1988
Karlheinz Deschner, *Kirche und Faschismus*, Rastatt 1993
Ernst Klee, *Die SA Jesu Christi*, Frankfurt 1993
Georg Denzler/Volker Fabricius, *Christen und Nationalsozialisten*, Frankfurt 1993

Mit Gottes Hilfe für alte Kameraden

Egmont R. Koch/Oliver Schröm, »Das Geheimnis der Grabesritter«, *ARD/WDR*, Sendung v. 24. 3. 1994, 20.15 Uhr
Egmont R. Koch/Oliver Schröm, »Dunkle Ritter im weißen Gewand«, *Die Zeit* v. 25. 3. 1994
Vincent La Vista, »Illegal Movement in and through Italy« (National Archiv) v. 15. 5. 1947
Simon Wiesenthal, *Doch die Mörder leben*, München/Zürich 1967

Josef Kardinal Frings, *Für die Menschen bestellt – Erinnerungen des Altbischofs von Köln,* Köln 1973

Gitta Sereny, *Am Abgrund – eine Gewissensforschung. Gespräche mit Franz Stangl, Kommandant von Treblinka,* Frankfurt 1974

Alois Hudal, *Römische Tagebücher – Lebensbeichte eines alten Bischofs,* Graz/Stuttgart 1976

Pomorin/Junge/Biemann/Borgien, *Blutige Spuren – Der zweite Aufstieg der SS,* Dortmund 1980

Heiner Lichtenstein, »... gegen Kommunisten und Juden aufstehen«, *Vorwärts* v. 10.9. 1981

Pomorin/Junge/Biemann, *Geheime Kanäle – Der Nazi-Mafia auf der Spur,* Dortmund 1982

Hans-Jakob Stehle, »Pässe vom Papst« , *Die Zeit* v. 4.5. 1984

Christopher Simpson, *Der amerikanische Bumerang, NS-Kriegsverbrecher im Sold der USA,* Wien 1988

Rena Giefer/Thomas Giefer, *Die Rattenlinie,* Frankfurt 1991

Ernst Klee, *Persilscheine und falsche Pässe,* Frankfurt 1992

Andrea Röpke, *Die ›Stille Hilfe‹ für Kriegsgefangene und Internierte e.V.,* Bremen 1992

Eckhart Spoo, »Rückhalt für NS-Verbrecher«, *Frankfurter Rundschau* v. 17.2. 1992

Ernst Klee, »Schöne Zeiten«, *Die Woche* v. 7.10. 1993

Andrian Kreye, »Die Spur führt nach Argentinien«, *Die Woche* v. 26.5. 1994

Ein klerikaler Amokläufer

Lorenz Jaeger, *Gedanken zur zeitgemäßen Gestaltung des Ritterordens vom Hl. Grabe im deutschen Raum,* Mai 1952

Valmar Cramer, *Der Ritterorden vom Hl. Grabe von den Kreuzzügen bis zur Gegenwart,* erweiterte Auflage, Köln 1983

Friedrich August Freiherr von der Heydte, *Muß ich sterben – will ich fallen,* Berg am See o. J.

Munzinger Archiv/Internat. Biograf. Archiv 27/90: Friedrich August Freiherr von der Heydte

»Die missoniäre Monarchie«, *Der Spiegel* v. 10.8. 1955
»Wo hört der Unsinn auf?«, *Der Spiegel* v. 15.2. 1956
»Abendland«, *Der Spiegel* v. 21.3. 1956
»Spenden aus Steuern«, *Der Spiegel* v. 2.7. 1958
»Prof. v. d. Heydte legt Gründe dar«, *Mainpost* v. 3.11. 1962
»In eigener Sache«, *Deutsche Tagespost* v. 13.11. 1962
»General-Anzeiger«, *Der Spiegel* v. 21.11. 1962
»Unser Staat – Unser Vaterland«, *Göttinger Studenten Anzeiger* v. 1.5. 1963
»Im Alleingang«, *Der Spiegel* 12/1963
»Zuchthaus für Verzichtspolitiker!«, *Deutsche National- und Soldatenzeitung* v. 8.6. 1963
»Professor von der Heydte: ›Neuer Rufmord‹«, *Mainpost* v. 17.1. 1964
»Von der Heydte im Dritten Reich«, *Süddeutsche Zeitung* v. 22.1. 1964
»Aus der Verteidigung wurde ein Angriff«, *Mainpost* v. 9.7. 1965
»Was wollten die Abendländer?«, *Mainpost* v. 16.7. 1965
»Elf Vierzehntel«, *Der Spiegel* 10/1965
»Die Bundeswehr als Machtfaktor«, *Mainpost* v. 25.1. 1966
»Schweizerischer Affront gegen die Bundeswehr«, *Weltwoche* v. 11.3. 1966
»Nur zwei Äußerungen verboten«, *Mainpost* v. 26.9. 1966
Otto Köhler, »Anschlag auf den Staat«, *Der Spiegel* 34/1967
Kurt P. Tauber, *Beyond Eagle and Swastika,* Middletown 1967
»Jeder zweite Baum«, *Der Spiegel* 46/1968
»Sofort zuschlagen«, *Der Spiegel* 15/1970
»Heydte: Haase nicht weiterempfohlen«, *Mainpost* v. 11.4. 1970
»Reise gratis«, *Der Spiegel* 24/1970
Lexikon zur Geschichte und Politik im 20. Jahrhundert, Köln 1971
Nicolaus Neumann/Jochen Maes, *Der geplante Putsch,* Hamburg 1971
»Schöne Grüße an Lara«, *Der Spiegel* v. 31.5. 1976
»Krücke für Chrike«, *Der Spiegel* 39/1976
Um Recht und Freiheit – Festschrift für Friedrich August Frei-

herr von der Heydte zur Vollendung des 70. Lebensjahres, Berlin 1977

Kurt Hirsch, *Die heimatlose Rechte*, München 1979

»1/3 Graf Lambsdorff, 2/3 Landesverband«, *Der Spiegel* 39/1983

Joachim Schöps, *Die Spiegel-Affäre des Franz Josef Strauß*, Reinbek 1983

»Absturz nach dem Melken«, *Der Spiegel* 51/1984

Bernd Siegler/Wolfgang Zügel, »Die Geschichte des Geldwäschers von der Heydte«, *die tageszeitung* v. 28.8. 1985

»Kalter Mors«, *Der Spiegel* 3/1987

The Radical Right: A World Directory, London 1987

Ludwig Martin, »Nicht Strauß veranlaßte das ›Spiegel‹-Verfahren«, *Frankfurter Allgemeine* v. 18.10. 1988

Reinhard Weber, »Von der Heydte und das Verfahren wegen Fallex«, *Frankfurter Allgemeine* v. 18.10. 1988

F. A. v. d. Heydte, »Ich war es also nicht«, *Frankfurter Allgemeine* v. 28.10. 1988

Kurt Hirsch, *Rechts von der Union*, München 1989

»Die drehen heute genüßlich die Daumen«, *Der Spiegel* 26/1989

»Freiherr von der Heydte in Landshut gestorben«, *Süddeutsche Zeitung* v. 7.7. 1994

Mächtige Männer braucht das Land

Egmont R. Koch/Oliver Schröm, »Das Geheimnis der Grabesritter«, *ARD/WDR*, Sendung v. 24.3. 1994, 20.15 Uhr

Egmont R. Koch/Oliver Schröm, »Dunkle Ritter im weißen Gewand«, *Die Zeit* v. 25.3. 1994

Hans Otto Eglau, »C&A-nonym«, *Die Zeit* v. 2.10. 1970

Hans Otto Eglau, »Der Geheim-Konzern«, *Die Zeit* v. 21.5. 1971

Hans Otto Eglau, *Die Kasse muß stimmen*, Düsseldorf/Wien 1972

Walter Simon, *Macht und Herrschaft der Unternehmerverbände BDI, BDA und DIHT*, Köln 1976

»Stille Teilhaber«, *Capital* 8/1978

»Eendracht maakt Macht«, *Der Spiegel* 16/1980

Johannes Binkowski (Hrsg.), *Erbe und Aufgabe – Der Ritter vom Heiligen Grab zu Jerusalem*, Stuttgart 1981

»Die Dynastie«, *Capital* 9/1983

»Das Weltreich«, *Capital* 10/1983

»Deutsches Reich« *Capital* 11/1983

OMGUS, *Ermittlungen gegen die Deutsche Bank*, Nördlingen 1985

OMGUS, *Ermittlungen gegen die I.G. Farben*, Nördlingen 1986

Karlheinz Deschner, *Opus Diaboli*, Hamburg 1987

»Eine Mischung aus Moral und Raffinesse«, *Die Welt* v. 20. 8. 1991

»Cash und Kirche«, *WirtschaftsWoche* v. 1. 11. 1991

Peter Wendling, *Die Unfehlbaren. Die Geheimnisse exklusiver Klubs, Logen und Zirkel*, Zürich 1991

Hermann Josef Abs, *Entscheidungen*, Mainz/München 1991

Michael Baigent/Richard Leigh, *Der Tempel und die Loge. Das geheime Erbe der Templer in der Freimaurerei*, Bergisch-Gladbach 1991

Ernst Klee, *Persilscheine und falsche Pässe*, Frankfurt 1992

»Men at C&A«, *Eurobusiness* v. 7/8/1993

Bund Katholischer Unternehmer (Hrsg.), *Der katholische Unternehmer in Betrieb, Politik und Kirche*, Trier 1993

Bund Katholischer Unternehmer (Hrsg.), *Die geistigen Grundlagen des BKU*, Trier 1993

Rüdiger Liedtke, *Wem gehört die Republik?*, Frankfurt 1991, 1994, 1995

Till Bastian und die Auschwitz-Lüge, München 1994

Hermannus Pfeiffer, »Hilfreich für Nazis und Papst«, *die tageszeitung* v. 8. 2. 1994

Otto Köhler, »Der deutsche Bankier«, *Die Woche* v. 10. 2. 1994

Hanns Otto Eglau, »Meister der Macht«, *Die Zeit* v. 11. 2. 1994

Kai Hermann, »Der Geheimbund – Erfolgreich und verschwiegen«, *Stern* 14/1994

Geistige Avantgarde fürs deutsche Volk

Egmont R. Koch/Oliver Schröm, »Das Geheimnis der Grabes-ritter«, *ARD/WDR*, Sendung v. 24.3. 1994, 20.15 Uhr

Egmont R. Koch/Oliver Schröm, »Dunkle Ritter im weißen Gewand«, *Die Zeit* v. 25.3. 1994

»Der Professor mit dem schlechten Ruf«, *Spiegel* 24/1977

»Der geht hier nimmermehr«, *Stern* v. 22.12. 1977

»Die Veränderungen des Lothar Bossle«, *Stuttgarter Zeitung* v. 2.2. 1979

»Boß und Bossle«, *Deutsche Zeitung Christ und Welt* v. 9.2. 1979

Lothar Bossle/Gerhard Goldberg (Hrsg.), *Gegenwartsprobleme der Demokratieforschung*, München 1979

»Der Professor reiste mit bischöflichem Segen«, *Main-Post* v. 3.6. 1982

»Bischof Stimpfle bestreitet Abstimmung mit Bossle«, *Main-Post* v. 12.7. 91

»Bischöfliches Ordinariat: Keine Auskunft«, *Main-Post* v. 13.7. 1991

Josemaría Escrivá de Balaguer, *Der Weg*, Köln 1983

»Stinkbomben und Buhrufe gegen Hans Filbinger«, *Main-Post* v. 9.6. 1983

Claus Leggewie, *Der Geist steht rechts*, Berlin 1987

»Die Pinochet-Connection«, *die tageszeitung* v. 18.12. 1987

Otto Köhler, »Doktorspiele in Würzburg«, *Die Zeit* v. 4.11. 1988

Otto Köhler, »Dienstverpflichtung«, *Die Zeit* v. 16.12. 1988

Jürgen Roth/Berndt Ender, *Geschäfte und Verbrechen der Politmafia*, Berlin 1988

»Seit ich anfing, Arbeitnehmerrechte zu fordern ...«, *die tageszeitung* v. 27.7. 1989

»Prof. h. csu.«, *Der Spiegel* 30/1989

»Professor mit gewissen Besonderheiten«, *Süddeutsche Zeitung* v. 14.7. 1989

»Magie und Mystik«, *Süddeutsche Zeitung* v. 6.4. 1989

Peter Hertel, *Ich verspreche Euch den Himmel*, Düsseldorf 1990

»Die Strategie der ›heiligen Mafia‹«, *Süddeutsche Zeitung* v. 6.7.1990

»›Octopus Dei‹ an der Limmat – spanischer Import«, *Tages-Anzeiger* v. 10.7.1990

Franz Greß/Hans-Gerd Jaschke/Klaus Schönekäs *Neue Rechte und Rechtsextremismus in Europa*, Opladen 1990

Josef Grässle-Münscher, *Kriminelle Vereinigung – Von den Burschenschaften bis zur RAF*, Hamburg 1991

Otto Köhler, »Der Professor mit dem schlechten Ruf«, *Die Zeit* v. 3.10.1991

Doris Eckert, »Dr. Bossles Doktorfabrik läuft wie geschmiert«, *die tageszeitung* v. 11.6.1991

Martina Kirfel/Walter Oswalt (Hrsg.), *Die Rückkehr der Führer*, Wien 1991

Wolfgang Beinert (Hrsg.), *Katholischer Fundamentalismus*, Regensburg 1991

Heiner Bobwerski, *Die Divisionäre des Papstes*, Salzburg 1992

Günter Bohnsach/Herbert Brehmer, *Auftrag: Irreführung – Wie die Stasi Politik im Westen machte*, Hamburg 1992

»Seelenfänger auf dem Holzweg«, *Deutsches Allgemeines Sonntagsblatt* v. 30.10.1992

»Dieses seligmachende Grinsen«, *Der Spiegel* v. 19.10.1992

»Die heimliche Herrscherin«, *Das Magazin* v. 20.3.1993

»VPM – Warnung vor einer Psychosekte«, *Die Zeit* v. 22.10.1993

»Eine Psychosekte mischt sich in die Politik«, *Badische Zeitung* v. 28.10.1993

»Der verdeckte Kampf – Um den Psycho-Verband VPM sammeln sich Versprengte des Kalten Krieges«, *Die Woche* v. 22.12.1993

Astrid Lange, *Was die Rechten lesen*, München 1993

Ursel Sieber/Bernd Siegler/Charlotte Wiedemann u.a., *Deutsche Demokraten – Wie rechtsradikal sind CDU & CSU?*, Göttingen 1994

Wolfgang Gessenharter, *Kippt die Republik*, München 1994

Wolfgang Benz, *Rechtsextremismus in Deutschland*, Frankfurt 1994

Helmut Kellershohn, *Das Plagiat*, Duisburg 1994

Bernd Wagner (Hrsg.), *Handbuch Rechtsextremismus*, Hamburg 1994

Hansjörg Hemminger, *VPM*, München 1994

Hugo Stamm, *VPM – Die Seelenfalle*, Zürich 1994

Jörg Zittlau, *Eine Elite macht Kasse – Der Professoren-Report*, Hamburg 1994

Oliver Schröm/Egmont R. Koch/Rainer Fromm, »Panikmache(r) – Verein der Unschuldslämmer«, *Die Woche* v. 30. 9. 1994

Oliver Schröm »Der rechte Weg«, *Stern* v. 3. 11. 1994

»Die heilige Mafia des Papstes«, *Der Spiegel* v. 9. 1. 1995

Keine Quittung von Seiner Eminenz

Marchese Mario Mocchi, Rede im Rahmen der Kapitelsitzung am 16. 12. 1962

Alois Hundhammer, »Deus Lo Vult – Gott will es«, *Deutsche Tagespost* v. 13/14. September 1968

Lorenz Höcker, *Gedanken zum Tode des Großmeisters Eugène Cardinal Tisserant*, ohne Datum

Frank P. Heigl/Jürgen Saupe, *Operation EVA*, Hamburg 1982

Richard Hammer, *Eine Messe für den Paten*, Zürich 1982

Valmar Cramer, *Der Ritterorden vom Hl. Grabe von den Kreuzzügen bis zur Gegenwart*, erweiterte Auflage, Köln 1983

Rupert Cornwell, *God's Banker*, London 1983

David Yallop, *Im Namen Gottes?*, München 1984

Nick Tosches, *Geschäfte mit dem Vatikan*, München 1987

Leopold Ledl, *Im Auftrag des Vatikans*, Wien 1989

Nino Lo Bello, *Vatikan im Zwielicht*, München 1990

Heribert Blondiau/Ekkehard Sieker, »Im Namen des Papstes«, *ARD*, Sendung v. 8. 12. 1991

John Cornwell, *Wie ein Dieb in der Nacht*, München 1992

Heribert Blondiau/Udo Gümpel, »Der Vatikan und die Mafia«, *WDR*-Fernsehen v. 15. 6. 1992

Erich Schmidt-Eenboom, *Der BND – Die unheimliche Macht im Staate*, Düsseldorf 1993

Egmont R. Koch/Oliver Schröm, »Das Geheimnis der Grabesritter«, *ARD/WDR*, Sendung v. 24.3. 1994, 20.15 Uhr

Zu viele Leichen im Keller, Eure Heiligkeit!

Egmont R. Koch/Oliver Schröm, »Das Geheimnis der Grabesritter«, *ARD/WDR*, Sendung v. 24.3. 1994, 20.15 Uhr

Egmont R. Koch/Oliver Schröm, »Dunkle Ritter im weißen Gewand«, *Die Zeit* v. 25.3. 1994

»Der Großaktionär«, *Der Spiegel* v. 13.8. 1958

Annuario Pontificio, Città del Vaticano 1965–1994

Hanno Helbing, *Politik der Päpste*, Frankfurt/Wien 1981

»3 Named by Vatican To Study Bank Ties«, *New York Times* v. 14.7. 1982

Richard Hammer, *Eine Messe für den Paten. Das Milliarden-Ding zwischen Mafia und Vatikan*, Zürich 1982

Nino Lo Bello, *Vatikan im Zwielicht – Die Unheimlichen Geschäfte des Kirchenstaates*, München 1983

David Y. Yallop, *Im Namen Gottes. Der mysteriöse Tod des 33-Tage-Papstes Johannes Paul I.*, München 1984

Rupert Cornwell, *God's Banker. The Life and Death of Roberto Calvi*, London 1984

Gordon Thomas/Max Morgan-Witts, *Der Vatikan. Mechanismen kirchlicher Macht, enthüllt am Schicksal und Wirken von 3 Päpsten*, Zürich 1984

Erwin Brunner, »Die Loge des Bösen«, *Die Zeit* v. 27.7. 1984

Nick Tosches, *Geschäfte mit dem Vatikan – Die Affäre Sindona*, München 1987

»Gott und Geld«, *Der Spiegel* v. 2.3. 1987

»Abs: Bankfachmann für Vatikan«, *Die Welt* v. 28.3. 1987

Peter de Rosa, *Gottes erste Diener. Die dunkle Seite des Papsttums*, München 1989

John Cornwell, *Wie der Dieb in der Nacht, Der Tod von Papst Johannes Paul I.*, München/Zürich 1989

Leopold Ledl, *Der Fall Ledl. Im Auftrag des Vatikans*, Wien 1989

»Unter strenger Kontrolle«, *Frankfurter Rundschau* v. 19.7. 1989

»Bankier unterbricht Urlaub für die Bank des Papstes«, *Westdeutsche Allgemeine Zeitung* v. 21.6. 1989

»Lay Directors Named to Run Vatican Bank Rocked by '82 Scandal«, *Los Angeles Times* v. 21.6. 1989

»Die Vatikanbank erhält ein neues Management und neue Aufsichtsgremien«, *Frankfurter Allgemeine Zeitung* v. 24.6. 1989

»Fünf Laien sorgen jetzt für Professionalität«, *Stuttgarter Zeitung* v. 18.7. 1989

»Die Vatikanbank bekommt einen Aufsichtsrat«, *Süddeutsche Zeitung* v. 20.7. 1989

»›Der Küster‹ als neuer Chef der Vatikanbank«, *Frankfurter Allgemeine Zeitung* v. 1.8. 1989

»Bankier zwischen Essen und Rom«, *Westdeutsche Allgemeine Zeitung* v. 16.8. 1989

»Bankier und engagierter Fürsprecher«, *Neue Ruhr Zeitung* v. 20.6. 1990

»Engagierter Banker tritt in den Ruhestand«, *Westdeutsche Allgemeine Zeitung* v. 20.6. 1990

»Großbankier als Pfarrer«, *Die Welt* v. 1.11. 1990

»Headed Home«, *Time* v. 12.11. 1990

Charles Raw, *The Money Changers. How the Vatican Bank enabled Roberto Calvi to steal $ 250 Million for the Heads of the P 2 Masonic Lodge*, London 1992

Horst Herrmann, *Kirchenfürsten – Zwischen Hirtenwort und Schäferstündchen*, Hamburg 1992

»Bürger und Edelmann«, *Bilanz* 6/1992

»Die Verschwörung der zwei Kraken«, *Süddeutsche Zeitung* v. 21.8. 1992

»Vatikanfinanzen – die Herren in Purpur schreiben fleißig rote Zahlen«, *Frankfurter Rundschau* v. 24.12. 1992

»Manager und Märkte: Der Kardinal packt aus«, *Die Zeit* 30/1993

»Vatikan als Schmiergeldschleuse?«, *Stuttgarter Zeitung* 14.9. 1993

»Schmiergeld auf Vatikanbank«, *Süddeutsche Zeitung* v. 18.10. 1993

»Ferruzzi leitete Schmiergeld über Vatikanbank«, *Süddeutsche Zeitung* v. 6.11. 1993

»Geldwäsche in der Vatikanbank«, *Frankfurter Allgemeine Zeitung* v. 6.11. 1993

»Schwere Anschuldigung gegen die Vatikanbank«, *Süddeutsche Zeitung* v. 8.11. 1993

»Vatikanbank unter Verdacht«, *Kölner Stadtanzeiger* v. 28.12. 1993

»Die Portokasse der P 2«, *Hamburger Abendblatt* v. 29.12. 1993

»Aktuelles Lexikon: Vatikanbank IOR« und »Vatikan will Auskunft über Schmiergeld-Konten«, *Süddeutsche Zeitung* v. 29.12. 1993

»Angeklagt sind eigentlich die Zeugen«, *Süddeutsche Zeitung* v. 8.1. 1994

»Vatikanbank im Zwielicht«, *Sächsische Zeitung* v. 11.1. 1994

»Bank im Vatikan war Schmiergeld-Waschanlage«, *Süddeutsche Zeitung* v. 14.1. 1994

»Andreotti und Co. Gericht prüft Rolle der Vatikanbank in Schmiergeldskandal«, *KNA* v. 14.1. 1994

»Der Pate packt aus«, *Hamburger Abendblatt* v. 8.10. 1994

Giorgio Galli, *Staatsgeschäfte – Affären, Skandale, Verschwörungen: Das unterirdische Italien 1943–1990*, Hamburg 1994

Giovanni Ruggeri/Mario Guarino, *Berlusconi – Showmaster der Macht*, Berlin 1994

Die Ehrenmänner der Bruderschaft

Gaetano Savatteri, »Cassina lascia mantello e spada«, *Corriere della Sera* v. 1.3. 1980

»I trenta nuovi cavalieri«, *Giornale* v. 11.10. 1986

Alberto Stabile, »L'irresistibile fascino del Santo Sepolcro«, *La Repubblica* v. 21.1. 1988

»Cassina abbandona mantello e spada del Santo Sepolcro«, *La Repubblica* v. 1.3. 1988

»Nobili crociati in doppiopetto«, *Giornale* v. 18.3. 1988

Piero Colaprico, »Il maresciallo alla crociata«, *La Repubblica* v. 3.11. 1989

Nino Lo Bello, *Vatikan im Zwielicht,* München 1990

Ordine Equestre del Santo Sepolcro di Gerusalemme, Luogotenenza per la Sicilia, Annuario 1991

Hans Leyendecker/Richard Rickelmann/Georg Bönisch, *Mafia im Staat,* Göttingen 1992

Peter Hartmann, »Der Aufgeblähte, der Buckelige und der Totenstille«, *Weltwoche* v. 29.10. 1992

Enzo Mignosi, »Cavalieri d'onestà e non di malaffare«, *Corriere della Sera* v. 29.12. 1992

Rose-Marie Borngässer, »Die italienische Mafia und der Geheimdienst«, *Die Welt* v. 29.12. 1992

Franco Nuccio, »I cavalieri del Santo Sepolcro: ministri, prefetti, magistrati, generali«, *Corriere della Sera* v. 30.12. 1992

Umberto Rosso, »E il Santo Sepolcro ora apre i suoi archivi«, *Corriere della Sera* v. 31.12. 1992

Werner Raith, »Italiens neuestes Polit-Feuerwerk«, *die tageszeitung* v. 31.12. 1992

Pino Arlacchi, *Mafia von innen,* Frankfurt 1993

Peter Hartmann, »Der Maulwurf aus dem Palast der Vipern«, *Weltwoche* v. 7.1. 1993

Massimo Dini, »Dalle buone intenzioni al processo«, *Europeo* v. 22.1. 1993

Lucio Brunelli, »Ritter im Sturm«, *Sotage* 2/1993

Gianfrancesco Turano, »Poteri Occulti«, *Il Mondo* v. 1.3. 1993

Aldo Civico, »Ciao, Onkel Giulio«, *Die Woche* v. 1.4. 1993

Werner Raith, »Verliert der alte Fuchs doch noch den Pelz?«, *die tageszeitung* v. 11.5. 1993

Udo Gümpel, »Mit der Mafia Hand in Hand«, *Die Woche* v. 30.9. 1994

Aldo Civico, »Gestatten. Mafia und Co. KG«, *Die Woche* v. 21.10. 1993

»Düstere Allianz«, *Der Spiegel* v. 25.10. 1993

Birgit Schönau, »Mord an Falcone ist aufgeklärt«, *Süddeutsche Zeitung* v. 13. 11. 1993

»Die italienische Justiz übernimmt die Macht«, *Süddeutsche Zeitung* v. 16. 12. 1993

»War der Mafia-Jäger ein Maulwurf?«, *Frankfurter Allgemeine Zeitung* v. 28. 12. 1993

»Razzien in Sizilien gegen Mafia und Geheimlogen«, *Süddeutsche Zeitung* v. 29. 12. 1993

Werner Raith, *Das neue Mafia-Kartell*, Berlin 1994

Werner Raith, »Unfrommes von den Rittern der Unterwelt«, *die tageszeitung* v. 14. 1. 1994

Angelo Vecchio, »Delitto Basile, i giudici disertano la messa del vescovo indagato«, *Cronache Italiane* v. 5. 5. 1994

Werner Raith, »Der kurze Sommer der Antimafia«, *die tageszeitung* v. 6. 5. 1994

Werner Raith, »Mafia küßt man nicht«, *die tageszeitung* v. 24. 5. 1994

»Ex-Premier Andreotti war Mitglied der Mafia«, *Süddeutsche Zeitung* v. 7. 7. 1994

»Erzbischof von Palermo soll mit Mafia paktiert haben«, *Süddeutsche Zeitung* v. 11. 7. 1994

Werner Raith, »Leoluca Orlandos steter Abstieg«, *die tageszeitung* v. 12. 7. 1994

»Kein Platz für Kleinmut«, *Welt am Sonntag* v. 6. 11. 1994

Werner Raith, »Mafiafilme schaden Italien«, *die tageszeitung* v. 1. 11. 1994

»Papst ruft zum Kampf gegen Mafia auf«, *Süddeutsche Zeitung* v. 7. 11. 1994

Egmont R. Koch/Oliver Schröm, »Das Geheimnis der Grabesritter«, *ARD/WDR*, Sendung v. 24. 3. 1994, 20.15 Uhr

Egmont R. Koch/Oliver Schröm, »Dunkle Ritter im weißen Gewand«, *Die Zeit* v. 25. 3. 1994

Stille Hilfe im Heiligen Land

Aubert Salzmann, *Zur Geschichte des Ritterordens vom Hl. Grab zu Jerusalem*, ohne Datum

Elisabeth Verreet, *Bericht über die Tätigkeit des Ritterordens vom Heiligen Grab zu Jerusalem*, ohne Datum

Fritz Wiesenthal, *Der Ritterorden des Heiligen Grabes zu Jerusalem – Geschichte, Gegenwart, Aufgabe*, März 1972

Kaspar Elm, »Kanoniker und Ritter vom Heiligen Grabe«, in: *Die geistlichen Ritterorden Europas*, Sigmaringen 1980

Johannes Binkowski, »Die Geschichte der Christen im Heiligen Land«, in: *Erbe und Aufgabe – Der Ritterorden vom Heiligen Grab zu Jerusalem*, Köln 1981

David M. Jaeger, »Das Christentum im Heiligen Land heute«, in: *Erbe und Aufgabe – Der Ritterorden vom Heiligen Grab zu Jerusalem*, Köln 1981

Karl H. W. Tacke, »Die Werke des Ordens«, in: *Erbe und Aufgabe – Der Ritterorden vom Heiligen Grab zu Jerusalem*, Köln 1981

Alfred Cohausz, »Die Geschichte der Deutschen Statthalterei«, in: *Erbe und Aufgabe – Der Ritterorden vom Heiligen Grab zu Jerusalem*, Köln 1981

Wolfgang Schneider, *Peregrinatio Hierosolymitana – Studien zum spätmittelalterlichen Jerusalembrauchtum*, Münster 1982

Valmar Cramer, *Der Ritterorden vom Hl. Grabe von den Kreuzzügen bis zur Gegenwart*, erweiterte Auflage, Köln 1983

Johannes Paul II., »Die besondere Berufung der Laien im Ordensstand«, *L'Osservatore Romano* v. 21. 3. 1986

Klaus Haarlammert/Norbert Rönn, *Papst Johannes Paul II. in Speyer*, Speyer 1987

Bernhard Heimrich, »Die Beziehungen zwischen dem Vatikan und Israel sind kunstvoll in der Schwebe gehalten«, *Frankfurter Allgemeine Zeitung* v. 30. 12. 1987

Evangelos Antonaros, »Im Gespräch: Michel Sabbah«, *Die Welt* v. 31. 12. 1987

Lisa Palmieri-Billig, »Sabbah shows a sensitivity for the complexities of the Middle East«, *Jerusalem Post* v. 1.1. 1988

Lisa Palmieri-Billig, »Sabbah's message: God brings peace«, *Jerusalem Post* v. 10.1. 1988

Johannes von Dohnanyi, »Mit Nächstenliebe ist's nicht getan«, *Weltwoche* v. 21.1. 1988

Leistungen des Ritterordens vom Heiligen Grab in dem Lateinischen Patriarchat von Jerusalem in den Jahren 1950 bis 1988, Rom 1989

Munzinger-Archiv/Internat. Biograf. Archiv 2/89: Michel Assad Sabbah

Herbert Müller-Hartburg, *Ritterorden 2000 – eine (selbst-)kritische Betrachtung*, Wien 1990

»Israel verweist auf seine Stärke«, *Süddeutsche Zeitung* v. 31.5. 1990

Haim Shapiro, »Plea for Palestinian-Jewish amity«, *Jerusalem Post* v. 15.7. 1990

Florian Weigand, »Bischof fordert starken Mann«, *Die Welt* v. 14.3. 1991

»Haben Sie keine Angst vor dem Frieden«, *L'Osservatore Romano* v. 15.11. 1991

»Zuerst über besetzte Gebiete sprechen«, *L'Osservatore Romano* v. 10.1. 1992

Großmeisteramt: Zahlungen der Statthaltereien 1992

»Hilferufe aus dem Heiligen Land«, *Das Heilige Land* 4/1992

»Christen im Heiligen Land«, *L'Osservatore Romano* v. 31.11. 1992

»Weihnachtsbotschaft aus Jerusalem«, *Frankfurter Allgemeine Zeitung* v. 14.12. 1992

»Patriarch says Holy Land must break violent cycle«, *Reuter News Service* v. 24.12. 1992

Elmar Bordfeld, »Geschichte des Ritterordens vom Heiligen Grab zu Jerusalem«, *Die Waage*, Oktober 1993

Anne Ponger, »Juden als Staatsvolk anerkannt«, *Süddeutsche Zeitung* 302/1993

Thomas Kleine-Brockhoff, »Getrennt vereint«, *Die Zeit* v. 24.12. 1993

Elmar zur Bonsen, »Im Profil: Michel Assad Sabbah«, *Süddeut-sche Zeitung* v. 28. 12. 1993

»Israel und der Vatikan versöhnen sich«, *Die Welt* v. 29. 12. 1993

Rabbi Adin Steinsaltz, »Eine Pein für die Kirche«, *Der Spiegel* 15/1994

»Reuesignale aus dem Vatikan«, *die tageszeitung* v. 27. 5. 1994

»Beziehungen zu Palästinensern«, *Süddeutsche Zeitung* v. 5. 9. 1994

»Vatikan und PLO nehmen offizielle Beziehungen auf«, *Süd-deutsche Zeitung* v. 26. 10. 1994

Anhang

Satzung des Ritterordens vom Heiligen Grab zu Jerusalem, Juli 1977

Ordo Equestris S. Sepulcri Hierosolymitani, Mitgliedsver-zeichnis der Deutschen Statthalterei, Stand: 8. 12. 1989

Register

Abs, Hermann Josef 72,
125, 127–131, 138–143,
187 f., 220, 222 f., 280
Adams, Leopold 283
Adenauer, Konrad 30, 49,
60, 98, 107, 116, 131, 140–
143, 185, 257
Ahlers, Conrad 112
Alberts, Kurt 29, 282
Allende, Salvador 194
Altmann, Klaus s. Barbie,
Klaus
Ambrosoli, Giorgio 215 ff.
Andreotti, Giulio 37, f., 224,
226, 241 f., 247 f.
Arafat, Jassir 35
Arnold, Wilhelm 163
Asiain, José A. Sanchez 223
Augstein, Rudolf 110

Bachern, Franz 284
Bagarella, Leoluca 37, 236,
243
Bagnasco, Orgazio 218
Baillou, Victor von 132, 282
Barbie, Klaus 82 f.
Barone, Mario 190, 201
Bartos, Severin 283
Bea, Augustin 58

Beck, Lutwin 30, 284
Bellini, Giovanni 198 ff.,
205
Benelli, Giovanni 189,
192 f., 195, 201 ff.
Benz, Heribert 283
Berentzen, Johannes 282
Berglar, Peter 149, 155
Berlusconi, Silvio 249 f.
Bertram, Adolf 47
Binkowski, Johannes 161,
261 f., 284
Bisignani, Luigi 225
Blomberg, Werner von 55
Blumenwitz, Dieter 164 f.
Bohlen und Halbach, Arndt
von 21 f.
Böhm, Franz 142 f.
Boldensele, Wilhelm von
257
Borghese, Junio Valerio 195
Borsellino, Paolo 231, 234,
236
Bossle, Eva-Maria 166
Bossle, Lothar 145, 160–
168, 277, 284
Bossle, Rudolf 128, 282
Bouillon, Erhard 127 f., 282
Bouillon, Gottfried von 18,

23, 34f., 44, 257, 265f., 296, 300ff.
Brandt, Willy 118
Brauksiepe, Aenne 283
Braun, Magnus von 108
Braun, Wernher von 108
Brenninkmeyer, Familie 132–138
Brenninkmeyer, August 29, 132–135, 137, 282
Brenninkmeyer, Clemens 132f.
Brenninkmeyer, Egidius Heinrich Maria 133
Brenninkmeyer, Johannes Ludgerus Bonaventura 143
Brentano, Heinrich von 95
Brunner, Alois 80
Buck, Felix 152
Buscetta, Tommaso 237

Cagliari, Gabriele 228
Calderone, Antonio 234f., 245, 248
Caloia, Angelo 223
Calvi, Roberto 210ff., 215, 217f.
Campisi, Giuseppe 243
Canali, Nicola 61
Caprio, Guiseppe 23, 214, 216, 222, 238, 257
Carducci Artenisio, Ludovico 33f., 238
Casaroli, Agostino 216
Cassaràs, Ninni 237
Cassina, Arturo 234, 239, 244f., 247

Cassina, Luciano 245f.
Cassisa, Salvatore 37, 234, 239–244, 246f., 250
Castillo Lara, Rosalio 225
Ciano, Galeazzo 53, 60
Ciano, Edda 38
Clay, Lucius D. 74
Cleven, Wilhelm 77f., 262f.
Coffey, Joseph J. 176–180, 203f.
Contrada, Bruno 232f., 236–239, 247, 250
Cooper, Gary 182
Cramer, Valmar 43, 257
Craxi, Bruno 227

Dalla Chiesa, Carlo Alberto 237
Dazert, Franz Josef 132, 282
De Bonis, Donato 226
Degenhardt, Johannes 30, 284
Delle Chiaie, Stefano 195
Deschner, Karlheinz 127
Draganovic, Krunoslav 83
Drewermann, Eugen 30
Dyba, Johannes 30, 284

Eichmann, Adolf 80
Errazuriz, Maximiano 164
Escrivá de Balaguer y Albás, Josemaría 155–158

Falcone, Giovanni 231, 234, 236f.
Falke, Albert 132, 282
Faruk I., Kg. v. Ägypten 99

Faßbender, Hans Heinrich
132, 282
Filbinger, Hans 30, 145,
147 ff., 151–155, 160–163,
168, 171, 277, 283
Fink, Karl-Heinz 34, 281
Fiore, Roberto 151
Fischer, Norbert 280
Fischer, Knut 281
Fleischmann, Rosemarie
165
Flick, Friedrich 47, 71, 73
Foligni, Mario 200 f., 205
Forlani, Arnaldo 38, 217,
224, 227
Franco Bahamonde, Francis-
co 97, 113
Friedl, Hans-Hubert 131,
281
Frings, Josef 67–75, 78, 89
Fröschmann, Georg 73
Frotz, Max-Josef 29, 282
Fürstenberg, Maximilian de
222

Gardini, Raul 228
Garofano, Guiseppe 227
Gase, Walther 283
Gehlen, Johannes 196 f.
Gehlen, Reinhard 99 f.,
196 f.
Geiger, Helmut 29, 129, 281
Geist, Norbert 280
Gelli, Licio 22, 38, 217 f.
Gibowski, Walter 153
Gilles, Karl 282
Giovannetti, Alberto 56

Goebbels, Josef 9
Göring, Hermann 48, 137 f.
Governanti, Guiseppe 240 f.
Grass, Günter 118 f.
Grau, Karl Friedrich 122 ff.
Gregor XVI. 21
Greiser, Arthur 68
Griesinger, Annemarie 147
Gröger, Walter 148
Große-Ruyken, Franz-Josef
171
Gundlach, Gustav 58

Haase, Dieter Joachim 114 f.
Habsburg, Otto von 97,
123, 161
Hallstein, Walter 143
Hammel, Josef 43
Hammer, Richard 183
Heddergott, Heinrich 282
Heidinger, Peter 11, 24,
33 f., 275 f., 282
Heimpel, Hermann 108
Hemminger, Hans 169
Henckel von Donners-
marck, Heinrich (Herr Au-
gustinus) 19 f., 26 ff., 32,
38, 109, 120, 124, 163,
182 f., 284
Hengsbach, Franz 89, 156
Herder-Dorneich, Hermann
79, 284
Hertel, Peter 156, 159
Heydte, Friedrich August
von der 91, 93 f., 96 ff.,
100–124, 148, 164, 197,
277, 284

Himmler, Heinrich 60, 87
Hitler, Adolf 24, 43, 45–48,
  50–56, 58, 62, 70, 75, 84,
  88, 93, 100, 102 f., 105,
  109, 114, 136, 194
Hochheuser, Kurt 128 f., 280
Hochhut, Rolf 148
Höcker, Lorenz 182, 187,
  203
Höffner, Joseph 156
Holzamer, Karl 30, 161, 284
Hudal, Alois 84–88, 102 f.
Humborg, Franz-Egon 283
Hundhammer, Alois 127,
  185, 188, 196 f.

Insalaco, Giuseppe 236
Isenburg, Helene Elisabeth
  Prinzessin von 67, 75–79,
  87, 89 f.
Isler, Rudolf 170

Jacobs, Ricky 175 ff., 192,
  198, 200 f., 205
Jaeger, Lorenz 93 f., 96, 98,
  104, 106, 108, 116 f., 197
Jebens, Albrecht 168, 171
Johannes XXIII. 63, 157,
  181, 287
Johannes Paul II. 21, 156 f.,
  210, 250, 254, 268 ff.
Jordan, Pasqual 109

Kaas, Ludwig 46, 50, 58, 62
Kappler, Herbert 87–90
Kappler-Wenger, Anneliese
  88 f.

Keil, Gundolf 163
Keller, Gerhard 169
Kerssenbrock, Richard
  77 ff., 87, 89 f.
Kiefer, Heinz 153, 155, 163
Klee, Ernst 72, 77 f., 86
Klein, Adolf 283
Klement, Ricardo s. Eich-
  mann, Adolf
Knütter, Hans-Helmuth 154
Kohl, Helmut 128, 153,
  161, 269
Köhler, Otto 166
Kopp, Hans-Ulrich 151 ff.,
  162
Köppe, Werner 283
Korbach, Heinz 283
Kordes, Walter 153, 283
Krampol, Karl L. 283
Kranzbühler, Otto 73
Krebs, Heinz 280
Kremer, Karl 284
Kreuser, Hanns-Peter 131,
  281
Kriwet, Heinz 128, 282
Krupp, Alfried 71 ff.
Küster, Otto 143

La Mattina, Procopio 238
Langemann, Hans 98, 197
LaRouche, Lyndon 119
La Vista, Vincent 79 ff.
Ledl, Leopold 176–179, 182–
  186, 189–195, 198 ff., 203,
  205
Lehnert, Josefine (Schwester
  Pasqualina) 45, 58, 181 f.

Lima, Salvo 241 f.
Linss, Hans Peter 29, 281
Lopez, Ignacio 27
Lorenzo, Giovanni de 195,
    197
Löwenstein, Alois zu 281
Lübke, Helmut 282
Luciano, Charles 175
Lummer, Heinrich 171

Macioce, Thomas M. 222
Makarezos, Nikolaos 118
Mancuso, Carmine 233,
    244 f., 248
Manullang, Achmad 166
Marcinkus, Paul 189, 198,
    200–203, 205, 211, 213,
    215 f., 220 f.
Marenda, Pietro Paolo 224
Martin, Ludwig 9, 112, 165,
    283
Martini, Eberhard 131 f.,
    281
Matsulevits, Tiit 147, 150
Matthes, Richard 36
McCarthy, Joseph R. 109,
    120, 194
McCloy, John 73, 100
Meisner, Joachim 30, 284
Mengele, Josef 80
Mennini, Luigi 212 f.,
    215 ff., 220 f.
Menshausen, Botschafter
    57
Merkel, Angela 170 f.
Mielke, Erich 158
Millilo, Ignazio 246 ff.

Miltner, Karl 283
Möcklinghoff, Egbert 283
Montini, Giovanni Battista
    57 f., 74, 86 f.; s. a. PaulVI.
Müller, Manfred 284
Müller-Föllmer, Eva Maria
    168
Müller-Hartburg, Herbert
    259
Mun, San Myung 167
Münzel, Hermann 11
Mussolini, Benito 48 f., 53,
    100, 104, 194

Nasser, Gamal Abd el 99 f.
Navarro-Valls, Joaquín 157
Nixon, Richard M. 205

O'Connor, John J. 222
Odenbach, Paul 284
Orlando, Leoluca 232 ff.,
    244, 248 ff.
Ortolani, Umberto 38, 217 f.

Pacelli, Eugenio 45 ff., 49 f.,
    53, 56 f., 62, 181; s. a.
    Pius XII.
Papen, Franz von 24, 41 f.,
    46 ff., 50–56, 61 ff., 69, 84,
    87, 102, 108
Paul VI. 74, 78, 86, 127,
    177 f., 181, 184, 191, 193,
    201 f., 213, 217; s. a. Mon-
    tini, Giovanni Battista
Péron, Juan Domingo 75, 86
Pesenti, Carlo 195, 200 f.
Piazolo, Paul 283

333

Pietzcker, Theodor E. 222, 281

Pinochet, Ugarte 164 f.

Pirkl, Fritz 160, 283

Pius IX. 258

Pius X. 295

Pius XI. 43, 45, 48 f., 180 f.

Pius XII. 56–61, 67 f., 70, 86, 105, 181, 212, 287; s. a. Pacelli, Eugenio

Poliwoda, Hubert 30, 284

Ratti, Achille 180

Rauff, Walter 80

Regler, Konrad 283

Regnault, Anton 296

Reiser, Otto 283

Riccobono, Rosario 237

Riina, Salvatore (Totò) 231, 236, 239 f., 243, 245, 247, 249

Rizzi, Nicolò 185, 187 f.

Rizzo, Vincent 175–179, 203 f.

Roche, Georges 178, 202 f.

Rockefeller, David 127

Roeder, Manfred 152

Rohde, Hubert 30, 33, 284

Rommel, Erwin 104

Royal, Kenneth 74 f.

Rubino, Raffaello 246 ff.

Rübsam, Wolfgang 283

Rudel, Hans-Ulrich 75 ff., 81 f.

Russo, Ferdinando 38

Sabbah, Michel Assad 35, 253–256, 265 f.

Sackmann, Franz 283

Salm-Reifferscheidt-Dyck, Franz 43 f., 54

Sama, Carlo 225 f., 228

Sauer, Otto 283

Schacht, Hjalmar 100

Schäuble, Wolfgang 152

Scheele, Paul-Werner 167

Scherrer, Hans-Peter 284

Schickel, Alfred 162

Schill, Jörg 277

Schleicher, Kurt von 47

Schlembach, Anton 10, 23 ff., 36, 263, 270 f., 284

Schneider, Jürgen 131

Schneider, Oscar 163, 283

Schönhuber, Franz 152

Schröder, Gerhard 98

Schröder, von 47

Schulte, Karl Josef 55 f., 68

Schwammberger, Josef 80 f.

Seebacher-Brandt, Brigitte 152

Seewald, Heinrich 154

Sin, Jaime 160

Sindona, Michele 190, 212–217, 219

Skorzeny, Otto 99 f., 103

Spada, Massimo 212 f., 215 ff.

Spellman, Francis 194, 212 f.

Spreti, Karl von 187

Stamm, Hugo 169

Stangl, Franz 80, 85

Stauffenberg, Claus Schenk von 105

Stecker, Josef 281

Stehle, Hansjakob 86

Stein, Bernhard 284
Stein, Edith 269 f.
Steinsaltz, Adin 268 f.
Stimpfle, Josef 158 f., 162,
    167, 284
Strauch, Friedrich 23–26,
    31 f.
Strauß, Franz-Georg 166
Strauß, Franz Josef 98, 110–
    113, 117, 161, 163 f.,
    166 f., 185
Streibl, Max 30, 162 f., 277,
    283
Strobel, Pellegrino de 212,
    215 f., 220 f.

Tacke, Karl 282
Tauber, Kurt P. 109
Terheyden, Rudolf 284
Thiemann, Bernd 281
Thomas, Hans 159
Thul, Ewald 9, 283
Thyssen, Fritz 47
Tisserant, Eugène 26, 116 f.,
    173, 177 f., 180–195, 197–
    203, 211, 222
Trotha, Klaus von 152 f.
Truman, Harry S. 72
Turano, Gianfranco 38

Ugolini, Giacomo Maria 21

Ungeheuer, Edgar 30, 284

Valle, Jaime del 164
Velpe, John 214
Verreet, Elisabeth 34, 135,
    258–261
Villot, Jean 177, 194, 198,
    202 ff.

Waigel, Theo 161
Waldburg zu Zeil und
    Trauchburg, Georg von
    96, 98
Walker, Michael 150 f., 153
Weck, Philippe de 223
Weizsäcker, Ernst von
    58 ff.
Wenger, Anneliese s. Kapp-
    ler-Wenger
Werhahn, Max 282
Wessel, Gerhard 197
Wiesenthal, Simon 82
Wintrich, Joseph 98
Wolff, Gottfried 9, 280
Wolff-Metternich zur
    Gracht, Peter 33 f., 284
Wörner, Manfred 76
Wüstenberg 58

Ziesel, Kurt 118
Zwick, Eduard 131